좋은 도덕, 나쁜 선택

- 다른 사회의 가능성을 위한 실천윤리학 -

Practical Ethics Toward the Possibility of Another Society

이하준 지음

문음사
도서출판

목 차

제 2 부 사회윤리의 문제들

목 차

제 3 부 인간-비인간의 '사이' 인식과 윤리

목 차

책을 내며

삶을 살아간다는 것은 쉬운 일이 아니다. 우리는 자연적 우연성과 사회적 우연성의 차원에서 던져진 존재이다. 어느 날 누구의 아들과 딸로 태어나고 특정한 사회에서 말과 행동양식을 배우고 주어진 저마다의 기대 역할을 하며 살아가는 것 자체가 일종의 모험과 같은 것이다. 우리의 삶의 모양과 내용을 지대한 영향을 미치는 사회가 복잡해질수록 사회적 관계는 추상화되고 차가워지며 이해 갈등과 대립이 끊이지 않는다. 또한 사회변화의 속도는 갈수록 빨라지고 사람들 사이의 격차는 점점 더 커지고 있다. 개인의 관점에서 이러한 사회의 모습을 이해하는 것이 쉽지 않다. 사회는 비가시적이고 불투명하고 임의적이면서도 강력한 구조에 의해 작동되는 거대한 인공 기계처럼 보인다. 이와 반대로 사회는 자유를 향유하는 개인들의 자기실현의 공간처럼 보이기도 하고 삶을 품위 있게 살아가는데 도움이 되는 재화와 정책들을 쏟아내는 친절하고 관대한 인공인간처럼 보이기도 한다.

앞서 언급한 자연적 우연성과 사회적 우연성이 한 인간의 삶을 결정하는 데 결정적인 요소로 작용하는 경우가 있다. 그것은 단지 우연의 산물이고 행운의 문제이다. 그러한 요소가 한 사람의 삶의 모습과 인생행로를 결정하는 사회는 좋은 사회도 아니고 도덕적인 사회도 아니다. 그렇지 않은 인간적인 사회, 인간다운 사회를 위해 인간 스스로 만들어낸 것이 바로 도덕이다. 도덕은 인간이 인간다운 삶을 살기 위해서, 타자와 호혜의 삶을 함께 살아가기 위해 인간 스스로 만든 인류의 발명품이자 사회적 삶의 산물이다. 그래서 도덕은 늘 아름답고 좋은 것이다. 이러한 의미에서 『실천이성비판』의 결어에서 칸트가 자신을 늘 경탄하게 만들고 경외하는 마음을 갖게 만드는 것 중의 하나가 자신의 마음속에 있는 도덕법칙이라고 했던 것이다. 그러나 현실의 삶에서 황금률과 같은 좋은 도덕법칙을 우리가 분명하게 알고 있음에도 불구하고 우리는 종종 나쁜 도덕적 판단과 옳지 않은 도덕적 선택을 한다. 때론 이러지도 못하고 저러지도 못하는 도덕적 선택의 난감함을 안겨주는 도덕적 딜레마에 빠지기도 한다. 우리는 말을 배우면서 훈육이라는 이름으로, 사회화라는 이름으로 학교에서 인지주의적 도덕교육과 실천적 도덕교육을 받는다. 사회적 삶을 시작하면서도 공적윤리, 직업윤리라는 이름으로 또 다른 도덕교육을 받는다.

그러나 많은 사람들이 '비도덕적 사회에서 과연 올바른 삶은 가능한가', '도덕적 삶이 과연 자신의 삶과 사회에 실천적 유효성을 갖는가' 하는 의구심을 갖는다. 이러한 의구심은 개인적 차원이나 조직의 차원에서 도덕적 해이(moral hazard)나 도덕적 진공상태를 경험할 때 발생한다. 실천윤리학적 사유는 이론윤리학보다 위와 같은 문제의식에 민감하다. 실천윤리학은 더 나은 인간됨, 더 나은 타자 관계, 지금과 다른 더 나은 사회, 대안적 사회를 위한 희망과 문제해결을 위한 실천적 관심에서 출발한다.

책을 내며

오늘날 인류는 사회의 전 영역에서 양극화를 경험하며 새로운 차원의 실존적 고통과 사회적 고통을 안고 살아가고 있다. 많은 사람들은 인류가 처한 복합위기를 말하고 있고 문제해결의 난맥상을 걱정하고 있다. 인류의 도덕적 삶의 관점에서 보면 문명의 발전은 한편으로는 도덕적 진보를 가져오면서 다른 한편으로는 도덕 지체 현상과 도덕적 퇴행을 야기하고 있다. 이러한 사태는 우리 일상의 삶에서도 크고 작은 형태로 경험되고 있다.

이 책은 위와 같은 문제의식에 기초해 '지금-여기-시간'의 도덕적 경험과 판단 그리고 올바른 도덕적 선택을 위한 실천윤리의 이론적 지형과 쟁점을 보여주면서 다른 가능한 사회를 위한 사유의 단초를 제공할 목적으로 기획되었다. 다르게 말하면 필자는 삶의 '순간'을 사랑하고 삶을 창조하는 삶의 예술가를 요구하는 니체적 정오의 시간과 중단없는 존재판단을 통해 자유의 삶이 가능한 사회를 탐구하는 호르크하이머식의 중단없는 비판정신을 가슴에 담아 이 책을 기획하였다. 이 책은 관계윤리, 사회윤리, 인간-비인간의 '사이' 인식과 윤리라는 주제 군을 기준으로 구성하였다. 관계윤리는 사적 영역과 공적 영역에서 누구나 생각해 보고 경험해 본 주제인 사랑, 젠더, 공감 문제를 철학적 관점에서 만이 아니라 학제적 접근을 결합해 문제화했다. 사회윤리 영역에서는 사회정의, 자본주의의 내적 문제와 경제활동, 노동, 소비 그리고 사회문제로 부상한 고독사, 자살 등을 포함하는 죽음의 현실을 다루었다. 인간-비인간의 사이 인식과 윤리 부분에서는 음식, 반려존재, 환경, 인공지능에 대한 이론적 쟁점을 입체적으로 검토했다.

현대사회에서 발생한 사회적 문제나 윤리적 문제를 이해하고 자신의 시각에서 고유한 대안적 사유를 만들어 가기 위해서는 문제들에 대한 철학적 성찰만으로는 부족하다. 철학적 사유라는 생각의 근육만이 아니라 사회학적 상상력 그리고 구체성의 사유를 보여주려는 문제 접근 태도가 필요하다. 살아 있는 철학적 사유는 시대의 문제를 현재화하는 것이며 그것의 궁극적 목적은 인간해방과 사회해방에 있기 때문이다. 이러한 점을 염두하면서 쓴 이 책이 독자 여러분에게 문제의 한가운데로 들어가는데 의미 있는 안내자가 되기를 기대한다. 책이 자신의 삶을 살아가도록 도움을 준 출판사와 편집자 선생님께 감사한 마음을 전한다.

2025년 8월의 태양을 바라보며

제 1 부

관계윤리-나, 너, 우리

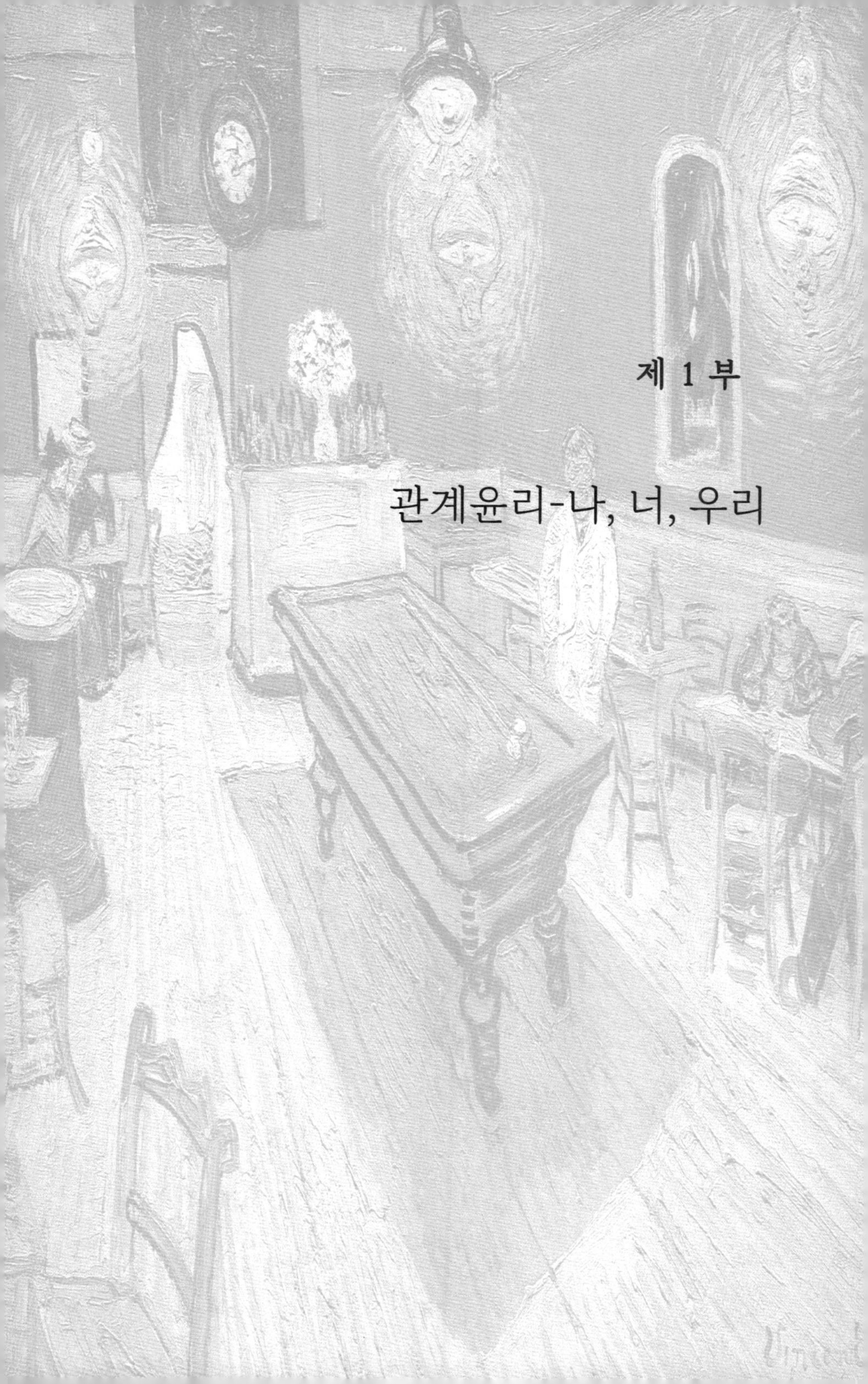

제 1 장

사랑의 철학과 사랑의 윤리

1. 사랑에 관한 물음

사랑 없이 인간은 살 수 있는가? 우리는 수많은 예술가곡, 종교음악, 조각, 회화와 인류가 만들어낸 문학과 그 밖의 예술 장르에서 사랑의 중요함, 사랑이 우리에게 준 것들, 사랑의 놀라운 힘, 그 사랑이 자신의 삶에게 준 의미에 대한 고마운 마음, 이별의 고통, 이별 후의 쓸쓸함과 회한, 다른 사랑에 대한 갈망을 만난다. 이것은 사랑의 존재론적 근거들을 제시하는 것이며, 문학적으로 표현하면 사랑 없이 인간의 삶은 의미 없는 삶, 살아 있음을 느끼지 못하는 삶에 지나지 않는다는 것을 직간접적으로 논증하는 것이다. 이와 반대로 사회철학적 관점에서, 사회학적 관점에서 사랑을 연구하는 일부 학자들 그리고 사랑에 대한 윤리학적 담론을 전개하는 학자들은 현대사회에서 사랑의 위기와 이데올로기화된 사랑을 말하며 심지어 사랑의 종말 테제를 주장한다. 하지만 신의 사랑이라는 개념으로서 아가페(agapē)를 부모-자식 관계, 친구 관계, 동료 관계, 이웃 관계에 확장해 헌신적이며 보상을 기대하지 않는 사랑의 형식들이라고 해석한다면, '자연적 사랑', 지그문트 프로이트(Sigmund Freud, 1856-1939)가 말하는 성애적 사랑이라는 생각들까지 포함한다면, 자기보존과 생존을 위한 진화의 과정으로서 사랑이라는 진화생물학적 사랑개념을 수용한다면, 그야말로 사랑은 인간의 운명과 같은 것이다. 좀 과장해 말하면 '인간은 사랑밖에 모르는 존재'이지 않을까? 재미있는 이야기가 있다.

플라톤

플라톤(Platon, BC 428-424)의 중기 저작에 해당하는 『향연』(Symposium)은 아가톤(Agathon)이 연극경연대회에서 자신의 비극 작품으로 우승한 후 연회를 베푸는 자리에 소크라테스(Socrates, BC 470-399)와 제자들이 사랑에 대한 이야기를 나누는 내용이다. 그들이 사랑을 주제화한 이유는 지금까지 사랑의 신인 '에로스(eros)'에 대한 평가가 야박했고 시인들에게서 에로스에 대한 어떤 찬가도 없었다는 공통의 인식에 근거한다. 에로스야말로 신들 중에서 가장 연장자이고 태초의 카오스 상태에서 처음으로 만들어진 신임에도 제대로 평가받지 못했다는 것이다.

소크라테스 자신은 "사랑에 관한 것 이외에는 아무것도 아는 것이 없다"라고 말하며 이야기하기를 권한다. 이 말은 사랑이 신에게나 인간에게 중요하기 때문에 논의할 가치가 충분하다는 것을 함축한다. 소크라테스는 에로스는 아름다움을 사랑하는 신이며 사랑은 아름다움, 선, 좋음을 추구하고 영원히 갖기를 바라는 마음과 같은 것으로 파악한다. 그는 육체적 아름다움을 추구하는 낮은 단계의 에로스에서 정신적인 교감에서 시작해 아름다움 그 자체를 사랑하는 높은 단계의 에로스로 나아가야 한다고 말한다. 이런 맥락에서 소크라테스는 사람이면 누구나 에로스를 존중해야 하며, 그것에 대해 교육하고 언제나 에로스의 힘과 용기를 찬미해야 한다고 말한다. 소크라테스의 입을 빌려 말하는 플라톤의 에로스론에는 그가 생각하는 사랑의 본질이 들어있다.

François-Édouard Picot.Eros and Psyche. 1817. Musée du Louvre.)

그렇다면 인간에게 이성애는 운명과 같은 것인가? 사랑 없이는 인간은 정말 살 수 없는가? 많은 사람이 그렇게 생각한다. 이와 반대로 사랑은 사치라고 생각하는 사람, 사랑을 포기하거나 거부하는 사람도 있다. 이데올로기화된 사랑론으로부터 자유로와야 한다는 사람들도 있다. 그런가 하면 한 사람과의 진지한 사랑을 통해 이성에 대한 이해를 넘어 인간애로 확장되는 사랑, 삶의 의미와 가치지향의 체계 및 세계관을 변화시킨 사랑도 있다. 세상에는 수많은 사랑의 색이 존재하며 많은 사람들이 은연중에 믿고 따르는 사랑에 관한 통념들이 있다. 각각의 통념들은 진실의 전부를 담기도 하고 반쪽의 진실을 보여주기도 한다. 또한 사랑에 대한 고유한 인식을 가지고 있는 사람들은 특정한 사랑에 관한 통념들을 부정할 것이다. 우리를 둘러싼 사랑에 대한 통념들을 하나씩 검토해 보자.

2. 사랑에 관한 다양한 통념들

문명화가 진행되면서 수많은 사랑 이야기와 거기에 철학적 관념을 가볍게 첨가한 사랑론이 신화와 구비문학 형식으로 전해왔다. 활자의 등장과 인쇄술의 발달과 함께 전해 내려오던 사랑론만이 아니라 사랑에 대한 구체적인 담론들이 생겨나고 체계적 이론화가 시작되었다. 소크라테스의 에로스 담론에서 시작해 현대철학자에 이르기까지 사랑에 대한 철학적 담론은 창조와 변주를 반복하고 있다. 일상인들도 자신의 사랑 경험에 근거해, 또 주위 사람들의 경험담과 관찰을 통해 자기 방식의 고유한 사랑론을 전개한다.

그렇다면 사람들이 사랑에 대해 가지는 가장 일반적인 생각들은 어떤 것들이 있는지 한번 살펴보자. 이것은 철학적 사랑론과 사회학적 사랑론을 이해하기 위한 예비적 감각을 활성화하는데 도움이 된다. 사랑에 대한 가장 널리 퍼져있는 일반적인 통념은 다음과 같이 몇 가지로 분류할 수 있다.

첫째, 사랑에 대해 추상적 차원에서 논하는 것 자체가 의미가 없다는 믿음이다. 왜냐하면 사랑은 개인의 구체적인 상황 속에서 각각 다른 방식으로 전개되기 때문에 추상화하거나 이론화하는 것이 의미가 없다는 것이다. 이와 같은 생각을 했던 인물 중에 『적과 흑』(Le Rouge et le Noir, 1830)을 쓴 프랑스 소설가인 스탕달(Stendhal, 1783-1842)이다. 그는 자신의 『연애론』(De l'amour, 1822)에서 사랑에 대한 수많은 이야기들과 관련된 책들은 자기과시적이거나 요란한 수다에 지나지 않으며 "사랑의 내적 경험을 다루지 않는다"고 비판한다. 그에게 진정한 사랑은 "정신적 작용이며 사랑의 섬세한 차이는 말로 설명"할 수 없는 것이다.

둘째, 첫눈에 반한 사랑(Love at first sight)은 오래가기 힘들다는 통념이다. 이러한 관념은 '첫눈에 반한다'는 것이 감각적 반응 곧 생물학적 존재로서 본능에 의존한 자연선택이라는 인식에 근거한다. 일상인들에게 일반화된 이러한 관념을 제기했던 사상가가 쇼펜하우어(Arthur Schopenhauer, 1788-1860)와 프로이트이다.

이들은 특정한 이성의 선택과 사랑의 감정을 기본적으로 성적 욕망과 자기복제 욕구의 표현 이상으로 보지 않는다. 프로이트는 사랑과 리비도(libido)의 표현으로서 성욕이 남성에게 항상 일치하지 않는다는 것도 지적한다. 그 이유는 그가 남성의 사랑이 여성을 성적 충동과 이상화(idealisation)라는 이중적 대상화의 구조에서 작동한다고 보는데 있다. 분명한 것은 첫눈에 반한 사랑과 중장기 간에 이루어진 사랑의 지속성에 대한 경험적 조사연구가 충분히 축적되지 않아 그 타당성을 검증할 수 없다는 사실이다. 또한 지속성의 기준을 5년, 10년, 15년 등으로 할 것인지 지속성의 기준 설정 문제도 남아있다.

셋째, '사랑에 국경이 없다'(Love knows no borders)는 통념은 세계 어디에서든 발견된다. 국제혼이 매우 적었던 시대에 살던 한국인들도 이러한 믿음을 대체로 받아들였다. 또 피부색이 다르고 신분의 차이가 심한 국경을 넘은 사랑의 사건들은 과거나 지금이나 종종 신화화되기도 한다. 그러나 이러한 사랑에 대한 통념이 얼마나 설득력이 있는지 검토해봐야 한다. 이주결혼 여성의 증가가 사랑에 국경이 없다는 통념을 지지하는 중요한 경험적 근거가 될 수 있는가? 비자취득 등 특수한 목적을 위해 특정한 기간에 감정을 나누는 사랑도 국경 없는 사랑으로 말할 수 있는가? 귀화인과의 사랑도 국경을 넘어선 사랑인가? 관점을 바꿔서 왜 국경 없는 사랑에 대해 사람들이 박수를 치는가에 대해 생각해 보아야 한다. 이것은 사랑에 대한 예찬을 넘어 사랑의 신비화(mystification)이다. 현실의 사랑은 국경을 넘기가 결코 쉽지 않다. 대부분의 사랑은 각자가 사는 지역, 활동공간, 사적 및 공적 커뮤니티 내에서 발생한다.

넷째, '사랑을 하면 눈이 먼다'(love is blind)는 사랑에 관한 통념처럼 사람들이 공감하는 것도 드물다. 사랑을 하면 상대방의 좋은 면만 보게 되고 단점에 눈을 감거나 단점마저 긍정적으로 해석하는 심리적 경향이 있다. 그러나 과연 이러한 통념을 일반화할 수 있을까? 사랑의 선택이론적 관점에서 생각해 볼 필요가 있다. 사람들은 인상, 말투, 성격, 능력, 외모, 재산정도, 학력, 집안, 가치관, 책임감, 성실성, 피부색 등을 사랑의 선택 기준으로 삼는다. 우연히 사랑의 감정이 시작되고 잠시 눈먼 사랑을 하다가도 어느 순간 선택 기준을 꺼내 측정한다. 측정의 엄밀성은 눈먼 사랑의 강도에 의해 조정된다. 결혼정보회사나 조건을 내건 소개팅은 애초에 눈먼 사랑을 배제하는 일종의 신분계약적 성격의 사랑이다. 이 경우의 사랑은 눈먼 사랑이 아니다.

다섯째, 흔히 사람들은 '사랑은 쟁취하는 것이다'라고 생각한다. 이러한 관념은 전통사회의 문화적 전통을 가진 이들에게나 여전히 남성주도적 사랑이 미덕으로 여겨지는 문화공동체에 살아가는 사람들에게 통념화된 생각이다. 이 통념은 여성들보다 남성들에게 격언과 같이 통용된다. 여기에는 원하는 사랑을 얻기 위해 더 많은 관심과 애정, 진정성 있는 노력, 연애 기술의 습득을 촉구하는 의미도 들어있다. 그런데 쟁취의 방법이 기술주의에 머문다면 그것은 사랑의 윤리에 벗어나는 것이다. 연애 기술 등이 단순히 목적 획득을 위한 수단과 도구에 머물면, 사랑을 얻은 후 승리의 쾌감과 승리자 심리가 부정적 방식으로 나타날 수 있다.

여섯째, '가난을 이기는 사랑은 없다', '사랑만으로 살 수 없다'는 통념이 있다. 시인 신경림이 〈가난한 사랑노래〉에서 말한다. "가난하다고 해서 사랑을 모르겠는가. 내 볼에 와 닿던 네 입술의 뜨거움. 사랑한다고 속삭이던 네 숨결 … ". 그러나 그는 한편 슬픈 현실을 바라보며 말한다. "가난하기 때문에 이것들을 이 모든 것들을 버려야 한다는 것을". 경제적 지위가 유사한 경우 결혼유지 기간이 상대적으로 길다는 조사는 전혀 새로운 것이 아니다. 국내 사례만이 아니라 현대사회학의 거장인 앤소니 기든스(Anthony Giddens, 1938-) 역시 가난과 결혼유지 기간의 유의미한 상관성을 영국의 경험연구를 통해 제시한 바 있다. 게리 베커(Gary Becker)나 앤드류 세를린(Andrew Cherlin)을 포함한 서구의 가족사회학 학자들은 낮은 계층이 동거 비율과 이혼율이 높고 고소득, 고학력 계층이 상대적으로 결혼유지 기간이 길다는 연구결과를 내놓고 있다.

앤소니 기든스

한편 경제력과 가족해체의 유의미한 상관성을 『현대사회학』(Sociology, 1989)에서 제시한 기든스는 『친밀성의 구조변화: 현대사회에서 섹슈얼리티, 사랑, 에로티시즘』(The Transformation of Intimacy: Sexuality, Love and Eroticism in Modern Societies, 1992)에서 정서적 만족도, 상호인정, 자기실현 정도 등이 점차 결혼 안정성의 핵심요소로 자리잡아 간다고 주장한다. 경제적 요인이 사랑의 주요변수이기도 하지만 오늘날 사랑에 빠진 대부분의 사람들은 여전히 가난을 넘어서는 사랑을 시작하고 사랑의 힘을 믿는다. 사랑을 교환가치로 환원되는 모든 것에 대한 거부의 태도이자 저항이라고 생각하지 않는다면 사랑은 친밀성 교환에 대한 임의 계약 이상이 아니다.

일곱째, '사랑은 나의 반쪽 찾기이다'라는 통념이 있다. 이 이야기를 처음 한 인물은 아리스토파네스(Aristophanes, BC 446-386)이다. 그는 『향연』의 대화자로서 사랑의 기원을 인간에 대한 신화를 언급하며 설명한다. 그에 따르면 애초에 인간은 둥근 구형의 형태이며 남성과 남성, 여성과 여성, 남성과 여성의 세 종류였다. 이들은 머리 2개, 팔 4개, 다리 4개가 붙어있는 몸을 가진 인간이었다. 그런데 이들 인간이 오만해지고 신에 대한 존경심을 잃어버리게 되자 제우스가 이들 인간들을 반으로 갈라 서로를 찾는 갈망 속에 살게 했다는 것이다. 문학적으로 말하면 인간은 평생 자신의 반쪽을 찾아 헤매는 형벌을 신으로부터 받았다는 것이다. '누가 누구를 사랑의 대상으로 선택하는가'와 같은 다양한 실험들과 파트너 선택이론, 사랑의 사회학적 설명들을 보면, 그리고 현실의 사랑을 보면 아리스토파네스의 사랑 기원론은 매력적이지만 '신화적' 차원의 설명이다.

여덟째, 사랑은 정의될 수 없고 정의 자체가 무의미하다는 통념 역시 매우 일반적이다. 프랑크푸르트학파의 설계자이자 이론적 초석을 놓은 막스 호르크하이머((Max Horkheimer, 1895-1973)는 사랑이란 비이성적인 것이며 비학문적인 개념이기 때문에 사랑에 대한 정의 자체가 무의미하다고 말한다. 사회학자들도 사랑에 대한 정의 내리기에 별 관심이 없다. 그들은 사랑의 사회적 요소와 변인들을 연구하는 데 관심이 있을 뿐이다.

위에서 열거한 사랑에 대한 일반적 관념, 통념 이외에 더 많은 관념들이 통용되고 있다. 그러한 관념들은 어느 정도의 진실이 담겨있기도 하고, 거부하고 부정해야 할 것도 있다. 그것은 각자의 사랑에 대한 태도의 문제와 결부되는 것이며 그와 같은 사랑의 태도는 한 개인의 가치지향에 의해 영향을 받는다. 우리는 자신의 가치지향과 사랑의 태도에 대한 자기 검토를 한번은 해봐야 한다. 사랑을 하든, 안하든 말이다. 너무 많은 어제의 사랑과 미래의 사랑이 있기 때문에 그것에 대한 이론실천적 관심이 필요하다.

3. 사랑에 대한 철학적 담론

우리가 흔히 아는 '낭만적 사랑'이라는 개념은 근대의 산물이다. 개체로서의 개인이라는 의식이 상당 부분 일반화되었고 자유연애를 받아들이기 시작한 시기가 근대이다. 그런데 현대는 낭만적 사랑의 시대가 아니라 열정적 사랑의 시대 혹자는 심지어 사랑이 종교가 된 시대라고까지 말한다. 프롬은 『사랑의 기술』(The Art of Loving, 1956)에서 '열정적 사랑'이 현대인의 사랑에 대한 전형적인 관념이며 그것은 진정한 의미의 사랑이 될 수 없다고 단언한다. 그는 현대인들에게 사랑한다는 것은 '사랑을 받는다는 것' 이상을 의미하지 않는다고 말한다. 그는 사랑받기 위해 현대인은 유쾌한 태도, 흥미를 자아내는 대화술, 유능과 겸손 거기에 세련되고 사교적인 능력과 성적 매력을 가꾸는데 정신이 팔려있다고 말한다.

여기서 프롬이 지적하는 열정적 사랑은 흔히 유희로서의 사랑개념이라고 할 수 있다. 그가 『사랑의 기술』을 쓴 1956년 당시보다 60년이 지난 오늘날에 더더욱 공감할 수 있는 이야기다. 일회용품처럼 사랑을 소비하는 시대에 우리는 살고 있다. 비단 온라인, 오프라인상에서의 성적 교환만을 의미하지 않는다. 우리들의 생활세계에서 우연히 발생하는 사랑의 사건 중 이 범주에 들어가는 소비되는 사랑이 넘쳐나고 있다. 유희와 탐닉 그리고 놀이로서의 사랑, 계약적 소비로서의 사랑이 성적 해방이라는 이름으로 마치 친구의 목소리처럼 익숙해진 시대에 우리는 살고 있다. 그렇다면 강렬한 열정에 이끌린 이른바 '미쳐버리는 사랑'이든 전인적 결합에 토대를 둔 성숙한 사랑이든 왜 우리는 사랑할 수밖에 없는가?

William Hogarth, The Marriage Settlement: The Dance, 1743. The National Gallery. London.

1) 프롬(Erich Fromm)

에리히 프롬(Erich Fromm, 1900-1980)의 사랑론은 한마디로 실존론적 사랑론이다. 그는 분리(separateness)의 경험이 불안을 낳고 불안을 극복하기 위한 욕구가 사랑으로 나타난다고 말한다. 프롬에 따르면 인간은 자연의 일부였으며 자연과의 분리 이전에 자연과 조화 상태에 있었다. 인간의 이성이 발달하면서 자연과 분리된 이후 인간은

에리히 프롬

자기 존재의 임의성, 비결정성, 불확실성, 사회적 힘 앞에서의 왜소함, 죽음에 대한 인식을 하게 되었으며 근본적인 불안을 느끼게 되었다. 이 불안의 경험이 어떤 방식과 수단을 동원해 타자와 세계에 대한 결합을 지속적으로 시도하게 만든다. 특히 타자와의 관계에서 발생한 외로움(loneliness)은 감옥과 같은 것으로 이것을 넘어서는 것, 곧 분리를 넘어서 일치의 상태(state of union)를 염원한다.

프롬은 이러한 분리를 넘어 결합과 일치를 추구하는 것이 인간의 역사라고 본다. 그에 따르면 토템, 샤머니즘, 알코올중독, 마약 섭취, 성적 경험, 유행 따라 하기. 관습, 관례, 신앙 등이 인류가 만들어낸 분리 상태를 극복하는 수단이다. 이와 같은 것 모두는 차이를 제거하는 방식을 통해 결합과 합일에 이루려는 시도이다. 여기서 주목해야 하는 것은 그러한 시도가 비주체화, 몰개성화, 표준화, 기계적 평등이라는 역리를 낳을 수 있다는 그의 주장이다.

사람들은 왜 사랑하는가에 대해 프롬은 『사랑의 기술』에서 분리를 극복하고 합일, 일치를 이루려는 강력한 욕구에서 그 답을 찾는다.

> 사랑은…인간을 동료로부터 분리시키는 벽을 허물어 버리는 힘, 인간을 타인과 결합시키는 힘이다. 사랑은 인간으로 하여금 고립감과 분리감을 극복하게 한다.

과연 사랑하면 고독과 분리감, 인간의 근원적 불안이 해소될까? 사랑을 해 본 사람이라면 깊은, 사랑은 단지 일치감만 주는 것이 아니라 분리 경험 자체를 더 깊게 하고 혼자 있을 때와 다른 또 다른 종류의 고독을 느낀다고 말하지 않는가? 우리들의 경험지(empirical knowledge)가 프롬 주장의 타당성을 반쪽짜리로 여기게 한다. 프롬의 실존적 사랑론에 대한 우리의 경험론적 반론은 과연 타당한지에 대해서도 물어볼 필요가 있다. 프롬의 관점에서 보면 우리의 반론 자체는 사랑의 성격과 활동에 대한 오해에서 비롯된 것이다. 이 문제는 사랑의 윤리학 편에서 다룰 것이다.

2) 사르트르(Jean-Paul Sartre)

'우리는 왜 사랑하는가?, 아니 왜 사랑할 수밖에 없는가'에 대한 장 폴 사르트르(Jean-Paul Sartre, 1905-1980)의 답변을 한마디로 요약하면 '지옥'을 벗어나기 위해서이다. 그렇다면 사르트르가 말하는 지옥은 대체 무엇을 의미하는 걸까? 지옥은 사르트르의 유명한 희곡집인 『닫힌 방』(Huis Clos, 1944)에 등장한다. 이 희곡집의 설정은 간단하다. 이 희곡의 등장인물은 3명이다. 가르생, 이네스, 에스텔이 그들이다. 이들 3명은 아무 작동도 하지 않는 초인종이 달린 방을 안내받는다. 그 방은 창문도 없고 거울도 없는 그야말로 벽만 있는 닫힌 방이다. 이 방이 닫힌 방이라 할 수 있는 또 다른 이유는 아무도 이 방을 벗어날 수 없다는 설정 때문이다. 가르생은 "지옥은 바로 타인들이야"라고 말한다. 이렇듯이 사르트르는 '타자는 지옥이다'라는 자신의 테제를 가르생의 입을 통해 주장한다.

왜 타인이 지옥인가? 바로 '시선'(Le Regard)때문이다. 이 시선은 "나를 잡아먹는 모든 시선들"을 의미한다. 사실 '시선'에 대한 철학적 이야기는 이 희곡에서가 아니라 사르트르의 주저인 『존재와 무』(L'Être et le Néant, 1943)에서 본격적으로 다뤄진다. 나를 잡아먹는 시선은 타자들의 시선을 가리킨다. 도대체 이 시선이 무엇인데 '지옥에 비유할까? 타자의 시선은 나를 대상화하고 객체화하며 탈인격화 곧 사물화하는 시선이다.

사르트르에게 "타자는 자신의 시선을 통해 나를 바라보면서 나의 세계를 훔쳐 가고 동시에 나에게 객체성을 부여하는 존재이다." 내가 타자를 객체화시키고 타자도 나를 그렇게 보는 시선은 사라지지 않는다. 이때 느끼는 독특한 감정을 사르트르는 수치심이라 규정한다. 수치심은 대상화되어 타자의 시선에 갇혀 규정되어 버린 존재임을 자각할 때 느끼는 독특한 감정을 말한다. 이러한 이유로 타자는 항상 나와 투쟁의 관계에 있을 수밖에 없다. 이 벗어 날 수 없는 시선이 곧 '지옥'(L'enfer)이다.

그렇다면 어떻게 지옥으로부터 해방될 수 있을까? 사르트르는 그 해결책으로 사랑을 제시한다. 사랑이 지옥을 탈출하는 완전한 해결책이 될 수 있을까? 사랑하면 어떻게 될까? 사랑은 타자의 시선에서 벗어나는 것이며 자기 존재의 정당성을 자각하게 만든다. 사르트르는 그의 저서 『존재와 무』에서 다음과 같이 말한다.

> 사랑받기 전에 우리는 이 정당화되지 못하는…[나의] 존재에 의해 불안해하고 또 잉여적 존재로 느꼈지만 이제 우리는 [나의] 이 존재가 아주 작은 부분에까지 하나의 절대적 자유로부터 받아들여지고 원해짐을 느낀다.…사랑의 환희의 이유…우리가 존재하는 것에 대해 정당함을 느끼기 때문이다.

또한 사랑은 즉물적이고 본능적인 반응에 의한 것이 아니라 각자의 '자유'에 근거해 상호 인격성을 회복하는 것이다. 왜냐하면 상대를 기계적 열정의 대상, 유희의 대상, 소유의 대상, 활용의 대상으로 보지 않기 때문이다. 각자의 주체 기반인 선택의 자유가 아닌 '존재의 근원적 자유'를 보장하면서 진실한 시선으로 관계하는 것이 사랑이기 때문이다. 자신의 외모로 인해 콤플렉스에 빠졌던 사르트르도 사랑하는 만큼은 몸으로부터의 자유만이 아니라 시선으로부터의 자유, 추함의 존재라는 자기의식에서 벗어나 자기 존재의 정당성을 감각적으로 느꼈을 것이다. 타자로부터 사랑받는다는 것은 그/그녀에게 '모든 가치의 근원'이자 '절대적 목적'으로 자리 잡는다.

사르트르와 보부아르

사람들은 영원한 사랑을 꿈꾼다. 그것을 염원하는 것은 아마도 영원한 사랑이 없다는 것을 인식하고 있어서가 아닐까? 사르트르는 사랑이 영원할 수 없고 종국에는 실패할 수밖에 없는 이유를 감정에서 찾지 않고 사랑받고자 하는 태도 때문으로 간주한다. 이 경우 사랑받는 사람 스스로 매혹의 대상이고자 하지만, 이것은 자유의 포기이고 상대방의 자유를 제한하는 것이기도 하다. 언젠가는 자신의 자유를 찾아갈 수 있고 사랑하는 사람도 자유를 되찾고 다시 과거의 '시선'이 살아날 수 있다. 그래서 사랑은 불가능하다. 제대로 된 사랑의 가능성은 '태도의 유지'를 전제하는 데 있다. 비극을 맛보는 것을 예감하지 않은 채 우리는 사랑할 수밖에 없다는 것이 사르트르 이야기다. 그와 계약 결혼을 50년 동안 유지했던 사르트르-보부아르의 사랑도 그런 것이었을지 생각해 볼 문제이다.

3) 울리히 벡

'왜 우리는 사랑하는가'에 대해 독일 사회학자 울리히 벡(Ulrich Beck, 1944-2015)은 프롬이나 사르트르와 다른 답변을 내놓고 있다. 울리히 벡의 사랑론을 한마디로 말하면 사랑의 사회학이다. 사랑의 사회학은 사랑의 시작과 끝에서 작용하는 사회적 요인들을 하나의 사회현상으로 간주하고 사회학적 관점과 방법론을 동원해 분석한다. 그는 엘리자베트 벡-게른스하임(Elisabeth Beck-Gernsheim)과 공동으로 쓴 『사랑은 지독한 혼란』(Das ganz normale Chaos der Liebe, 1990)에서 현대사회에서 '사랑의 유사종교적 기능(quasi-religiöse Funktion der Liebe)' 테제를 내세운다. 사랑이 신흥 종교의 지위로까지 격상되었다는 것이다. 벡은 사랑이 '삶에 의미를 부여하는 중심축'이 되었다고 말한다.

울리히 벡

그렇다면 사랑은 왜 새로운 삶의 중심축이 되었는가? 벡에 따르면 개인화 과정에 따른 전통적 결속의 단절은 개인에게 강제와 의무로부터의 자유를 부여하지만 동시에 사회가 제공해왔던 지원과 안전감 역시 사라지게 만든다. 개인화(individualization)는 삶을 '선택의 일대기'로 전환시키고 노동시장에서 개인을 부단한 생존 투쟁에 내모는 결과를 가져왔다. 개인화는 고독과 외로움을 불가결하게 수반한다.

개인화된 사회에서 사랑은 불안과 외로움에 대한 최고의 해답이자 동시에 개인화의 위험에 저항하는 사적 수단이다. 이제 사랑은 삶의 실체와 유의미성을 부여하는 기능적 수단으로 작용한다.

사랑이라는 강력한 힘은 그 자체의 고유한 규칙에 따라 사람들의 기대, 불안, 행동양식 속에 자신의 메시지를 새겨놓고 사랑-이별-결혼-이별-재혼의 수레바퀴를 돌리게 한다. 사랑에서 삶의 의미를 찾을 수 있다는 믿음이 현대인들을 지배한다는 것이다. 이 믿음을 벡은 유사 종교적 믿음과 같다고 본다. 동시에 그는 '참된 사랑은 드물고 희귀한 상품'이 되었으며 오늘날 사랑은 '사랑 중독자나 사랑 상용자처럼 형용사'로 사용된다고 말한다. 사랑의 종교에서 벡이 보았던 것은 사랑의 죽음과 함께 현대인들이 사랑에 몰입할 수밖에 없는 사회적 사태이다.

왜 우리는 사랑할 수밖에 없는가에 대한 벡의 설명과 함께 꼭 기억해야 할 것은 그가 사랑의 시작, 과정, 결말에 미치는 사회적 요인들을 분석하는 사랑의 사회학을 전개한 독보적인 인물이라는 점이다. 특히 그는 노동시장의 변화, 지구적 차원에 노동의 노마드화 현상이나 직장문제로 인한 주말부부 현상이 사랑의 형식과 내용에 미치는 영향이 무엇인지를 연구했으며 그 결과 『장거리 사랑』(Fernliebe: Lebensformen im globalen Zeitalter, 2011)을 내놓았다. 벡의 관점에서 보면, 장거리 사랑(long-distance love) 역시 인간이 사랑할 수밖에 없는 존재라는 것을 보여주는 하나의 예시이며 이념이나 윤리만으로 설명될 수 없는 사회경제적 환경을 반영하는 사회적 사건인 것이다.

4. 사랑의 죽음 테제

막스 호르크하이머

막스 호르크하이머(Max Horkheimer, 1895-1973)는 현대인들의 사랑에 대한 태도를 문제 삼는다. 그가 볼 때 현대인들은 이기적 자아(egoistic self)를 포기하지 않은 채 타자를 자신에게 동일화시킴으로써 사랑을 자기화하고 지배관계로 변질시킨다. 남성 지배사회에서 사랑은 여성에 대한 동경과 경탄 및 신비화 그리고 지시와 명령의 형식이 결합되어 나타난다. 예속적 사랑은 '마음의 결합'으로 승화된다. 상호 헌신의 태도가 부재한 이기적인 사랑은 사랑을 죽게 만든다. 이것이 그의 사랑의 죽음테제이다. 그렇다면 사랑은 구원될 수 없는가? 호르크하이머는 『도구적 이성비판』(Zur Kritik der instrumentellen Vernunft, 1967)에서 자신을 보는 시선으로 타자를 보는 것에 구원의 열쇠가 있다고 믿는다.

> 사랑하는 사람은 그가 자신을 보듯이 애인을 사랑한다. 그 속에는 자신의 고유한 방식과 그가 속한 사회의 방식과 같은 역사가 있다. 애인이 그에게 좋게 드러나는 것은 좋은 것과 옳은 세계에 대한 자신의 고유한 생각을 나타내는 것이다.

아도르노(Theodor W. Adorno, 1903-1969)는 자본주의 논리의 내면화가 우리의 사랑을 어렵게 만든다고 확신한다. 그는 자본주의 기본원리인 교환가치의 논리가 사랑을 차갑게 식게 만들고 왜곡시킨다고 말한다. 그렇다면 도대체 무엇이 사물화되어 버린 사랑을 구제할 수 있을까? 간단하다. 교환가치에 대한 저항과 부정의 몸짓만이 사랑을 구제할 수 있고 그러한 태도에서만 사랑은 시작되고 지속될 수 있다. 조건을 따지는 순간, 결혼 시장에 매물로 자신을 내놓는 순간 당신도 교환의 대상일 뿐이다. 이러한 주장을 아도르노는 『미니마 모랄리아』(Minima Moralia: Reflexionen aus dem beschädigten Leben, 1951)에서 아래와 같이 보여준다.

> 시민사회에서 사랑은 부분적으로나마 교환관계에 저항하였지만, 마침내 교환관계가 사랑을 완전히 빨아들이고 만다. 다시 말해 마지막 직접성이 사랑의 모든 당사자들 간의 거리로 인해 희생된다. 사랑은 주체가 스스로 부여한 가치에서 차가워진다. 그에게 사랑은 잉여의 사랑으로 드러나고 더 많이 사랑한 사람은 부당한 사람이 된다. 연인을 의심하게 되고 그것이 자신에게 되돌아오게 된다. 그의 애정은 소유적 잔인함과 자기 파괴적 이미지로 병든다.

5. 사랑의 윤리학

사랑할 수밖에 없지만, 사랑하기 어려운 존재가 인간이다. 프롬의 사랑의 윤리학은 상호 성장을 위해 어떠한 자세로 사랑을 해야 하는가를 우리에게 제시한다. 그의 방법은 부정적이다. 여기서 부정적이란 사랑의 병리 현상들을 점검하면서 그것의 극복에 건강한 사랑의 가능성을 본다는 의미에서 '부정적'이다. 프롬의 사랑의 윤리학은 사랑의 병리학의 기초위에 정초된 것이다, 그렇다면 그가 말하는 병리적 사랑의 유형들과 극복을 위한 처방책은 무엇인지 살펴보자.

1) 성적 만족에 몰입하는 사랑

성애적 사랑(eros love)은 생식적 에로티시즘에 붙들려 있는 사랑을 말한다. 두 사람은 성애를 통해 서로를 동일시하지만 그러한 동일시, 혹은 성적 결합에서 오는 만족은 원초적 분리를 극복하지 못하며 진정한 의미의 합일이라고 볼 수 없다. 이러한 의미에서 성애적 사랑은 '기만적'이라고 프롬은 말한다. 프롬은 '사랑은 성적 만족의 결과가 아니며 오히려 성적 행복이 사랑의 결과'라고 말한다.

2) 이기적 사랑

이기적 사랑(selfish love)은 유용성의 관점에서 사랑의 대상을 선택한다. 사랑받는 한에서 사랑을 하는 이기적 사랑은 보호, 배려, 칭찬, 인정, 관심을 끊임없이 요구한다. 자신의 바람이 채워지지 않는 한 이기적인 사랑은 끝나고 만다. 이기적 사랑은 때때로 자기 파괴적이다. 삼각, 사각의 사랑 관계가 등장하는 드라마나 영화에서 이기적 사랑의 범례를 찾아내는 것처럼 쉬운 일도 없다.

3) 우상숭배적 사랑

사랑하는 사람을 우상화하는 심리적 경향성이 강한 사람들이 있다. 이를테면 세상에서 제일 키가 크고 가장 예쁘며 모든 행운과 복을 간직한 자로 숭배하는 사랑이 우상숭배적 사랑(idolizing love)이다. 프롬은 우상숭배적 사랑이 '강렬하고 갑작스러운 사랑의 경험'에서 흔히 나타난다고 보았다. 우상숭배적 사랑은 시간의 계곡을 통과하는 데 한계가 있기 때문이다. 자기 자신의 힘의 결핍을 느끼는 사람, 자존감이 낮은 사람, 의존적인 자아가 이러한 사랑에 빠진다.

4) 감상적 사랑

감상적 사랑(sentimental love)은 이상적인 사랑을 쫓는 사랑을 말한다. 이런 사랑을 하는 사람은 드라마와 영화에서 동경하는 사랑을 소비하며 감격하고 그러한 사랑의 구경꾼이 된다. 감상적 사랑에 빠져 있는 사람은 지금 같이하는 사람과 함께 했던 추억 속의 사랑을 기억해 내려 하고 미래의 환상적인 사랑을 갈망한다. 이러한 사랑은 소외된 자아, 사랑의 결핍을 메우려는 마취제의 역할을 한다.

이 밖에도 프롬은 도피로서의 사랑, 팀워크로서의 사랑, 자기도취적 사랑도 미성숙한 사랑의 범주에 집어넣는다. 그렇다면 사랑의 병리를 극복하는 진정한 사랑을 하기 위해 무엇이 필요한가? 프롬은 단호하게 사랑의 모럴, 사랑의 윤리가 필요함을 거듭 강조한다. 사랑이란 어떤 것인가? 사랑은 자신의 통합성, 곧 개성(인격)을 유지하는 상태의 합일이며 따라서 각자의 특성을 허용하면서도 자신의 통합성을 유지하는 움직이는 활동이다. 사랑이란 두 존재가 하나가 되면서 동시에 남아 있는 역설의 예술(art of paradox)이라 할 수 있다. 소위 둘이면서 하나인 신비의 사건이 사랑이다.

> 어떤 사람을 사랑한다는 것은 사랑할 줄 아는 힘의 실현이고 집중화이다. 사랑에 내포되어 있는 기본적인 긍정은 본질적으로 휴머니티의 구현자로서의 사랑하는 사람을 지향한다. 한 사람에 대한 사랑에는 인간 자체에 대한 사랑이 내포되어 있다.

진정한 사랑을 위한 방법(기술)에 대한 프롬의 언명은 사실 우리가 말해왔고 공감할 만한 것이다. 그는 제대로 된 사랑을 하기 위해서 먼저 필요한 것이 '지식'이라고 강조한다. 여기서 지식은 인간의 욕망과 영혼에 대한 지식을 일차적으로 의미한다. 이것에 대한 이해와 지식을 전제해야 자기 이해와 타자 이해로 도달할 수 있는 가능성을 확보할 수 있다. 나 자신과 상대방을 객관적으로 알 때 사랑의 문이 열릴 수 있다는 것이다.

> 사랑은 곧 나 자신을 주는 행위에서, 다른 사람에 침투하는 행위에서 나 자신을 찾아내고 나 자신을 발견하고, 우리들 두 사람을 발견하고 인간을 발견한다.

프롬이 사랑의 성취 조건으로 객관성을 말할 때 그 객관성은 자아도취나 이기심에 빠지지 않는 상태를 의미한다. 또 객관성은 이성이 작동될 때 확보될 수 있다. 온전한 사랑은 이성을 성숙하게 사용할 때 성숙한 사랑에 이를 수 있다는 것이다. 지식(knowledge)과 더불어 배려(care), 책임감(responsibility), 존중(respect)이 상호 성장하는 지속적인 활동으로서의 사랑의 4요소이다. 우리는 이것 이외에 약속, 신뢰, 관심 등 다른 요소를 더 제시할 수 있고 위계를 세울 수도 있다. 중요한 것은 실천이다. 프롬은 사랑의 실천만이 실존의 문제에 대한 가장 확실한 대답을 제시해주며 사회적 사랑의 다리를 놓을 수 있다고 강조한다. 자기 사랑과 타자 사랑, 사회에서의 사랑을 확신시키기 위해서는 사랑에 대한 합리적 믿음을 가지는 것이 우리의 윤리적 의무가 되어야 한다. 프롬이 하고 싶은 말은 사랑 윤리의 실천이다.

6. 사랑 윤리의 파괴-데이트 폭력

1) 데이트 폭력의 개념과 유형 및 발생 현황

데이트 폭력(dating violence)은 연인 관계에서 한 사람이 연인에게 가하는 신체적, 심리적, 성적 폭력 일반을 말한다. 국제연합(UN)에서는 데이트 폭력을 '친밀한 관계에 의한 폭력(intimate partner violence)'으로 정의한다. 문제는 '친밀한 관계'의 의미와 범주가 모호하기 때문에 이 책에서는 데이트 폭력 개념을 사용한다. 데이트 폭력은 말할 것도 없이 사랑의 부정이자 사랑의 파괴이다. 플라톤이 『향연』에서 말한 사랑을 관장하는 여신인 에로스는 어떤 경우에도 폭력을 사용하지 않는다. 또한 쾌락과 욕망을 지배하는 신인 에로스는 그 어떤 신보다 절제심이 강하며 부드러운 마음의 영혼을 가진 우아함의 상징이다. 플라톤이 말하듯이 사람의 머리를 밟고 다니는 에로스에게 행운을 받은 사람이 사랑에 빠지게 되는데 그 사람은 우아해지고 사랑의 마음을 미적 언어로 표현하는 시인의 마음을 갖게 되는 것이 자연스러운 것이 아닐까?

그런데 우리가 알 듯 오늘날 한국 사회에서 발생하는 데이트 폭력의 양상은 실로 심각하다. 2024년 4월 29일 발표된 경찰청 통계에 따르면 2023년도 데이트 폭력으로 검거된 피의자 수는 총 13939명으로 2020년(8951명) 대비 55.7% 증가했다. 데이트 폭력 범죄 신고 건수도 최근 4년 사이 27000 여건이 늘어났다. 데이트 폭력으로 구속수사를 받는 피의자 비율은 2020년(2.3%), 2022년(1.7%), 2023년(2.2%)로 매우 낮다. 2023년의 경우 검거된 데이트 폭력 가해자 1만 3939명 중 구속 수사를 받은 인원은 310명에 불과했다. 2024년 1월 1일부터 4월 30일 동안 접수된 데이트 폭력 신고 건수는 2만 5967건으로 집계됐다. 이 중 검거된 인원은 4395명이며 구속비율은 1.87%로 82명이다. 문제는 데이트 폭력 관련 살인 가해자 및 검거 인원은 통계 집계조차 이루어지지 않고 있다는 것이다.

좁은 의미의 데이트 폭력은 남녀 연인관계에서 적용되는 것이지만 넓은 의미에서는 동성애 관계에서도 적용되는 개념이다. 데이트 폭력 개념은 1981년 메이크피스(Makepeace)의 데이트 폭력과 가정폭력의 상관관계를 다룬 연구에서 비롯되었다. 데이트 폭력이라는 개념으로 통일되어 사용하기 전에는 데이트 관계폭력, 데이트 공격, 연애폭력, 교제폭력 등 다양한 개념들이 혼용되었다. 데이트 폭력의 유형은 성적 폭력, 심리적 폭력(언어적, 감정적 폭력), 신체적 폭력으로 나눈다. 여기에 디지털 폭력, 스토킹을 데이트 폭력의 독립적 유형으로 분류하기도 한다.

미국의 질병통제예방센터에서는 데이트 폭력의 유형을 신체적 폭력, 성적 폭력, 정서적 폭력, 스토킹으로 나눈다. 한국형사정책연구원은 데이트 폭력에 관한 조사에서 폭력 유형을 통제 피해, 상해 피해, 심리, 정서적 피해, 신체적 폭력 피해, 성추행 피해, 성폭력 피해 총 6가지로 범주화했다. 일반적 의미의 데이트 폭력의 유형과 내용은 아래와 같다.

폭력 유형	폭력 형태 및 내용
신체적, 성적 폭력	때리기 등 구체적인 물리적 폭력(머리카락 잡아당기기, 목 조르기, 물과 불 등으로 화상 입히기, 흉기 사용 등), 성희롱, 유사 성행위 강요, 성추행, 의사에 반하는 성관계
심리적, 언어적 폭력	욕설, 비난, 가족 비난, 상대방 지인 비난, 모욕적인 말, 협박, 공갈, 위협, 욱박, 소리 지르기, 때리거나 칠 것 같은 행동, 문 세게 닫기, 상대방 물건 부수기 등
통제 행동	핸드폰, 이메일, 블로그, SNS 등 점검, 옷차림 검사 및 제한, 친구나 지인 만남 등 모임과 공적 모임 활동 제안, 일정 통제 및 간섭, 다른 사람과 통화 제한, 누구와 함께 있는지 보고 강요 및 확인 다른 이성을 만나는 것 보고 및 허락, 자신이 원하는 것을 상대방이 싫어해도 하도록 강요, 말버릇 상시 지적, 수정 요구, 상대가 하는 일이 마음에 들지 않는 경우 즉각 중지 명령, 즉각적인 반응요구
스토킹/디지털 스토킹	상대방의 의사에 반해 온라인, 오프라인에서 계속해서 쫓아다니는 행위

데이트 폭력의 적용범위는 연인관계가 지속되는 기간과 한쪽이 결별 의도를 내비치는 기간을 모두 포함한다.

2) 데이트 폭력의 발생과 전후의 관계양상

제3자 관점에서 데이트 폭력과 관련해 항상 의문을 제기하는 문제가 있다. 그것은 왜 폭력을 경험하면서도 쉽게 관계를 정리하지 못하는가이다. 최근의 많은 경험 연구들에 따르면 폭력이 발생한 이후에도 관계가 지속되는 경우가 60% 이상으로 나타났다. 폭력을 사랑과 애정의 표현으로 인지하는 경우도 50%를 상회한다. 가장 낮게 나온 조사연구에서도 10% 중반을 유지하고 있다.

이러한 조사들을 종합해 보면 데이트 폭력에 대한 피해자들의 관대한 태도와 그로 인한 폭력 허용도가 높다는 점을 알 수 있고 이것이 데이트 폭력을 양산하는 여러 요인 중에 하나라고 평가할 수 있다. 이와 함께 폭력의 공포로 인해 결별하지 못하는 심각한 위기사례도 많이 있다는 점은 고려되어야 한다. 폭력은 단순히 폭력으로만 다가오지 않는다. 폭력은 다양한 형식의 보상을 동반함으로써 피해자로 하여금 사후 정당화 논거를 스스로 만들어나가게 하며, 이 보상은 때론 심리적 의존관계를 강화시키기도 한다.

앞서 다뤘던 에리히 프롬의 관점에서 데이트 폭력은 '폭력적 이기주의(violent egoism)'이다. 폭력 가해자는 소유욕과 지배욕의 노예이며 피해자는 의존적 사랑을 벗어나지 못한 것이다. 프롬의 시각에서 보면 주체와 비주체, 혹은 남성, 여성중심주의가 작동하는 비대칭 관계, 주체-주체의 독립성이 성립되지 않은 관계에서 데이트 폭력이 발생한다. 그가 볼 때 자기를 사랑하는 것도 아니고 상대를 사랑하지도 않는 극단적 행위가 데이트 폭력이다. 특정한 연인관계에서 폭력이 일시적이지 않고 재발되는 것은 폭력 가해자가 보호, 책임, 상호 존중, 신뢰라는 오용된 근거들로 폭력을 정당화하며 동의를 동원하는데서 원인을 찾을 수 있다. 프롬이 볼 때 인간 사회에서 폭력이 용인되는 이상 데이트 폭력은 발생할 수밖에 없다. 왜냐하면 한 사람에 대한 사랑은 곧 특정한 개인이 아니라 인간에 대한 사랑을 전제로 하기 때문이다.

3) 왜 데이트 폭력은 계속 증가하는가?

왜 우리 사회에서 남성에 의한 피해 사례가 대부분이지만, 성차를 떠나 발생하는 데이트 폭력이 근절되지 않고 오히려 계속해서 증가하는가? 어디에 그 원인이 있는가? 데이트 폭력이 데이트 살인(2023년 여성 138명이 데이트 살인으로 사망)으로 이어지는 경우가 점점 더 늘어나는 원인은 무엇인가? 데이트 폭력이 증가하고 데이트 살인으로까지 이어지는 원인을 크게 두 가지 차원에서 생각해 볼 수 있다. 먼저 법률적, 제도적 문제이다. 현행법상 데이트 폭력은 가정폭력과 아동학대 등과 달리 일반 폭행에 해당되어 피해자가 처벌을 원하지 않으면 제도적으로 피해자를 보호할 수 없다. 이를 잘 보여주는 사례가 2024년 4월에 발생한 20대 여성 사망사건이다. 사망자는 가해자와 3년간 사귀면서 데이트 폭력 신고를 11회에 했으나 매번 처벌불원 의사를 밝혀 예상되는 폭력에 대한 외적, 제도적 보호를 받지 못했다.

가해자의 처벌과 관련해서 문제는 구속률이 낮고 형량 또한 다른 폭력범죄보다 상대적으로 낮다는 점이다. 친밀성의 관계에서 폭력은 일반 폭력보다 가중처벌이 되어야 한다. 일회성이 많은 일반 폭력보다 데이트 폭력은 상대적으로 반복성이 매우 높게 나타나기 때문이다. 가중처벌은 범죄 억제 효과를 높이는데 기여할 수 있다. 또한 형량 판단 시 폭력 회수, 폭력 정도, 폭력 후 피해대처 노력을 포괄적으로 고려하는 법률적 판단을 엄격하게 준수해야 한다. 이는 2021년 10월 21일부터 시행된 〈스토킹범죄의 처벌 등에 관한 법률〉에도 동일하게 적용되어야 한다. 데이트 폭력이 객관적으로 증명되나 피해자가 처벌을 원하지 않는 경우에도 재발방지프로그램(recidivism prevention program)의 의무이수 제도의 도입도 필요하다. 이와 더불어 잠재적 피해자 예방을 위해 데이트 폭력 정보공개 청구제도도 실행되어야 한다.

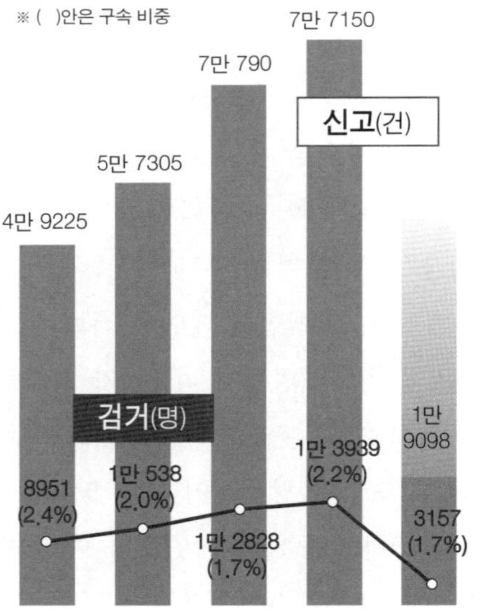

교제 폭력 신고 및 검거 추이(자료: 경찰청)

데이트 폭력의 감소와 근절이 되지 않는 사회문화적 요인들은 법률적, 제도적 장치 이상으로 중요하다. 왜냐하면 사회문화적 요인들은 법률이나 제도처럼 한순간에 만들어지거나 쉽게 변화거나 완전히 소멸되는 것이 아니기 때문이다. 그렇다면, 어떤 요인들이 데이트 폭력을 유발하게 만드는가? 다음과 같이 정리될 수 있다. 첫째, 데이트 폭력에 대한 편견이다. 연인 사이의 폭력은 매우 사적인 것이고 일어날 수 있으며 각자가 알아서 해결할 일이라는 인식이다. 둘째, 일차적으로 폭력 민감성 교육(violence sensitivity training)을 가정과 학교에서 받지 않은 데서 찾을 수 있다. 폭력 민감성 교육의 결여는 관습적 폭력에 정당성을 묻지 않는 태도를 형성시킨다. 연인 간의 폭력에 대한 유연한 인식 태도를 갖게 만든다. 셋째, 공적 차원에서 자주 발생하는 사회적 폭력에 과다 노출됨으로써 폭력을 일상적 사건으로 간주하는 태도가 데이트 폭력에 대한 민감성을 약화시킨다.

넷째, 갈등관리(conflict management)의 합리적 해결에 대한 훈련의 부족에서 찾을 수 있다. 생각과 의견의 대립 혹은 감정의 문제를 합리적으로 해결하려는 자기훈련의 부족이 데이트 폭력의 주요인이다. 감정관리 능력의 부족이 연인 간에 폭력의 형태를 띤 감정의 폭발로 나타난다. 합리적 의사소통보다 감정의 유대라는 가치를 우선하는 사회에서 성장한 연인들 사이에 폭력에 대한 수용도가 상대적으로 높다. 다섯째, 가정폭력을 경험했거나 목격한 경우, 목격한 사람일수록 공격성이 강화되어 성장기에 접어들면서 폭력을 표출하는 경우가 많다. 가정폭력의 경험과 데이트 폭력의 상관성이 매우 높다는 것이 연구자들의 일반적 의견이다. 학교폭력의 경험도 데이트 폭력과 상관성이 있다는 연구들도 많다. 폭력학습이론이 말해주는 것은 가정폭력, 학교폭력의 근절이 데이트 폭력을 감소시키는 데 효과가 있다는 것을 시사한다.

여섯째, 젠더 감수성(gender sensitivity)의 부족이 한 원인이다. 젠더 감수성이란 성차가 사회문화적인 측면에서 권력화, 위계화가 되었다는 것을 인지하는 감각 혹은 힘을 의미한다. 젠더 감수성은 연인 사이에 성차와 성 역할에 대한 갈등을 조절하는 순기능이 있다. 일곱째, 사회심리학적 관점에서 보자면 항시적인 경쟁에서 오는 압박감과 긴장, 피로감의 축적이 해소되지 않은 채 분노와 폭력성의 씨앗을 배태시키며 데이트 폭력으로 이어진다고 볼 수 있다.

여덟째, 데이트 폭력의 위험신호라 할 수 있는 가스라이팅(gaslighting)에 대한 둔감성이 간접적으로 작용한다. 자존감을 낮추는 말들을 통해 심리적 의존과 복종을 유도하고 사적 관계의 위험관리자이며 최고의 보호자라는 위선적 언행, 의사결정권의 독점화 현상, 가벼운 차원이지만 협박성 언행 등을 하는 위험신호들을 지각하는 감각의 향상이 하나의 예방책이다.

아홉째, 정서적인 독립과 자기 효능감(self-efficacy)의 저하가 원인 중의 하나이다. 스토킹의 가해자나 데이트 폭력의 피해자 중 불안정한 관계를 유지하는 데는 관계중독이 한 원인이다. 관계단절에 대한 불안과 두려움 등이 관계유지에 집착하게 만들고 관계갈망을 낳는다. 자기효능감이 있는 사람은 관계중독에 쉽게 빠지지 않으며 데이트 폭력상황의 위험신호나 폭력상황에 침묵하지 않고 능동적인 문제해결 경향이 강하다.

4) 데이트 폭력이 없는 세상을 위하여

이 문제는 간단하지 않다. 앞서 3)에서 언급한 원인에 대한 정책 시행과 관련 법률 제정 및 처벌강화와 데이트 폭력에 대한 인식의 변화 등이 얼마간의 실효성을 가져올 수 있다. 가령 2018년도에 도입한 '데이트 폭력 삼진아웃제' 즉 3회 이상 데이트 폭력을 저지른 가해에 대해 원칙적으로 정식기소 할 수 있는 법을 1회 아웃제로 강화하거나 아니면 입법 예고를 했지만, 아직도 잠자고 있는 '스토킹 처벌법'을 조속히 제정하는 것을 생각할 수 있다. 또한 다른 일반 폭력과 달리 재발률이 높기 때문에 일반 폭력 사범보다 가중처벌하는 것도 생각할 수 있다. 2018년 2월 정부는 스토킹·데이트 폭력 피해방지 종합대책을 확정 발표했다. 종합 대책안의 주요 내용은 -스토킹 데이트 폭력에 대한 처벌강화, -경찰의 현장 대응력 및 피해자 신변 보호 강화, -스토킹 데이트 폭력 피해자 지원 체계마련, -스토킹 데이트 폭력 예방 및 인식개선 등이다. 2022년 신당역에서 발생한 스토킹 살인사건을 계기로 2023년 7월 11일부터 개정된 「스토킹처벌법」이 시행되고 있다. 이 개정된 법률에는 온라인스토킹의 유형 추가, 반의사불벌죄 폐지, 피해자 국선변호사 지원, 스토킹 행위자에 대한 위치추적 전자장치 부착제도가 추가되었다,

오늘날 일상화되어 버린 데이트 폭력의 문제는 피해자 보호대책의 보완과 가해자 처벌강화만으로는 근본적인 해결이 불가능하다. 이 문제는 사회문화적 환경의 변화나 인성교육이 확대된다 해도 쉽게 해결되지 않을 것이다. 보다 근원적인 문제해결은 인간 내면에 자리 잡은 원초적 폭력성을 제어하는 데 있다. 그것을 위해 어떻게 할 것인가? 이기심(selfishness)이 아닌 참된 자기애(true self-love), 타자에 대한 사랑, 인간에 대한 사랑이란 황금률을 실존의 열쇠로 삼아야 한다. 그것이 진정한 사랑의 실천이며 사랑 윤리의 완성이다. 폭력과 데이트 없는 사회의 꿈은 사르트르, 울리히 벡, 아도르노 또는 페미니즘의 논리보다 프롬의 실천적 사랑학에 답이 있다. 사랑은 아리스토파네스(Aristophanes)가 신화를 빌어 말하는 잃어버린 반쪽 찾기가 아니라 이성적 각성을 통한 인간애에 토대를 두어야 한다.

〈참고문헌〉

로건 유리, 『사랑은 과학이다』, 권가비 역, 다른, 2021.

로빈 스턴, 『그것은 사랑이 아니다』, 신준영 역, 알에이치코리아, 2018.

사르트르, 『닫힌 방』, 지영래 역, 민음사, 2013.

사르트르, 『존재와 무』, 변광배 역, 민음사, 2024.

아도르노, 『미니마 모랄리아』, 김유동 역, 길, 2005.

스탕달, 『연애론』, 서희 역, 씨제이에스북, 2024.

신경림, 『가난한 사랑노래』, 실천문학사, 1988.

앤소니 기든스, 『현대사회의 성 사랑 에로티시즘』, 배은경 역, 새물결, 2003.

앤소니 기든스, 『현대사회학』, 송호근 외 역, 을유문화사, 2004.

에리히 프롬, 『사랑의 기술』, 황문수 역, 문예 출판사, 2019.

울리히 벡, 『사랑은 지독한 그러나 너무 정상적인 혼란』, 강수영 역, 새물결, 2002.

울리히 벡, 엘리자베트 벡 게른스하임, 『장거리 사랑』, 새물결, 2012.

이하준, 「사랑의 비판이론-호르크하이머아도르노를 중심으로」, 『철학논총』 61, 2010.

지그문트 프로이트, 『성 본능에 대한 세 가지 고찰』, 위즈덤커넥트, 2024.

플라톤, 『향연』, 강철웅 역, 이제이북스, 2014.

Horkheimer, M. Gesammelte Schriften Bd 5. hrsg von A. Schmidt/G. S. Noerr, Frankfurt a. M. 1987.

Horkheimer, M. Gesammelte Schriften Bd 7. hrsg von A. Schmidt/G. S. Noerr, Frankfurt a. M. 1987.

Giddens, A. The Transformation of Intimacy: Sexuality, Love and Eroticism in Modern Societies, Stanford University Press, 1992.

제 2 장

젠더관계와 젠더윤리

1. 젠더와 젠더관계

젠더(Gender)는 '남성형(masculine)', '여성형(feminine)','중성형(neuter)'을 가리키는 문법 용어였으나 오늘날은 생물학적 성(Sex)이나 성적인 의미의 성(Sexuality)과 구별되는 사회적 성을 의미한다. 즉 남성과 여성에게 기대되는 역할, 행동, 활동, 성격성향을 뜻하는 개념이다. 젠더 규범(gender norms)은 일반적으로 소속된 집단이나 사회에서 여성과 남성 상호 간에 도덕적 강제력을 지닌 기대되는 행위의 규칙체계라고 정의할 수 있다. 젠더 규범은 여성과 남성의 가치관과 자기인식에 영향을 미칠 뿐만 아니라 한 사회구성체에서 여성과 남성의 사회적 위상의 결정요인으로 작용한다. 젠더 규범은 가족관계, 동료관계, 교육 수준, 소속된 사회의 제도와 정책, 문화적 전통, 종교적 믿음, 한 개인의 생애사적 경험 등 매우 다용한 복합요소들에 의해 구성된다. 주디스 버틀러(Judith Butler, 1956-)는 『젠더 트러블』(Gender Trouble, 1990)에서 젠더를 "몸의 반복적인 양식화, 곧 고도로 경직된 규범적 틀 안에서 일어나는 반복된 행위"로 정의한다. 동시에 그녀는 젠더 수행(gender performance)에서의 저항과 전복의 가능성을 언급한다. 이런 의미에서 버틀러는 '젠더는 선택하는 것'이라고 주장한다. 곧 남성 혹은 여성되기의 문제라는 것이다. 사회적 성으로서 젠더와 생물학적 성으로 섹스를 공식적으로 구분하기 시작한 것은 1995년 유엔 주최로 열린 세계여성대회부터이다.

젠더관계(gender relations)란 사회적 성으로서 남성-여성 관계를 의미한다. 젠더관계는 남성-여성 관계가 시대, 문화권, 사회경제적 환경의 변화, 남녀고용평등법과 일·가정·양립 지원에 관한 법률 등과 같은 법적 제도의 변화, 가족 관계의 변화, 성 의식의 변화에 의해 영향을 받는다. 남성 전업주부의 등장, 맞벌이 가정의 증가, 고학력 여성의 증가, 여성의 경제적 지위의 상승, 여성 가장의 수 증가, 여성의 권익을 보장하는 각종 법률의 운용, 자상하고 따뜻한 돌봄의 남성성의 확산, 이상적 남성상과 여성상의 변화, 배우자 선택 기준의 변화, 미디어에서 주인공들의 성 역할 각인효과 등이 젠더관계의 주요 변인이다. 또 빼놓을 수 없는 것은 자신이 속한 계급, 계층에 따라 젠더관계가 다르게 나타난다는 점이다. 경험 연구들에 따르면 하층계급의 여성과 중간계급의 가사 노동 분담률, 양육에 들어가는 시간의 양에 차이가 있다. 하위계급의 여성들이 가사 분담률이 높은 것으로 조사되고 있다. 생계형 맞벌이와 경력추구형 맞벌이 가정에서 젠더관계도 양상이 다르다. 생계형 맞벌이의 경우 주부의 역할을 더 충실히 하는 태도를 보이며 그로 인한 갈등이 경력추구형 맞벌이 가정보다 크다고 조사되고 있다.

많은 변인이 작용하는 젠더관계의 범주는 매우 다양하다. 가정 내 젠더관계, 학교에서 젠더관계, 직장 내에서 젠더관계, 취미동호회에서의 젠더관계 등을 들 수 있다. 젠더관계는 남성-여성 사이의 사회적 상호작용이 지속적으로 일어나는 모든 곳에서 관계의 형식, 성격 내용을 포괄적으로 지시하는 개념이다.

2. 우리 안의 젠더 규범들

자, 시간을 되돌려 보자. 시점은 내가 태어난 바로 그 순간. 남아인 내가 태어나자 처음 나를 본 엄마는 '튼튼하게 생겼네', '우리 아기가 똘똘하게 보여요, 여보'라고 말한다. 내가 여아로 태어났더니 '아이 귀여워라, 우리 아가', '여보, 아기가 참 귀엽죠'라고 아빠에게 말했다. 이 대화는 사실 한국인 엄마, 아빠의 대화가 아니다. 놀랍게도 출산 후 24시간이 지난 서양인 엄마가 태어난 아기를 보는 순간 서양인 엄마의 반응이다. 아동심리학자인 엘리노어 맥코비(Eleanor E. Maccoby)나 캐럴 나겔 잭클린(Carol Nagy Jacklin) 등에 의하면 남아와 여아의 행동 양식에 대해 남아는 '적극적이다', '경쟁하기를 좋아한다'라고 말하며 '여아에 대해서는 얌전하고 청결하다', '예의가 바르다'라고 말한다. 이와 같은 인식은 우리 사회의 엄마, 아빠도 마찬가지이다. 이것이 말해주는 바는 세대를 이어져 오는 남아와 여아에 대한 뿌리 깊은 젠더 규범으로 아이들을 본다는 것을 의미한다.

이 규범이 어디서 오는가? 생물학적 특성이 각인되었고 그것이 문화적으로 전수되었기 때문인가? 아니면 대부분의 경우에서 발견되는 객관적인 행동 양식인가? 그것도 아니면? 학교를 들어가기 전에 부모들은 말을 학습시킨 후 동화 전집류나 만화 등을 읽어주거나 읽게 시킨다. 『장화홍련전』, 『심청전』, 『춘향전』, 『백설 공주』, 『캔디』, 『미녀와 야수』, 『개구리 왕자』 등등. 이런 동화, 책을 읽으며 아이들은 남자, 여자로서 젠더 규범을 은연중에 학습한다. 또한, 엄마와 아버지로부터 '남자는 …', '여자는 …'라는 젠더 규범을 전수받고 내면화(internalization)한다. 학교 교과서는 우리 사회의 젠더 의식이 고스란히 반영된 행동규범과 실천규칙들을 학습시킨다. 남녀공학을 다니면서 젠더성은 더 강화되며 남성의 경우 군대에서 그 정점에 이른다. 남성성(masculinity)은 남성들에게 가장 바람직한 모델로 간주된다. 일반적으로 한국의 남성들은 군 경험을 통해 카리스마, 목표의식, 강력한 실행력, 단호함, 냉철함, 조직 장악력, 명령과 복종의 미덕을 직·간접적으로 강화시킨다.

영화에서는 어떤가? 이에 관한 흥미로운 연구결과가 있다. 2019년 10월 기준 KAIST 문화기술대학원 연구팀이 최근 2년간 한국 영화 속에 여성 캐릭터를 분석한 바가 있다. 일반적으로 여성은 남성에 비해 슬픔과 공포, 놀람 등 수동적인 감정을 더 많이 표현하는 것으로 나타났다. 또 주변 물체 중 가구와 함께 나오는 비율이 남성보다 월등히 높았다. 젠더 편향성을 보여주는 이러한 경험 연구는 젠더성에 대한 각본가, 영화감독, 제작 관련자들의 의식을 보여주는 것이다. 이 연구가 진행된 후 5년이 흐른 2024년 10월의 어느 날에 2025년에 상영된 영화 캐릭터 분석을 한다고 해서 의미 있는 캐릭터 구성의 변화가 있을까? 젠더 의식과 젠더 문화의 변화를 가져오는 사회문화적 변동이 없는 한 영화 캐릭터의 특성은 큰 변화가 없을 것이다. 한 사회가 공유하는 문화적 유전자(Cultural DNA)와 그것의 모방 단위인 밈(meme)은 쉽게 변하지 않기 때문이다.

블로그 공간에서 남성과 여성의 활동 태도와 내용을 분석한 경험 연구들은 양성이 뚜렷한 차이를 보여준다고 말한다. 연구들은 남성들은 공격성·경쟁심·지배성, 목적 지향적인 경향을 여성보다 더 드러내는 반면 여성들은 남성들보다 관계지향적이며 공감의 태도와 능력이 높다는 보고를 한다. 이러한 결과들은 블로그라는 사이버 공간의 고유한 특성에 기인하지 않는다. 오프라인 공간에서도 거의 차이가 없다. 이것은 왜 이런가? 섹스-젠더 규범의 학습과 의식화-젠더 규범에 따른 행동 습성화의 결과라고 볼 수 있다. 젠더 본질주의(gender essentialism)는 젠더 규범이 전수와 학습의 산물이라기보다는 생물학적 성차에서 비롯된 행동 양식이라고 본다. 분명한 것은 발생 원인과 관련 없이 젠더 규범의 강제력에 우리가 붙잡혀 있다는 것이며 그것에 저항하는 것은 선택의 문제라는 사실이다.

Gustave Caillebotte, Young Man Playing the Piano, 1876, Bridgestone Museum of Art.

3. 편견의 역사로서 젠더관계

젠더관계에 관해 최초로 말문을 연 사람은 플라톤(Platon)이다. 그는 대화편 『티마이오스』(Timaeus)에서 "여성들과 다른 동물들이 남성으로부터 만들어지는" 것을 신이 알고 있고 여성은 정의로운 삶을 살지 못했던 남성이 다시 태어난 경우라고 말한다. 오늘날의 시각에서 보면 여성 전체에 대한 심각한 혐오 발언이다. 하지만 그는 폴리스 개혁 프로그램이라 할 수 있는 『국가』(Politeia)에서 교육받은 특정한 여성이 남성보다 뛰어날 수 있으며 폴리스의 지도자가 될 수도 있음을 인정한다. 그럼에도 불구하고 플라톤은 기본적으로 티마이오스와의 대화에서 전개한 젠더 정체성을 소유하고 있었다.

『정치학』(Politiká)에서 아리스토텔레스(Aristoteles, BC 384-322)는 스파르타 여성을 표본으로 삼아 여성 자신이 정상적인 젠더관계를 훼손한다고 보았다. 그에 따르면 여성이 지배자이든 남성 지배자들을 여성이 지배하든 차이가 없을 만큼 세상을 타락시킨다고 보았다. 아리스토텔레스는 모든 일에 관여하고 쥐락펴락하는 스파르타 여성들이 가장 심각한 경우라고 말한다. 그는 "노예는 사고 능력이 전혀 없으며 여성은 사고 능력이 있지만 그것의 권위가 없다"라고 언급한다. 여기서 권위가 없다는 말은 공적 영향력을 갖지 못한다는 의미이다. 계속해서 그는 남성에게 "인내는 지배와 관련되어 나타나지만, 여성에게는 봉사와 관련해서" 발휘된다고 주장한다. 인내의 덕이 나타나는 맥락의 차이에 대한 주장에서 그의 젠더 인식이 잘 드러난다. 또한 그는 "침묵은 여성의 영예"라는 시인 소포클레스의 말을 인용하며 당대의 성적 지배의식을 보여주고 있다.

계몽의 시대에 '계몽이란 무엇인가'에 대한 대답을 찾던 근대의 남자, 칸트(Immanuel Kant, 1724-1804)도 젠더관계에 관한 한 전통적 시각을 떨쳐버리지 못했다. 심지어 어떤 주장은 젠더관계에 대한 개신교적 언명과 차이가 없다. 『미와 숭고의 감정에 대한 고찰』(Beobachtungen über das Gefühl des Schönen und Erhabenen, 1764)에서 우리는 칸트가 젠더관계를 어떻게 보는가를 확실히 발견할 수 있다. 그는 위의 글에서 남성의 덕이 숭고에 있다면 "여성의 덕은 아름다움의 덕(Die

Tugend der Frau ist eine schöne Tugend)"에 있다고 말한다. 또한 그는 여성은 당위, 강제 그리고 의무에서가 아니라(Nichts von Soll, nichts von Muss, nichts von Verpflichtung) 아름다움을 행위의 기준으로 삼고 추구한다고 주장한다. 한발 더 나아가 칸트는 '여성의 주인은 남성이다', '여성은 추상적인 사고, 기하학 등에 부적합하고 남성만이 깊은 지성 활동을 할 수 있다', '여성은 구체적인 것과 감정에 집착함으로 보편적인 사고를 하지 못한다'라고 주장했다. 지성이 부족한 여성이라는 관점에서 칸트가 생각하는 여성은 그의 표현대로 소설책 읽고 상상의 날개를 펴는 여성이다.

오늘날의 시각에서 보면 『실용적 관점에서 본 인간학』(Anthropologie in pragmatischer Hinsicht, 1798)에서 칸트는 심각한 수준의 젠더 규범을 보여준다. 그에 따르면 "여성은 남성보다 남성의 성향을 자신을 위해서 이용하는 타고난 재능"을 가지고 있으며 "여성은 자신의 비밀을 드러내지 않고 ... 다른 사람의 비밀을 쉽게 지키지도 못한다." 또한 그는 남성은 자신을 위해 취미를 갖는다면 여성은 모든 남자를 위해서 자신을 취미의 대상으로 삼는다는 주장도 한다. 칸트는 신이 여성에게 친절하고 이타적인 감각, 예의범절에 대한 섬세한 감정, 공손한 영혼을 갖게 했으며 그것이 여성의 아름다움 자체라고 간주한다. 칸트는 "여성다움이야말로 남성을 조종하고 남성을 자기 의도대로 사용하는 기중기"라는 표현을 통해 여성성이 무기가 될 수 있음을 지적하고 있다. 흥미로운 대목은 가부장적 사회(patriarchal society)에서 자란 남성이 들었던 '사나이는 울지 않는다'와 같은 표현을 칸트가 여성에 빗대어서 한다는 점이다. 그는 "울음은 여성적이며 무력한 동정심의 발로"라고 말한다. 여성성과 남성성의 속성은 본성에서 비롯된 자연적인 것이며 지성 능력이 우위에 있는 남성에 의해 여성이 지도받아야 한다는 것이 칸트가 생각한 젠더관계이다.

칸트를 최고의 철학자로 생각하고 칸트처럼 평생을 독신으로 살았던 쇼펜하우어(Arthur Schopenhauer, 1788-1860)는 여자들과 자주 다투었다. 어머니 요한나 쇼펜하우어(Johanna Schopenhauer)와의 갈등, 이웃집 여성과 잦은 다툼이 있었고 결국 그녀를 다치게 해 그녀가 죽을 때까지 배상금을 지불했다. 젠더관계에 대한 쇼펜하우어의 생각은 근대 남성의 전형적인 여성관과 여성들과의 부정적 경험이 덧칠되었다고 볼 수 있다. 『소품과 부록』(Parerga und Paralipomena, 1851)에 실린 여성에 관한 글에서 그도 칸트처럼 여성은 유치하고 생각이 짧고 이성이 매우 결핍되어 있다고 반복적으로 강조한다.

쇼펜하우어

> 여성은 어린애 같이 유치하며 소견이 좁다는 사실 때문에 초기 유년기에 없어서는 안 될 유모나 교사로서 적합하다. 한마디로 말해서 그들은 전 생애를 통하여 큰 어린애요, 어린이와 성인 남자 사이의 일종의 중간 단계인 것이다. …어떤 사물이 고상하고 완전한 것일수록 늦게 성숙하고 더 속도도 느리다. 남성은 스물여덟 살까지는 그 이성과 정신력이 완전히 성숙한다는 것이 거의 불가능하다. 그러나 여성은 열여덟 살만 되면 성숙한다. 바로 그러한 사실 때문에 그들의 이성 수준은 매우 낮다.…인간이 단지 현재만 사는 짐승과는 달리 과거와 미래를 돌아보고 생각할 줄 아는 것은 이성의 능력에 의한 것이기 때문이다. 여기에서 또 인간 특유의 조심성과 근심이 생기고 곤욕의 근원도 생기는 것이다. 여성이 남성에 비해서 이런 것이 가져오는 장점을 적게 갖게 된 것은 이성이 빈곤하기 때문이다.

한 발 더 나가 쇼펜하우어는 도발적인 주장을 한다. 프로이트에 앞서 사랑을 단지 성욕의 표현으로 받던 그는 여성의 사명이 종의 번식에 있음을 천명한다. 그는 종의 번식을 위해 남성은 18~28세 여성과 결혼할 것을 권한다. 한편 쇼펜하우어는 여성이 없으면 인생의 초년에 도움을 받을 수 없고, 중년에 인생의 즐거움을 맛볼 수 없으며 생애 말년에 위로받을 수가 없다는 생각을 피력했다. 그의 머릿속에 젠더관계는 오직 남성의 필요에 따라 성립되고 결정된다.

자유, 평등, 박애의 이념에 기초한 프랑스 혁명의 사상적 단초를 제공하였고 자연주의 아동교육의 선구자인 『에밀 또는 교육에 대하여』(Émile, ou De l'éducation, 1762)의 저자 루소(Jean-Jacques Rousseau, 1712-1778)의 경우를 보자. 청소년기의 바랑 부인(Madame de Warens)부터 평생 그가 마주했던 여성들은 대부분이 귀족 여성이었다. 그런 그의 젠더관은 시대 초월적일까? 그렇지 않다. 『에밀』의 후반부에 에밀이 모든 교육과정을 마치고 문화교양 여행을 한 후 결혼해야 할 가상의 여성 소피(Sophie)를 위한 교육은 남성을 위한 여성교육이라 단언할 수 있다. 그는 이렇게 말한다.

> 여성의 모든 교육은 남성과 관련되어야 한다. 남성들을 기쁘게 해 주는 것, 남성들에게 도움이 되는 것, 남성들에게 사랑받고 예우 받는 것, 남자 아이들을 기르는 것, 성인 남성들을 보살피는 것, 남성들에게 조언해 주는 것, 남성들을 위로하는 것, 남성들의 삶을 쾌적하고 즐겁게 만드는 것. 이 모든 것들은 언제나 여성의 의무이며, 여성들은 어린 시절부터 (이러한 의무에 대해) 배워야 한다.

루소가 결혼 상대 선택권에 관한 한 남성처럼 여성도 자유로이 행사할 수 있다는 주장, 여성과 남성의 상호 의존성, 남성을 지도할 수 있는 덕이 있는 여성을 언급하기도 하지만, 젠더 연구자들의 관점에서 볼 때 루소 역시 여성은 남성을 위한 보조적 주체(auxiliary subject)로 보는 가부장적 남성 이데올로기의 수많은 대변자 중에 한 사람이다.

4. 새로운 젠더관계를 위한 철학담론

1) 시몬 드 보부아르

보부아르(Simone de Beauvoir, 1908-1986)는 『제2의 성』(Le Deuxième Sexe, 1949)에서 "여성은 태어나는 것이 아니라 오히려 여성이 되는 것이다"라고 선언한다. 여기서 '되는 것'이란 비자발적으로 만들어진다는 의미이다. 다시 말해 애초에 '여성다움', 여성성이라는 것이 없었으며 젠더관계의 상호성을 부정하고 여성을 열등한 타자로 간주하는 남성 사회의 산물이라는 것이다. 남성은 주체적이고 절대적인 존재로서 제1의 성이며 여성을 '주체'로 인정하지 않는다. 남성이 강요하는 금지와 허가의 승인체계에서 살아가는 여성은 비주체이며 그런 의미에서 제2의 성이다. 보부아르는 여성이 한 번도 주체가 아니었다는 의미에서 여성을 '절대적 타자(the absolute other)'라고 명명한다.

여성은 재산목록이거나 딸린 식구, 남성과 가족을 위해 존재하는 기능수행자이다. 열등한 성인 여성성은 단순, 무기력, 참을성 없음, 멍청함, 음탕함, 교활함, 비굴함, 냉담함, 나르시시즘의 속성을 가진 존재로 규정된다. 보부아르는 남성들에 의해 만들어진 모성 이데올로기(motherhood ideology)가 신화에 불과하며 사이비 운명놀이라고 비판한다. 보부아르는 제2의 성으로 격하된 여성들이 남성과 동등한 사회의 구성원으로 인정받지 못해 내면의 세계로 들어가 고립된 채로 내면의 가치를 최고선으로 생각하고 추구하는 행위를 일종의 여성 자신에 의한 나르시시즘적 행태라고 지적한다. 보부아르의 시각에서 그러한 행태는 남성 지배사회에서 여성이 경험하게 되는 자기 소외의 과정일 뿐이다. 그녀는 여성이 자기소외를 극복하기 위해서는 나르시시즘적 욕망으로부터 벗어나야 한다고 강조한다.

그런가 하면, 보부아르는 젠더관계에서 절대권력을 행사하는 제1의 성을 비판하면서도 절대권력을 지탱하게 만드는 공모자로서 여성을 비판의 무대에 세운다. 남성 지배문화를 여성이 재생산한다는 주장이다. 의식 없이 생애 주기를 살아가는 여성은 피동적으로 생물학적 숙명을 수용한다. 이렇게 수동적인 여성은 남성을 현재의 틀을 넘어서 미래를 개척하는 사람으로 인식한다. 이와 함께 자녀교육에서 여성이 여성성과 남성성 교육의 핵심 역할을 한다고 비판한다. 보부아르는 "그녀(여성)가 세우지 못한 집, 탐험하지 못한 나라들, 읽지 못한 책, 그것이 아들이 줄 것이다"라고 믿으며 딸을 "선택된 계급의 일원으로 인정"하지 않는 방식으로 남성 지배문화를 재생산한다고 믿는다. 보부아르에 따르면 여성은 빼어난 여성성을 활용해 남성 사회가 부여하는 선택적 특권을 향유하고자 한다. 특히 상류층 여성의 경우 자기 계급의 이익을 자신의 남편보다 더욱 강력하게 옹호하는 방식으로 남편의 열렬한 동조자를 자처한다.

그렇다면 여성은 억압적 젠더관계로부터 해방될 수 없는가? 보부아르는 여성 자신이 열등한 타자가 아닌 하나의 독립된 주체로 인식해야 함을 강조한다. 여성 주체의 발견은 바로 자유로운 존재이며 자기 창조적 존재임을 자각하는 데서 시작된다. 보부아르는 "그녀 자신의 피부, 그녀 자신의 옷"을 스스로 재단하기를 촉구한다. 이것은 선택의 자유와 개성화의 자유를 말한다. 권력적 젠더관계에 길들여진 여성이 갑자기 자신의 복장을 재단할 수는 없다. 연습과 시간이 필요하며 무엇보다 체념과 포기를 하지 말아야 한다. 보부아르는 체념은 책임에 대한 포기이자 도피라고 말하며 자기의 해방을 위한 노력을 요구한다. 해결책이 거기에 있다는 것이다. 그럴 때 여성은 비로소 인간, 즉 주체가 된다.

여성의 주체화(subjectivation of woman)와 관련해 보부아르가 제안하는 것은 현모양처–착한 여자 콤플렉스 벗어나기와 경제적 능력 가지기이다. 소설 『위기의 여자』(The Woman Destroyed, 1947)의 여자 주인공 모니크(Monique)의 사례를 통해 보부아르는 그것을 말한다. 남편의 권유에도 불구하고 직장생활도 스스로 거부한 채 두 딸 콜레트, 뤼시엔과 남편 모리스에 헌신하는 것을 행복으로 삼았던 중산층 여성 모니크는 결혼 22년 차에 의사인 남편으로부터 다른 여자가 생겼다는 얘기를 듣고 방황한다.

Henri Matisse, The Conversation,1908-1912, Hermitage Museum

그녀는 바람을 피운 그를 이해해 주어야만 한다고 스스로를 다독이고 친구 이사벨(Isabelle)의 말처럼 있을 수도 있는 일이며 용서하지 못하는 것이 비정상이고 유치한 것이라고 생각한다. 동시에 피해자처럼 행동해서는 안 되며 사랑을 지키기 위해 남편 모리스에게 친절해야 하고, 이해심이 가져야 한다고 믿는다. 딸 하나가 있는 이혼녀이지만 당당하고 자신만만한 여성변호사인 노엘리(Noëllie)로부터 모리스를 뺏기지 않기 위해서 모니크는 남편을 탓하기 이전에 남편이 왜 나를 더 이상 사랑하지 않게 되었는지 그 사태의 원인을 자신에게 찾는다.

모니크는 에어로빅도 하지 않고 피부 관리도 않고 교양도 높일 생각을 못한 자신을 탓한다.

또한 모니크는 바람난 와중에도 자녀 교육에 대한 불만을 토로하고 자신의 일과 연구의 업적들을 우습게 여긴다는 남편의 비난에도 소극적으로 대처한다. 아무도 자신을 도와줄 수 없다는 절망감에도 모니크는 남편을 떠나지 못한다. 모니크라는 위기의 여자를 통해서 보부아르가 보여주고자 하는 것은 아름답고, 착하고 이해심 많은 아내, 남편의 소망에 따라 자녀들을 잘 키우는 어머니 이미지의 허상이다. 보부아르가 이 소설을 통해 모니크로 대변되는 여성이 주체가 되려면 현모양처 콤플렉스, 착한 여자 콤플렉스(good woman complex)를 버리는데 그치지 않고 결혼 여부와 상관없이 경제적 독립이 선결문제임을 분명히 한다.

평등한 젠더관계의 구축을 위한 보부아르의 또 다른 제안은 차이의 인정이다. 그녀는 다른 성에 대한 비난과 찬사를 늘어놓는 쓸데없는 짓을 하지 말며 차이를 인정하는 우애의 관계로 전환될 때 싸움이 끝날 것으로 본다. 차이의 인정은 '남성과 여성이 자연적 구별을 초월하는 것'을 의미하며 이는 곧 평등한 젠더관계를 전제로 한다. 그녀는 거기로부터 호혜적 젠더관계가 시작될 것으로 전망한다. 매우 규범적이고 낭만적인 젠더 도덕이론처럼 보일 수 있으나 보부아르가 말하는 규범을 받아들이지 않는 이상 권력적 젠더관계를 해체할 수 없다는 것도 분명한 사실이다.

2) 캐럴 길리건

캐럴 길리건(Carol Gilligan, 1936-)은 부르주아 여성운동, 프롤레타리아 여성운동, 60년대 이후의 저항적, 전투적 여성운동과 다른 종

캐럴 길리건

류의 시각을 보여준다. 그녀의 젠더 이론은 기존의 사회학적, 철학적, 경제사적, 문화사적, 계급론적 접근과 다른 발달심리학적 접근의 성과물이다. 그녀는 청소년기 남성과 여성의 심리발달과 관련된 관찰과 실험(하인즈 딜레마 등)에 근거해 소위 돌봄 윤리(ethics of care)라는 새로운 윤리학을 정초했다. 돌봄의 윤리는 폄하된 여성적 가치를 재정의하고 법적, 사회적 합리성의 원리가 아닌 배려, 우정, 공감, 관계의 질서에 기초한 돌봄의 윤리가 사적 영역이나 공적 영역에서의 도덕원리와 사회원리가 되어야 한다는 이론적 입장이다. 길리건은 이를 통해 현대사회의 소외, 단절, 대립과 투쟁, 다양한 폭력의 문제가 완화될 수 있다고 본다.

길리건은 1982년에 출간된 『다른 목소리로』(In a Different Voice)에서 기존의 남성중심적 윤리관을 비판한다. 그녀는 도덕의 목소리에는 남성적 목소리와 여성적 목소리가 있다고 가정한다. 그녀는 권리, 규칙, 공정성을 강조하는 남성의 목소리를 정의의 목소리(voice of justice)로 규정하며 관계, 배려, 책임을 강조하는 여성적 사고의 특성에서 나오는 여성의 목소리를 돌봄의 목소리(voice of care)로 간주한다. 그런데 길리건이 볼 때 기존의 도덕은 남성적 정의의 목소리가 지배해왔으며 그것이 보편윤리이자 사회의 운영원리로 간주되어 왔다. 길리건은 남성의 목소리가 여성의 다른 목소리를 평가절하는 방식을 통해 남성의 목소리가 유일한 보편의 목소리임을 강요하고 교육시켰다고 지적한다. 폄하의 방식은 남성의 도덕규범인 정의와 권리가 여성의 도덕규범인 돌봄과 책임보다 우위에 있다는 입장에 대한 교육과 관철이다. 그녀는 심리 발달과정에서 여성이 사랑과 공감, 갈등 유발 사전 예방, 분리와 단절이 아닌 공존의 관계를 지향하는 정체성을 형성하는데 남성은 자기중심적 성향, 갈등과 대립의 관계원리 수용, 상황의 객관화, 문제해결 의지, 능동적 행동력, 개체적 독립성을 추구하는 정체성을 발전시킨다는 사실을 발견했다. 길리건이 수행한 하인즈 딜레마(Heinz dilemma) 사고실험을 보면 그녀의 주장을 이해할 수 있다.

- 사고실험 대상: 제이크(11세 남아), 에이미(13세 여아)
- 사고실험 내용: 하인츠 아내 중병상태, 치료제 약국에 있음, 돈이 없음, 약국에서 약을 훔쳐야 하는가?
- 사고실험 결과:

제이크: 훔침, 생명이 돈보다 중요, 아내가 죽으면 다시 못 봄(아내는 독립된 존재=가치 있는 존재), 약사는 언제든 돈을 벌 수 있음,

에이미: 훔치지 않고 빌리는 방법을 강구함, 아내는 죽어서도 안 됨-돈을 훔쳐서도 안 됨, 훔쳐서 병 호전-하이즈 감옥- 아내 병 재발- 감옥에 있어 아내 돌봄 못함, 하인츠-아내와 함께 돈 마련을 위한 대화, 방법

또한 길리건은 돌봄 윤리 관점에서 기독교 경전의 아브라함-이삭 번제 사건을 재해석한다. 아브라함(Abraham)이 하나님의 명을 받고 독자 아들을 살해해 번제물로 바치려는 것은 믿음의 충실성에 대한 증명=명령의 수행=진실=희생의 불가피를 의미한다. 아브라함은 하인즈 딜레마 사고실험에서 제이크와 다를 것이 없다. 이에 반대 솔로몬 재판 사건에서 아이를 반으로 나누어 주라는 솔로몬(Solomon)의 말에 자신의 아이가 아니라고 우는 여성은 위의 사고실험에서 에이미

와 같다. 우는 여성의 모습에서 길리건이 말하는 돌봄 윤리가 무엇인지를 확인할 수 있다. 길리건은 돌봄 윤리의 성장단계를 1) 자기중심적 단계, 2) 이기심에서 책임감으로 3) 책임감과 자기희생, 4) 선행에서 관계 진실성으로, 5) 자신과 타인의 돌봄 단계로 구분한다. 돌봄윤리의 발전 단계는 단순히 심리적 발달단계를 의미하는 것이 아니다. 길리건은 모든 관계의 구체적인 상황에서 착취나 가해를 부도덕한 것으로 규정하고 자기 돌봄과 타자 돌봄의 도덕적 태도가 보편적 도덕원리가 되어야 한다고 강조한다. 그럴 때만이 남자의 목소리와 여자의 목소리가 서로에게 거부되거나 묻히지 않게 된다는 것이다. 과연 돌봄 윤리가 여성 일반이 가지는 관계윤리인가에 대해서는 이론의 여지가 있을 수 있지만, 길리건이 말하듯이 정의윤리가 유일한 도덕원리로 받아들이는 것보다 정의윤리와 돌봄 윤리 사이의 대화와 수렴이 아름다운 젠더관계를 만들어 가는데 불가피하다. 그녀의 요청처럼 현실 속에 존재하는 젠더 갈등을 해소하기 위해 남성의 목소리와 여성의 목소리 모두에게 귀를 기울여야 한다. 이러한 요청은 도덕적 요청의 성격이 있지만 동시에 문제해결의 단초를 제공하는 현실적인 요청이기도 하다.

5. 현실 속의 젠더관계

1) 20대 청년세대의 피해자 정체성과 젠더 갈등

2021년에 사회갈등에 대한 세대별 인식을 조사한 매우 흥미로운 결과가 발표되었다. 당해 연도에 서울신문과 현대리서치연구소가 공동으로 전국 1,208명을 대상으로 진행한 조사에 따르면 가장 심각한 사회갈등으로 전세대가 빈부 갈등(47.6%)이라고 답한 반면에, 20대에서는 빈부격차나 이념갈등, 지역갈등이 아니라 남녀갈등 곧 젠더문제(42.0%)라고 응답했다(2022. 7. 18. 서울신문). 그렇다면 20대 청년세대에서 젠더 갈등이 가장 심각하게 인식되는 이유는 무엇인가? 많은 요인들이 있으나 군가산점제의 폐지 여파의 수반효과, 여성 할당제에 대한 남녀의 인식 편차가 중요한 요인으로 작용했다고 볼 수 있다. 군가산점제의 위헌판결과 여성쿼터제의 타당성을 논리적 차원에서 인정한다 하더라도 20대 남성의 머릿속에는 '공정한 경쟁'에 대한 생각과 가슴속에는 '역차별 감정'이 있을 수 있다. 20대 남성 청년의 대부분은 아직 남성 지배문화의 운반자이면서 동시에 운반책임(남자가 더 좋은 직장을 가져야지, 집은 남자가 준비하는 거야, 가장이 책임을 져야지 등)에 대해 여전히 수용적 태도를 취한다.

위와 같은 복합요인들이 피해감정을 낳는 원인으로 작용하며 피해자 정체성(victim identity)을 구성한다. 피해자 정체성이 구성되면 잠재적 젠더 갈등의 단초가 된다. 피해자 심리, 피해자 정체성은 비단 20대 남성에게만 있다고 볼 수 없다. 20대 여성도 여전히 가부장적 문화에 대한 직간접적인 피해를 받고 있고, 피해를 호소하는 경우도 많다. 교제 중이거나 사적 커뮤니티 활동에서 암묵적인 성역할에 대한 불일치 경험에서 오는 20대 여성의 피해의식도 잠재적이고 현실적인 젠더 갈등의 원인이다. 피해심리와 피해자 정체성은 분노로 표출되고 분노는 혐오의 대상과 혐오 집단을 찾게 된다.

개인적 차원에서 가해자-피해자라는 도식을 스스로 강화하고 그 논리로 방어기제를 작동시키는 사람들의 경우 자기불행의 원인 찾기 출구의 하나로 여성에 대한 반감, 남성에 대한 반감을 표출한다. 심한 경우는 근거 없는 폄하와 혐오 대상을 임의로 규정해 버린다. 집단적 차원에서 남초커뮤니티나 여초커뮤니티는 20대 청년세대의 젠더 갈등을 확대재생산한다. 이러한 커뮤니티는 '착한 남성-약자'와 '여성-메갈-범죄자' 도식과 '한남-열등한 존재-가해자-잠재적 성범죄자' 도식을 각인시키는 방식을 통해 피해자 정체성을 확산시키면서 투사이자 지도그룹으로서의 권력 효과를 산출한다. 이들의 조직적인 활동이 20대 청년세대의 젠더 갈등의 부정적 단서를 제공한다는 사실을 부정할 수 없다.

젠더 갈등에 대한 20대 청년세대의 인식은 본질적으로 사회적 산물이며 개인적 차원은 주변적인 수준이라고 봐야 한다. 학업에서의 과잉경쟁과 취업전쟁의 문제가 해결된다면, 젠더 갈등은 현시점보다 완화될 것이다. 20대 청년세대의 젠더 갈등은 도덕적 각성에 대한 요청의 문제가 아니라 그 세대에 누려야 되는 것들, 청년 세대에게 미래에 대한 믿음을 사회가 제공할 때 개선의 여지가 있다. 제도적, 환경적 변화만이 아니라 20대 청년 세대를 위한 앞선 세대의 세대 이기주의(generational egoism)의 절제도 20대 청년세대의 젠더 갈등인식과 젠더관계 개선에 기여할 것이다. 또한 각각의 피해의식의 상이한 출발선과 근원에 대한 분석과 섬세한 처방이 가정, 학교, 취업, 직장 등 전방위적 차원에서 정책적 인내심과 사회적 인내심을 갖고 장기적으로 이루어져야 새로운 젠더관계가 구성될 수 있다.

2) 성별혐오 표현과 미디어 그리고 젠더 갈등

2020년 전후 즈음해 성별혐오가 사회적 이슈가 된 적이 있었다. 성차별주의(sexism)를 전제로 한 혐오 표현(hate speech)들은 어느 시대, 어느 문화공동체에서도 있는 현상이다. 그러나 당시에는 혐오 표현들이 일상적 경험이 될 만큼 만연되어 있었다. 2019년 10월 국가인

권위원회가 발표한 조사에 따르면 2018년 1년 동안 혐오 표현을 접한 적이 있느냐는 질문에 '그렇다'라고 답한 비율이 성인은 64.2%, 청소년은 68.3%에 달했다. 10명 중의 약 7명이 혐오 표현을 직간접적으로 경험했다는 것은 일상적 삶에서 혐오 표현을 듣고 말한다는 것을 의미한다. 청소년, 청년 세대가 혐오 표현 직간접 경험이 더 많은 것으로 나타났다. 이것은 이들이 유튜브, 게임, 커뮤니티, SNS 등의 온라인 활동이 다른 연령대에 비해 상대적으로 높기 때문이다. 실제로 혐오 표현 경험 경로를 보면 인터넷 커뮤니티, 뉴스(인터넷, 포털뉴스, 신문), SNS가 80%에 육박한다.

혐오 반대운동 켐페인 피켓

이와 관련한 흥미로운 경험연구 결과가 있다. 여성혐오 표현을 대표하는 키워드 중에 하나인 김치녀란 말이 각종 포털사이트에 최초로 등장한 해가 2011년이며 총횟수는 50건에 불과하다. 2013년에 김치녀가 여성비하로 관련하여 인터넷상에 언급되기 시작했고 2015에 김치녀가 여성혐오의 의미로 사용된 빈도수는 239건이다. 이 시기에 여성혐오를 조작한 집단이 '일베'이다. 페미니스트를 김치녀로 명명하고 혐오 표현으로 사용한 시점은 2017년부터이다.

정희진과 조아미의 조사연구에 따르면 일종의 미러링 효과로 볼 수 있는 맘충, 한남충, 남충과 같은 남성혐오 표현이 등장한 것도 2017년이다. 2018년에는 워마드나 메갈리아 같은 남성혐오를 조장하는 커뮤니티가 본격적으로 활동하기 시작했다. 한국남자=벌레라는 도식에 근거한 혐오 표현도 연령혐오(아재충, 틀탁충, 폐저씨), 관계혐오(냄편충, 옵충, 하래충, 전남충, 부랄더, 오랩충), 특정성향 혐오(임신수, 좆뱀, 성괴, 빠가남, 오물남, 도태남, 똥코충, 밥줘충, 남성성기 혐오 표현(6.9cm, 멸치좆, 갈좆) 등으로 진화를 거듭했다. 남성혐오 표현들은 남성들이 주도하는 한국 사회에 대한 비판의 의미를 담고 있다고 볼 수 있다. '한남민국'은 남성적 권위주의 사회를 총체적으로 부정하는 개념어이다. 한국 여성의 남성혐오는 한국 남성에 대한 방어적, 전투적 성격만이 아니라 한국 사회에 대한 비판이라는 복합적 의미층의를 가지고 있다.

성별혐오의 문제를 논의하는데 주목해야 하는 것은 확산과정에서 미디어의 역할과 영향력이다. 익명의 소수자들이 사용한 특정 표현이 혐오 표현으로 전이되는 과정에서 특정그룹(일베, 워마드 등)이 그것을 확산유통시키면서 사회적 관심의 대상으로 부각된다. 이때 영향력 있는 중앙지, 지상파 방송 그리고 전국단위 라디오 등의 레거시 미디어(legacy media)가 문제를 다시 사회 이슈화한다. 문제는 이 과정에서 성별혐오 현상이 오히려 증폭·확산된다. 미디어가 성별혐오를 쟁점화할 때 선정적 폭로성이나 사건증폭식 보도태도를 취하는 경우, 혐오 표현의 상업적 활용 소재를 제공할 수 있는 보도내용 등을 섬세하고 치밀하게 고려하지 않는다면, 젠더 갈등(gender conflict)을 확산시키는 촉매제의 역할을 할 수 있다. 성별혐오와 그로 인한 젠더 갈등을 부추기는 역할을 미디어가 하지 않으려면 흥미 유발성, 선정성, 상업성, 편파성, 단순 훈계성 보도와 이슈화를 절제해야 한다. 동시에 미디어 스스로 성인지 감수성, 젠더 감수성, 다양성 인식교육, 차이의 인정, 이질성의 포용, 관용과 공존, 편견 민감성, 개방적 태도를 강화하고 그 방향에서 건강한 젠더 문화에 대한 사회적 의제화를 모색해야 한다. 이 점에서 미디어 관련 종사자들은 인간의 인식방식과 의식 내용만이 아니라 행동양식까지 영향을 미치는 미디어의 힘에 대해 호르크하이머와 아도르노가 '이데올로기로서의 매체' 테제를 내세웠다는 것과 유사한 맥락에서 마셜 맥루한(Marshall McLuhan, 1911–1980)이 『미디어의 이해』(Understanding Media: The Extensions of Man, 1964) 에서 주장한 "미디어는 메시지다"(The Medium is the Message)를 기억할 필요가 있다. 오늘날 미디어가 제1의 학교 노릇을 하고 있고 젠더 갈등에 커다란 영향을 미치고 있다는 객관적 사실은 청년 세대에 의한 미디어 감시와 비판적 거리두기 및 주체적 수용을 더더욱 요구하게 만든다.

〈참고문헌〉

마셜 맥루한, 『미디어의 이해』, 김성기 ·이한우 역, 민음사, 2019.

시몬 드 보부아르, 『위기의 여자』, 손장순 역, 문예출판사, 1998.

시몬 드 보부아르, 『제2의 성』, 이희영 역, 동서문화사, 2017.

아리스토텔레스, 『정치학』, 천병희 역, 숲, 2009.

에리히 프롬, 『여성과 남성은 왜 서로 투쟁하는가?』, 부북스, 2009.

우에노 지스코, 『여성 혐오를 혐오하다』, 은행나무, 2012.

정희진·조아미, 온라인 성별 혐오표현에 관한 연구, 미래청년학회지, 18집 2호, 2021.

주디스 버틀러, 『젠더 트러블』, 조현준 역, 문학동네, 2008.

캐럴 길리건, 『다른 목소리로』, 허란주 역, 동녘, 1997.

크리스토퍼 T. 킬마틴, 『우리안의 남성: 남성에 대한 오해와 진실』, 김지현 역, 학지사, 2009.

플라톤. 『티마이오스』, 김유석 역, 아카넷, 2019.

Kant, I. Beobachtungen ü ber das Gefü hl des Schö nen und Erhabenen, in: W. Weischedel(Hg.), Kant Werke Band 2 Vorkritische Schriften bis 1768 Zweiter Teil, Wiesbaden, 1983.

World Economic Form, Global Gender Gap Index 2024.

제 3 장

호모 엠파티쿠스와 공감윤리

1, 왜 공감이 문제시되는가?

어느 때부터인가 공감 문제가 우리 사회의 공론장에서 이슈화되었고 일상 세계에서도 다양한 공감 기법들이 권해지고 만병 통치약으로까지 인식되고 있다. 먼저 우리는 다음과 같은 질문을 던져 봐야 한다. 왜 공감이 하나의 사회적 화두가 되었을까? 그 이유는 크게 두 가지라 볼 수 있다. 먼저 사회적인 요인이다. 반사회적 범죄의 증가, 묻지마 폭력의 심각성, 세대 간 갈등, 젠더 갈등, 소득의 격차와 불평등을 넘어 소득의 양극화로 인한 상대적 박탈감의 증가, 노동시장의 불균형과 불안전 임시노동의 지속적인 증가, 승자독식 질서의 공고화, 정치현상에서 진영논리 전쟁의 일상화 등 사회통합이 아닌 다양한 영역에서 사회갈등이 지속적으로 상승한 것이 그 원인이다. 둘째, 위에서 언급한 요소들이 사회적 삶에서 실제적으로 체험되고 있고 다양한 매체를 통해 간접적으로 경험되기 때문이다. 한마디로 사회구성원의 안정적 삶의 영위를 위협하는 위험신호들이 임계점에 도달한 사회적 시점에 '공감'에 대한 이야기들이 다양한 수준과 채널을 통해 이야기되기 시작했다. 여기에 더해 행복산업, 심리 산업 종사자들이 공감 비즈니스를 문화상품화 하면서 공감 담론이 하나의 문화트렌드가 되었다.

그런가 하면 『노동의 종말』, 『소유의 종말』, 『유러피언 드림』, 『수소혁명』 등으로 대중에게 알려진 제러미 리프킨(Jeremy Rifkin, 1945-)은 2009년 발표한 『공감의 시대』(The Empathic Civilization)에서 "경쟁의 시대는 끝났고 공감의 시대가 왔다"고 선언한 바 있다. 그는 여기서 인간을 공감하는 종, 공감하는 인간(Homo empathiscus)으로 규정하며 문명사를 공감의 확대과정으로 재해석한다. 철학적 관점에서 보면 이러한 리프킨의 의욕적인 견해는 전혀 새로운 이야기가 아니다. 공감 문제는 이미 근대철학자들에 의해 심도 있게 다루어졌다. 특히 인간학적 측면과 윤리학적 차원에서 공감이 문제시되었다. '인간은 단지 이기적 존재인가?' 아니면 '인간은 공감하는 존재인가?, 공감의 가능조건과 과정은 무엇인가? 공감의 원리가 행위의 원리가 될 수 있는가? 등에 대한 질문과 대답이 근대 공감 논의의 중심 주제였다. 오늘날 공감 문제는 과학적 차원에서도 연구되고 있다. 따라서 자연과학적 공감연구 성과와 철학적 공감담론을 검토해보고 그것이 우리 시대와 사회에 어떤 유의미한 시사점을 주는지 살펴볼 필요가 있다.

2. 공감이란 무엇인가?

공감이란 용어는 개념사적으로 보면 독일어 Einfühlung에서 그 유래를 찾을 수 있다. 사전적 의미에서 이 말은 안으로(ein)과 느낌(fühlung)의 조합어로 감정이입을 뜻한다. 이 개념은 프리드리히 테어도르 비셔(Friedrich Theodor Vischer)와 그의 아들 로베르트 비셔(Robert Vischer, 1847-1933)에 의해 제안되었다. 로베르트 비셔는 1872년 Einfühlung 개념을 제시했다. 이 개념을 미적 경험의 심리적 차원에서 다룬 인물이 철학자이자 심리학자인 테어도르 립스(Theodor Lipps, 1851-1914)이다. 립스는 『미학, 예술과 미의 심리학』(Aesthetik. Psychologie des Schönen und der Kunst, 1906)에서 예술작품에 표현된 심리가 수용자들에게 어떻게 드러날 수 있는가를 논하면서 예술작품에 대한 미적 경험은 감상대상에 대한 체험과 느낌이 전달될 때 가능하다고 보았다. 미적 경험의 심리적 메커니즘이 공감의 구조에 기초한다고 본 것이다.

테어도르 립스

오늘날 우리가 특별한 심리적 작용이자 활동으로 생각하는 공감(empathy)이라는 개념이 이론적으로 사용된 것은 20세기 초라 할 수 있다. 1909년 독일어 Einfühlung을 empathy로 영역한 인물이 티치너(E. B, Titchener)이다. 이 말은 그리스어 empatheia에서 유래한다. empatheia는 '안'을 의미하는 엔(en)과 고통이나 열정을 뜻하는 파토스(pathos)의 합성어이다. 그런데 우리말 번역에서 공감으로 번역하는 또 다른 개념이 sympathy이다. 학자나 번역자에 따라서는 동정, 연민 혹은 공감으로 번역한다.

현대의 공감이론적 관점에서 보면 sympathy는 연민이나 공감이 아니라 동정으로 번역하는 것이 더 타당하다. 동정(sympathy)은 그리스어 sympatheia에서 유래한 것으로 함께 고통을 느낀다는 의미이다. 이 개념을 철학적인 차원에서 본격적으로 사용한 인물이 데이비드 흄과 애덤 스미스였다. 공감이 무엇인지 알기 위해서는 공감과 동정의 차이를 알아야 한다. 번역상이나 일상 용례에서 혼용하는 경우가 있지만, 학술적으로 보면 두 개념은 엄연히 차이가 있다. 공감은 타자의 특정한 경험이나 상황에서 산출된 기분, 감정을 파악하고 이해하는 것을 의미한다. 이에 반해 동정은 타자의 감정과 동일시 할 때 생기는 심리적 상태를 말한다. 공감이 좀 더 인지적 행위에 가깝다면, 동정은 자연적, 정서적 반응에 가까운 것이다. 공감이 주체 중심적이라면, 동정은 객체지향성이 잘 드러나는 개념이라 할 수 있다. 대상에 대한 관계 맺기 방식의 차원에서 보면, 공감은 간접적이라면, 동정은 직접적인 성격이 강하다.

프로이트의 공감에 대한 정의를 잘 보여주는 이미지

'공감이 무엇인가'에 대한 답변은 공감에 대한 학자들의 정의 내리기에서 그 단서를 찾아볼 수도 있다. 사회심리학자 조지 허버트 미드(George Herbert Mead, 1863-1931)는 공감을 '타자의 역할을 취해 보고 대안적인 조망을 가져 볼 수 있는 능력'으로 정의한다. 철학자

막스 셸러(Max Scheler, 1874-1928)는 공감을 '타자의 감정 상태를 지향하고 감지하는 것의 반작용으로 발생하는 감정의 재생'으로 규정한다. 인간중심상담의 창시자인 칼 로저스(Carl R. Rogers, 1902-1987)는 '내담자의 사적 세계를 자신의 것처럼 느끼고 이것을 전달해 주려고 시도하는 것'으로 공감을 정의한다.

수많은 학자들의 공감에 대한 정의에서 추론할 수 있는 것은 공감을 다양한 방식으로 정의했으나 공통점도 찾을 수 있다는 것이다. 이 공통점이 공감개념의 구성요소이다. 이 요소는 크게 인지적 요소와 정서적 요소이다. 인지적 요소는 타자의 상황에 대한 이해이다. 다음은 그 상황에서 타자의 말과 행동에 대한 이해이다. 인지적 요소와 구별되는 것이 정서적 요소이다. 이것은 타자가 처한 상황과 그로 인한 타자의 감정에 공감하는 것과 그러한 공감을 통해 타자에게 관심을 갖게 되는 것을 의미한다. 이해를 중시하는 공감관을 인지주의적 공감개념(cognitive concept of empathy)이라고 한다면, 정서적 요소를 공감의 핵심으로 보는 공감관을 정서주의적 공감개념(affective concept of empathy)이라 칭한다.

3. 자연과학적 공감이론

과학적 차원의 공감연구에서 중요한 발견이 거울뉴런(mirror neuron)이다. 거울뉴런은 마카크 원숭이의 감각동작 뉴런을 연구한 자코모 리졸라티(Giacomo Rizzolatti) 연구팀이 1992년에 발견한 것으로 인간의 정서적이고 인지적인 경험을 연결하는 기능을 수행한다. 거울뉴런은 뇌의 세 부분(전두엽 전운동피질 아래쪽, 두정엽 아래쪽, 측두엽 뇌성엽 앞쪽)에 분포되어 있어 거울뉴런 시스템이라고도 불리어진다. 거울 뉴런은 타자의 행동을 관찰할 때와 관찰한 행동을 뇌에서 동작을 수행할 때 활성화된다.

비토리오 갈레세(Vittorio Gallese)같은 거울이론 논자들은 거울 뉴런의 운동이 이루어지는 과정을 이해의 과정으로 파악한다. 거울 뉴런은 인간의 타고난 자동 모방기제가 있다는 것과 타인의 행위를 표상하고 내적 모방을 수행함으로써 타자를 이해하고 공감할 수 있다는 물리적 증거이다. 다시 말해 거울뉴런의 작동은 자연적 능력으로서 공감능력이 인간에서 있음을 보여주는 것이며 데이비드 흄과 애덤 스미스 등이 사변적 차원에서 주장한 자연적 공감능력론을 과학적으로 뒷받침하는 중요한 근거라 할 수 있다.

공감에 대한 뇌과학적 접근에서 알아야 할 개념이 신경가소성(neuroplasticity)이다. 신경가소성은 경험과 지식의 습득에 따라 새로운 뉴런이 생기거나 성장하고 새로운 신경 연결망이 확장되고 신경회로의 모양과 구조가 새롭게 만들어지거나 변화하는 뇌의 활동능력을 말한다. 뇌의 신경가소성은 공감능력과 밀접한 관련이 있다. 아기의 뇌는 1000억 개의 뉴런을 가지고 있다. 신경가소성 논점에 따르면 감정을 담당하는 변연계와 공감에 영향을 미치는 전두엽 부분의 배외측 전전두엽 피질은 타자의 정서적 상태의 지각과 관련된다. 이것이 손상되면 타자의 감정을 공감하지 못하게 된다. 뇌연구 결과 정서적 차원의 공감은 전두엽 앞쪽 아랫부분에 있는 안와전두피질이 담당하고 인지적 차원의 공감은 배외측 전전두엽 피질과 관련이 있다는 사실이 밝혀졌다. 이 두 부분의 뉴런을 자극하고 활성화시키는 경우 새로운 뉴런이 발생하고 신경망이 확장되어 공감능력의 향상으로 나타난다. 뇌과학은 신경가소성의 활성화와 발달 여부가 공감능력의 크기를 결정하는 중요한 잣대라는 과학적 사실을 제공한다.

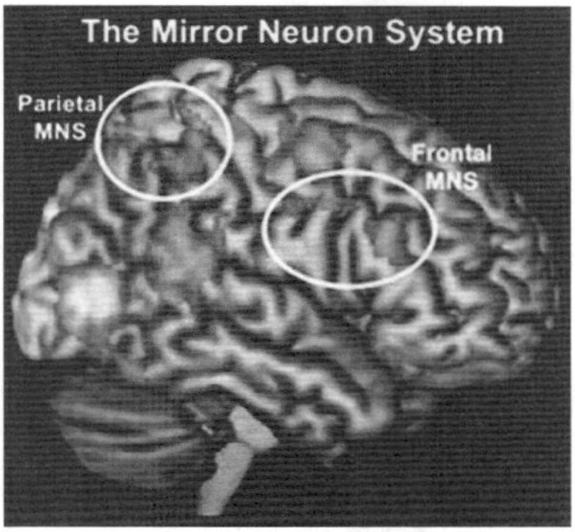

동물학의 연구성과들은 영장류나 인간만이 아니라 다른 동물 등도 공감능력이 있다는 것을 실험으로 보여준다. 시카고 대학의 메이슨(P. Mason) 교수 연구팀은 설치류인 쥐를 대상으로 실험을 했다. 실험 내용은 투명한 우리에 갇힌 쥐, 비어 있는 우리, 초콜릿을 넣어 놓은 우리를 설치한 곳에 쥐들을 풀어놓았을 때 쥐들이 어떤 행동을 하는지 관찰하는 것이다. 실험결과는 놀라웠다. 자유롭게 움직이는 쥐들이 우연히 우리 여는 방법을 알게 된 후 제일 먼저 한 행동이 동료를 풀어주었으며 초콜릿을 넣은 우리를 열고 그것을 갇혀 있던 쥐들과 나눠 먹었다. 이 실험결과는 자유롭게 움직이는 쥐들이 닫힌 우리에서 있는 쥐들에 대해 공감하는 공감능력을 가지고 있다는 것을 말해준다. 에모리 대학의 제임스 릴링(James K. Rilling) 교수 연구팀이 수행한 보노보와 침팬지의 공감능력에 관한 뇌 비교연구도 공감능력이 기본적으로 뇌와 신경시스템의 발달과 비례한다는 과학적 증거라고 볼 수 있다. 연구에 따르면 보노보가 침팬지에 비해 공격충동을 억제하는 신경경로가 더 발달되어 있다. 보노보는 다른 개체의 불안을 지각하는 전측뇌섬엽과 소뇌편도체 부분이 침팬지에 비해 더 크게 발달되어 있다. 위에서 언급한 실험들은 뇌과학적, 신경과학적 사실, 물리적 특징이 인간과 동물의 공감능력 결정요소라는 사실을 보여준다.

공감능력의 자연과학적 증명과 설명의 성과에도 불구하고 그 한계도 인식해야 한다. 왜냐하면 그것이 '공감하는 인간(homo empathicus)' 존재의 진면모를 설명해주지 못한다. '인간이란 무엇인가'를 물리적으로 환원해 대답하는 것이 그 질문에 대한 다양한 대답 중의 하나이듯이 공감하는 존재로서 인간이 단순히 거울뉴런과 가소성신경으로 환원되지 않는다. 인간은 뇌의 활동과 관련 없이 '아니오'와 '예'를 말할 수 있으며 '의지'와 복잡한 '감정'의 존재이기 때문이다. 정서적, 인지적 차원에서 공감을 해도 실천적 차원에서 공감을 단호히 거부하는 경우도 볼 수 있다. 인간 일반의 복잡성, 자기인식의 복잡성과 타자인식의 복잡성 여기에 더해 문화적 역사성, 한 사회구성체의 가치지향의 차이 등 수많은 변인들이 공감 문제를 다양한 시각에서 보게 만든다. 이러한 이유로 철학에서 보는 공감의 문제를 검토해 봐야 하며 그것이 오늘날 우리에게 무엇을 줄 수 있는지 생각해봐야 한다.

4. 철학적 공감이론

1) 데이비드 흄

흄(David Hume, 1711-1776)은 『인간 본성에 관한 논고』(A Treatise of Human Nature, 1740)에서 공감을 인간의 자연적 본성이라고 주장한다. 다시 말해 "공감은 인간본성의 가장 강력한 원리"라는 것이다. 또한 그는 공감은 인간 상호 간의 쾌(pleasure)와 불쾌(unpleasure)의 원천이라고 말한다. 인간은 공감을 하고 공감을 받을 때 쾌를 느끼고 그렇지 않을 때 불쾌의 감정을 갖게 된다는 것이다. 도덕을 감정의 문제로 보는 도덕정서주의자로서 흄의 입장에서 공감은 일종의 도덕적 판단

데이비드 흄

의 잣대 역할을 하는 셈이다. 경험주의자로서 흄은 공감의 차이에 대해서도 말한다.

그에 따르면 사람들은 멀리 있는 인물보다 가까이 있는 인물에, 외국인보다는 자국민에 더 쉽게 공감한다. 이 주장은 정서나 문화 코드의 동일성과 사고와 라이프 스타일의 유사성, 익숙함이 주는 친화성 등으로 인해 인간인 갖는 일반적 성향이라는 점에서 타당한 주장이다. 그러나 그가 더 강조하고자 하는 바는 영국이나 중국 등 세계 어느 곳에서도 공감의 도덕적 성격과 지위는 변함이 없고 차이도 없다는 점이다. 이런 맥락에서 흄은 공감이 "이성이 대해 대등한 권위"를 가지며 인간의 "판단력과 입장을 지배"한다고 주장한다. 또한 흄에 따르면 공감의 정도가 자비. 미움, 경멸과 같은 특정한 도덕 감정을 산출한다.

> 자비는 큰 불행에서 발생하거나 우리가 강하게 공감하는 데에서 발생한다. 또한 미움이나 경멸은 작은 불행에서 발생하거나 우리가 불행에 대해 약하게 공감할 때 발생한다.

누구나 생각할 수 있듯이 동일한 대상이라도 강한 공감과 비공감의 감정을 낳기도 한다. 흄이 사례로 드는 것은 가난의 정도이다. 가난이 어느 정도이면 경멸의 대상이 될 수 있지만, 혹독할 정도로 가난하면 동정과 호의의 감정을 유발한다. 2020년 전후로 청년층에서 절약을 내세우는 라이프 스타일이 하나의 흐름을 형성한 적이 있다. 흄의 시각에서 이러한 세태를 보면, 어느 정도의 절약 마인드는 합리적 경제관을 가진 사람, 경제 감각이 있는 사람, 저축을 통해 미래를 준비하는 계획적인 인물 등 중립적이거나 긍정적인 평가를 받으며 공감을 불러일으킨다. 그런데 지나친 절약은 '궁상떤다'거나 '꼭 저렇게까지 살아야 하나', '절약할 때와 돈 쓸 때를 구별하지 못하는 분별력 없는 사람', '다른 사람들에게 민폐네'라는 부정적 감정을 낳는다.

흥미로운 점은 공감과 비공감이 발생하는 상황에서 공감이 이중적으로 발생한다는 소위 이중 공감론(double sympathy theory)이다. 흄은 공감과 비공감을 야기하는 상황, 특히 상황을 연출하는 행위자에 주목한다. 가령 어려움에 처한 사람을 보게 되는 경우 공감과 함께 연민이 생기는데 반해 그러한 어려움과 불행을 일으킨 사람에 대해서는 미움과 분노의 감정을 가지게 된다. 이유 없는 고난을 주었거나 의도적으로 큰 불행을 유발시켰다면 혐오와 경멸, 응징의 감정을 불러일으킨다. 흄은 이러한 공감, 비공감 상황을 이중 공감(double sympathy)이란 말로 개념화하였다. 일반적인 경우에는 이중 공감이 발생하지 않지만 상황과 사태가 심각한 경우에, 사건의 관여자나 이해당사자가 많은 경우에 이중 공감이 자연스럽게 발생한다. 이러한 이중 공감은 사적 관계에서 만이 아니라 비합리적이고 이성적으로 이해하기 어려운 사회적 사건이나 맹목적 집단주의 행태를 보이는 그룹에서 빈번하게 나타난다. 이 경우 공감은 집단적 이중 공감의 형태를 띠며 찬양이나 공격적 감정으로 표출된다.

흄의 공감론의 대전제인 본성과 도덕원리로서 공감이 개인의 행위원리와 사회적 운영원리로 작동된다면, 그러한 사회는 얼마나 아름다울까? 흄은 인간 본성의 또 다른 원리인 비교 원리(principle of comparison)를 절제하고 공감원리를 작동한다면 타자에 대한 관심을 기울이게 될 것이고 개인의 이익만이 아니라 공공의 이익도 생각하게 될 것이라고 말한다. 흄의 공감론에는 공감과 배려가 사회적 상호작용으로 자리 잡고 동료애와 형제애가 실현되는 사회에 대한 희망이 내재해 있다.

2) 애덤 스미스

『국부론』(The Wealth of Nations, 1776)의 저자이자 경제학의 아버지로 불리어지는 애덤 스미스(Adam Smith, 1723-1790)는 그보다 17년 전인 1759년에 『도덕감정론』을 쓴 인물이다. 그는 모교인 글래스고 대학에서 논리학을 가르치다 도덕철학 담당 교수가 되었으며 그 시절에 『도덕감정론』(The Theory of Moral Sentiments, 1759)을 집필했다. 애덤 스미스는 글래스고 대학을 떠나 옥스퍼드 대학에서 수학할 때 같은 스코틀랜드 출신인 흄의 『인간 본성에 대한 연구』를 읽고 영향을 받았으며 훗날 흄과 긴밀한 관계를 가졌다. 스미스의 『도덕 감정론』에서 전개되는 공감이론은 공감을 인간의 자연적 본성으로 간주하는 흄의 입장과 같은 전제에서 출발하며 각론에서도 직간접적 연결고리를 확인할 수 있다.

애덤 스미스

스미스는 이 책의 1편 1장에서 sympathy에 대한 논의부터 시작한다. 그는 인간이 아무리 이기적인 존재라 가정하더라고 그와 상반되는 다른 원리가 분명히 있으며 그 원리로 인해 인간은 타인의 운명에 관심을 갖게 된다고 말한다. 또한 그는 그것을 바라보는 즐거움 이외에 자신이 그것으로부터 아무것도 얻을 수 있는 것이 없다하더라도 타인의 행복을 필요로 한다고 생각했다. 스미스는 불쌍함, 안쓰러움이라는 즉각적이고 직접적인 감정적 반응인 동정(pity)과 동정보다 불쌍한 대상에 더 깊고 강렬하게 연결된 감정인 연민(compassion)이 거기에 속한다고 본다. 그는 계속해서 "타인의 슬픔을 보고 슬픔을 느끼는 것은 증명할 필요조차 없이 명백한 사실"이며 "타인의 고통을 보거나 그것을 아주 생생하게 느낄 때 우리가 느끼는 것과 같은 종류의 감정"을 sympathy라고 규정한다. 이러한 맥락에서 볼 때 스미스가 말하는 sympathy는 기존의 동정, 연민이라는 번역어가 아닌 동감 혹은 공감으로 옮겨야 한다. 여기서는 논의의 편의상 공감으로 옮겨 사용한다. 독일 문화권에서 함께 느낌, 공감 혹은 동감을 의미하는 mitgefühl도 같은 의미로 사용된다. 그의 동감 개념은 현대적 의미에서 공감(empathy)과 같은 개념인 것이다. 공감의 과정을 설명하는 스미스의 논의를 살펴보면 이러한 주장이 명료하게 이해된다.

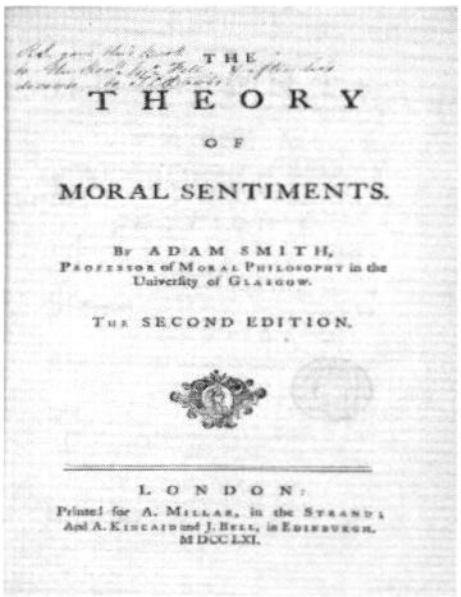
THE
THEORY
OF
MORAL SENTIMENTS.

BY ADAM SMITH,
PROFESSOR of MORAL PHILOSOPHY in the
University of GLASGOW.

THE SECOND EDITION.

LONDON:
Printed for A. MILLAR, in the STRAND;
And A. KINCAID and J. BELL, in EDINBURGH.
MDCCLXI.

그렇다면 타인은 완전히 다른 존재이고, 타인이 체험하고 느끼는 것을 동일한 수준에서 경험할 수 없는데 어떻게 타인을 공감할 수 있는가? 심지어 그는 고문당하는 형제를 예시로 들고 있다. 나의 형제가 고문을 당해도 내가 매우 안락한 상태에 있다면, 나의 감각은 형제가 고문을 당하면서 겪는 고통에 대해 말해줄게 없다는 것이다. 그렇다면 어떻게 고문의 고통을 같이 느끼고 공감에 이를 수 있는가? 스미스의 대답은 간단하다. 답은 바로 상상(imagination)에 있다. 상상을 통한 타인의 감각에 대한 관념의 형성이 관건이다. 스미스는 『도덕감정론』에서 다음과 같이 말한다.

> 상상을 통해 우리는 우리 자신을 타인이 처한 상황에 놓고 우리 자신이 타인과 같이 고통을 겪는다고 상상한다. 우리가 타인의 고통을 인식하는 방식은 마치 우리가 타인의 몸속으로 들어가서 어느 정도 그와 같은 사람이 되고 그럼으로써 타인의 감각에 대한 어떤 관념을 형성하며, 비록 그 정도는 약하다 할지라도, 타인의 것과 유사한 감각을 느끼게 되는 것과 같다.

스미스는 상상을 통해서 타인과 유사한 감각을 형성해 공감을 느끼는 것을 동류-감정(fellow-feeling)이라고 개념화한다. 그런데 동류-감정은 다양한 형태로 나타난다. 악당을 벌할 때나 고난을 딛고 이겨냈을 때 느끼는 희열, 힘든 상황에 빠진 나에게 변함없는 믿음과 우정을 표현하는 친구에 대한 강한 고마움, 치졸하고 추악한 자에 대한 분노에도 우리는 동류-감정을 갖게 된다. 이것만이 아니라 비탄에 빠진 얼굴 표정과 감정이 가득 묻어나는 강한 제스처를 보는 경우에도 동류-감정을 가질 수 있다.

우리가 일상에서 경험하듯이 스미스도 공감은 기쁨의 원인이 되기도 하고 고통의 원인이 되기도 한다고 말한다. 공감이 우리가 느끼는 기쁨을 더욱 생생하게 하고, 슬픔과 고통을 줄여준다는 스미스의 말도 우리는 삶의 경험을 통해 익히 알고 있다. 즐겁고 기쁜 감정에 공감하는 경우보다 슬프고 괴로운 심정을 이해하고 공감할 때 사람들은 더 만족감을 느낀다. 이러한 사실을 간파한 스미스는 불쾌한 감정에 공감을 얻지 못했을 때 사람들은 충격에 빠지며, 자신의 불행과 재난에 대해 대수롭지 않은 태도를 취하는 타인에게 '잔인한 모욕감'을 느낀다고 말한다.

우리는 종종 '도대체 왜 공감을 못하는 거야'라는 말을 하거나 타자에게 그와 같은 말을 듣기도 한다. 이렇게 화를 내는 것은 공감 받고 싶은 욕구가 채워지지 않았거나 기대되는 합리적 수준의 공감조차 상대방이 표하지 않기 때문이다. 그런데 공감욕구(empathy need)는 정도의 차이일 뿐이지 누구나 갖고 있다. 자기애가 강한 사람, 자기중심적인 사람, 자기 객관화 능력이 부족한 사람, 선호와 판단의 문제에서 이성보다 감정적 동인이 더 크게 작용하는 사람들은 상대적으로 공감욕구가 강하다. 그런데 그 누구도 무조건적 공감을 타자에게 요구할 수 없다. 공감은 단순히 기존의 애착 정도나 선호감정 그리고 공동이익의 공유 등에 의해 결정되지 않기 때문이다. 공감이 상상을 전제로 하는데 상상을 통한 감각형성 후 공감이 즉각적이고 자동적으로 발생되는 것이 아니다. 공감을 하려면 특정한 감정과 행동을 야기한 상황이 있어야 하고 상황에 대한 관찰이 전제되어야 한다. 관찰자인 타자는 특정인이 처한 상황과 그 상황에서 벌어진 사건들, 그 사건 속에서 관련된 사람들의 태도와 행위들을 관찰자의 이성과 판단력을 활용해 인식하고 관찰자 자신이 그 상황이라면 무엇을 어떻게 대하고 느낄 것인지 생각하게 된다. 이것이 스미스가 위와 같은 책에서 말하는 적정성 판단(judgment of propriety)이다.

> 감정과 그 감정을 일어나게 한 원인 또는 대상 사이에 형성되는 관계가 적절한지 아닌지, 합당한지 아닌지 여부가 그 감정의 결과로서 발생한 행위가 합당한 것인지 아닌지, 적절한 것인지, 그렇지 않은 것인지에 대한 판단을 구성한다.

스미스가 적정성 판단에서 강조하는 것은 판단의 기준이 관찰자의 관점에서 유용한가, 그렇지 않은가가 아니며 개인의 기질과 성향에서 오는 민감도 역시 적정성 판단의 기준이 되어서는 안 된다는 점이다. 왜냐하면 공감은 유용성의 원리(principle of utility)를 따르는 것이 아니며 개인의 타고난 심리적 민감성의 문제 역시 합리적 판단의 기준이 될 수 없기 때문이다. 스미스는 농담을 사례로 제시한다. 농담할 기분이 아니거나 다른 생각을 골똘히 하고 있는 경우에도 지금 자신이 있는 장소와 만남에서 다른 이의 농담이 적절하다고 판단하는 경우는 얼마든지 있을 수 있다. 이러한 시각에서 스미스는 '공정한 관찰자(impartial spectator)'가 될 때만이 적정성 판단을 할 수 있다고 강조한다. 실제로 판단의 문제는 이성의 영역으로 옳음, 정확성, 진리, 실제성의 정도를 측정하는 문제인 것이다. 따라서 특정한 사건과 사람 및 대상에 대한 감정이 지나치게 강하거나, 너무 약하거나 한 경우도 적정한 것이라고 볼 수 없다. 이런 의미에서 스미스는 적정성의 문제를 강하지도 약하지도 않은 균형의 문제라고 말한다.

3) 쇼펜하우어

쇼펜하우어는 인간의 행위를 불러오는 근본적인 동기가 칸트가 생각하듯 도덕법칙에 대한 존중과 의무윤리나 법의 강제력 혹은 두려움이나 종교적 도그마에 있지 않다고 본다. 그는 행위동기는 철저하게 경험적 차원에서 관찰하고 검토해야 하는 것으로 생각했다. 그는 『도덕의 토대에 관하여』(Über die Grundlage der Moral, 1840)에서 모든 인간 행위의 근본동인이 이기주의(Egoismus), 악의(Bodheit), 동고(Mitleid)에 있다고 주장한다. 이기심은 자신의 이익을 관철하기 위한 행위 동인이며 악의는 타인에게 고통을 야기해 자신에게 이롭게 하기 위함이다. Mitleid는 우리말로 흔히 연민이나 동정(심)으로 번역되나 독일어의 사전적 의미나 쇼펜하우어 논의 문맥을 고려할 때 동고로 번역해야 한다. 동고는 타인과 고통을 함께 느끼려는 것을 말한다. 쇼펜하우어는 그의 주저 『의지와 표상으로의 세계』(Die Welt als Wille und Vorstellung, 1818/1844)의 4부에서 동고의 문제를 집중적으로 다룬다.

여기서 그는 동고를 “자신의 고통을 이해하면서 그것과 동일시되는 타자의 고통을 인식하는 것”이라고 정의한다. 또 그는 동고를 “친구의 안녕과 슬픔에 진심으로 관심을 갖고 그를 위해 이기적이지 않은 희생을 하는 것”이라고 규정한다. 그렇다면 왜 동고가 우리에게 필요하고 중요한 것인가? 여기에 대한 쇼펜하우어의 생각은 분명하다. 그는 삶

자체는 "전쟁이 끊이지 않는 싸움의 연속"이며 "삶과 고통은 떼어 놓을 수 없는 관계"라고 믿는다. 따라서 그가 누구이든 또 어떤 부와 권력을 가졌든 삶의 본질적인 고통으로부터 벗어날 수 있는 사람은 아무도 없다. 왜냐하면 "고통은 연령이라 사정에 따라 수많은 다른 모습을 취하며 … 고통은 없어지고 사라지면 새로운 고통"이 발생하기 때문이다.

반려견인 아트만(Atman)과 산책하는 쇼펜하우어

쇼펜하우어는 '삶은 고통이다(Das Leben ist Leiden)'라는 테제를 어떻게 논증할까? 그는 모든 생명(존재)의 본질을 맹목적 삶의 의지(blinde Lebenswille)에서 찾는다. 이성은 맹목적 삶의 의지의 부수적인 현상에 불과하며 그 역할은 미미할 뿐이다. 그에 따르면 우리가 사는 세계는 단지 의지의 작용(의지의 객관화)에 불과하며 세계의 모든 것은 의지가 개별화된 것이다. 개별화(Individuation)는 의지의 작용을 통해 이루어지는데 그것을 쇼펜하우어는 의지의 객관화라고 말한다. 가령 생식기는 성욕의 객관화이고, 광합성작용이라는 의지의 객관화가 식물이며 모든 종의 발은 걸으려는 의지의 객관화이다. 그렇다면 모든 존재의 원리로서 의지(Wille)는 도대체 무엇인가? 의지는 "자연 속에 있는 모든 힘"이자 "맹목적이며 제어할 수 없는 충동"이다. 왜 의지가 맹목적인가? 의지는 "목적도 없이 끊임없이 자기분열"하며 "무한이 되풀이되고 어디에도 목표점이 없고, 최종적인 만족"도 없이 작동하기 때문이다. 이러한 의지의 본질적인 특성으로 인해 인간은 죽는 순간까지 고통을 피할 수 없다. 여기에 덧붙여 그는 삶 자체의 불투명성과 임의성 및 인간의 지적 유한성이 삶이 고통일 수밖에 없는 근본적인 이유라고 말한다.

쇼펜하우어는 피할 수 없는 고통의 문제를 해결할 수 없지만, 완화시키는 여러 철학적 처방책을 제시한다. 그는 의욕과 집착을 최소화하고 사물에 대해서도 최대한 무관심할 것을 권한다. 또한 남의 말과 평가에 신경 쓰지 말 것, 삶의 허무함 자체를 받아들일 것, 지적 활동을 할 것, "의지의 진정제"인 음악과 같은 예술 활동을 즐길 것, 기질과 성향에 맞는 일을 할 것, 자기 자신을 즐길 것 등 많은 제안을 했다. 쇼펜하우어 자신도 고통의 완화책으로 정기적인 산책과 플루트 연주와 음악감상 등을 즐겼고 사회적 관계를 최소화하며 은둔자의 삶을 살았다. 하지만 완화책이지 해결책이 아니다. 고통은 피할 수 없는 것이다, 생의 마지막 순간까지. 그런데 고통은 인간에게 무조건 나쁜 것이고 무용한 것인가? 그렇지 않다. 쇼펜하우어는 삶이 고통이라는 인식과 고통을 경험한 사람은 "타인의 고통을 자신의 고통처럼 아주 가깝게" 느끼게 된다고 말한다. 이러한 의미에서 쇼펜하우어의 공감 개념은 고통을 함께 느낌 곧 동고이다. 그는 그와 같은 사람은 "동물을 괴롭히는 일"도 하지 않을 것이라고 단언한다. 그렇다면 그가 말하는 공감(동고)은 어떠한 인식의 과정을 거치게 되는가? 그의 설명을 논리적 순서로 정리하면 다음과 같다.

1. 타인이 고통을 겪는다.

2. 타인의 고통을 표상(상상)한다.

3. 타인의 고통에 공감한다.

4. 자신의 고통으로 지각한다.

5. 고통을 피할 수 없는 인간의 운명에 대한 인식과 인간 일반에 대한 동고

쇼펜하우어의 동고에 대한 논의에서 주목해야 할 것이 있다. 첫째, 동고 능력은 인간만이 갖는 능력이다. 그에 따르면 동물과 인간의 근본적인 차이는 '우는 능력'에 있다. 그는 인간만이 울 수 있으며 이 울음은 단순히 고통으로 인해 우는 것이 아니라 고통을 경험하면서 그 고통에 대해 생각함으로써 발생한다고 생각했다. 다르게 말해 인간만이 갖고 있는 타자의 고통에 대한 표상능력이 발휘될 때 동고에 이르고 공감하게 되어 함께 울 수 있다는 것이다.

둘째, 쇼펜하우어에게 동고는 "우리 내부에 존재하는 근원적인 비이기적 특성"이다. 이런 이유로 그는 동고를 '행위의 원리'가 되어야 한다고 주장한다. 왜냐하면 동고는 "모든 덕의 원천(Ursprung aller Tugend)"이기 때문이다. 동고를 행위의 원리로 삼으면 인간은 다른 존재의 고통과 세계 전체의 고통을 자신의 고통으로 여긴다. 이런 맥락에서 쇼펜하우어는 인류애나 정의는 동고가 보편적으로 적용될 때 비로소 실현될 수 있다고 믿었다.

동고가 타인의 고통을 함께 나누려는 것이며 동시에 타인의 고통이 아닌 즐거움을 원하는 태도라는 점에서 동고가 행위원리로서 실천되면, 다르게 말해 동고윤리가 보편화되면 더 인간적인 사회, 인류애가 실현되는 세계사회를 실현될 것이다. 현실주의자로서 쇼펜하우어 역시 인간행위의 또 다른 동인인 이기심(이기주의)과, 악의라는 점을 놓

치지 않고 있었기 때문에 동고는 '아가페적이다'라는 말을 잊지 않았다. 인간의 이기적인 속성을 제거할 수 없지만, 그대로 둘 수만 없다는 점에서 쇼펜하우어의 동고 윤리학은 더 강력한 도덕적 호소력을 갖는다. 한 사회가 사회적 약자에게 동고의 자세를 취한다면, 그 사회는 더 따듯한 사회, 휴머니티가 넘치는 사회가 된다는 점을 고려하면, 그의 주장은 단순히 도덕적 제안이 아니라 사회적 실천의 자극제라고 볼 수 있다.

타인의 눈물에 함께하려는 마음과 태도
(Pablo Picasso, The Weeping Woman, 1937, Tate collection.)

5. 공감의 사회화와 비인간 존재와의 공감

인간이 삶을 살아가며 관계의 문제로 고민하는 것은 불가피하다. 사회적 삶은 관계 맺기와 관계 재구성의 연속이기 때문이다. 그런데 그 관계 맺기에서 조화와 갈등을 야기하는 원인이 공감에 있다. 이러한 맥락에서 프로이트는 『문명 속의 불편함』(Das Unbehagen in der Kultur, 1930)에서 인간이 행복할 수 없는 3가지 원인 중에 가장 큰 원인을 "다른 사람과의 다툼과 고통 없이 지내는 것의 불가능성"에서 찾았다. 친구 관계, 부모-자식 관계, 애인 관계, 부부 관계 등의 사적 관계에서이건 직장의 위계관계, 공무원과 민원인의 관계, 상이한 공적 기관 종사자 간의 관계 등의 공적 관계에서든지 공감이 관계 맺기와 관계 지속성의 열쇠라고 해도 과언이 아니다. '관점의 이동'을 통해 상대방의 관점, 당사자 관점에서 느끼고 판단하면 공감의 가능성이 열린다. 관점의 이동과 관점의 전환이 이루어진다 해도 100% 공감할 수 있는 것은 없다, 앞서 애덤 스미스의 공감론에서 보았듯이 공감은 적정성 판단을 반드시 수반하기 때문이다. 그러나 관점의 이동 이전과 이후의 공감의 차이 역시 부정할 수 없다.

중요한 것은 공감의 사회화가 매우 중요하고 요구된다는 점이다. 공감의 사회화란 사회적 차원에서의 공감이 활성화를 의미한다. 공감의 사회화는 사회적 차원에서 소수자, 즉 동성애자, 장애인, 경제적 빈곤 계층 등에 대한 사회적 공감력을 구체적으로 확산시키는 것을 말한다. 공감의 사회화는 소수자의 권리에 대한 인식과 법적 보호와 사회적 지원을 위한 법률과 제도 보완의 형태로 나타난다. 즉 복지 사각지역을 줄이는 촘촘한 사회복지제도 구축, 장애인 고용할당제의 실제적 실천, 동성결혼제도 합법화, 양성평등의 현실화, 난민 인정기준 완화, 고려인 4세 대상 재외동포 인정기준 완화, 고독사 예방 등등과 관련된 인식 및 제도개선 등으로 현실화될 수 있다.

오늘날 공감의 문제는 단지 인간과 인간 사이만의 문제가 아니다. 인간이 원하든 원하지 않는 인류의 지속가능한 유지를 위해서는 식물, 동물, 생태계를 구성하는 비인간 존재(non-human beings)와 비인간 물체들 사이의 공감이 선택이 아닌 필수가 되는 상황에 이르렀다. 식물에 대한 공감은 과도한 숲의 파괴로 나타나지 않을 것이다. 동물에 대한 공감은 과도한 상업화와 착취적 이용의 절제 및 학대 금지로 나타날 것이다. 식물과 동물과 같은 비인간 존재와의 공감을 위한 노력은 비단, 식물과 동물만이 아니라 인간 자신을 위한 것임이 분명하기 때문에 윤리의 문제이다. 이 윤리는 식물의 처지, 동물의 처지에서 문제를 바라보려는 객체우선적 태도를 전제로 할 때 실천력을 갖는다.

비인간 존재는 식물이나 동물만이 아니라 인공지능도 포함된다. 인공지능은 하루가 다르게 발전하고 있다. 인간과 같은 형태로 다양한 영역에서 인간의 역할을 대체하는 휴머노이드 로봇의 발전이 가속화되고 있다. 또한 인공지능이 인간의 지능을 넘어서는 기술적 특이점(singularity)이 5년 안에 올 것이라고 예측되고 있다. 시간의 문제일 뿐 인공지능과 대화하고 협력하여 일을 같이하는 시대가 올 것이다. 이 시점에는 인공지능과 인간의 공존과 협력을 현실 속에서 어떻게 구축할 것인가가 핵심문제가 될 것이다.

이미 인간이 할 수 있는 것을 다 할 수 있는 일반 인공지능(AGI·Artificial General Intelligence) 시대에 접어들었다는 주장이 일반적이다. 제미니(Gemini)나 GPT-4는 분석과 평가만이 아니라 제안과 조언까지 하며 인간과 함께 무엇을 하고 있다. 단순 대화자가 아니라 유사 친구 역할을 하는 수준에 이르는 과정에서 인공지능 사용자는 인공지능과의 심리적 관계가 형성되고, 공감의 차원으로 문제가 이행된다. 문명이 발전하면서 인간과 비인간 사이의 공감문제는 점점 현실적인 문제로 자리 잡았다. 문명 발전의 역설은 인간종에게 승리의 노래를 부르게 하다가 어느 순간부터 겸손과 공존의 미덕을 쌓도록 만들고 성찰적 인간중심주의로 나아갈 것을 요구하고 있다.

〈참고문헌〉

나은영, 『조지 허버트 미드』, 커뮤니케이션북스, 2017.
데이비드 흄, 『인간이란 무엇인가』, 김성숙 역, 동서문화사, 2016.
데이비드 흄, 『도덕원리에 관한 탐구』, 강준호 역, 아카넷, 2023.
사이먼 베런코어, 『공감제로』, 홍승효 역, 사이언스북스, 2013.
쇼펜하우어, 『도덕의 기초에 대하여』, 김미영 역, 책세상, 2004.
쇼펜하우어, 『의지와 표상으로의 세계』, 홍성광 역, 을유문화사, 2009.
애덤 스미스, 『도덕감정론』, 김광수 역, 한길사, 2016.
요하임 바우어, 『공감하는 유전자』, 장윤경 역, 매일경게신문사, 2022.
이하준, 「인간중심 상담과 철학상담의 친족성과 차이」, 『철학논총』 74, 2013.
자밀 자키, 『공감은 지능이다』, 정지인 역, 심심, 2021.
제레미 리프킨, 『공감의 시대』, 이경남 역, 민음사, 2011.
프로이트, 『문명속의 불만』, 김석희 역, 열린책들, 2020.
폴 블룸, 『공감의 배신』, 이은진 역, 시공사, 2019.
Rilling, J. K., Scholz, J., Preuss, T. M., Glasser, M. F., Errangi, B. K., & Behrens, T. E. "Differences between chimpanzees and bonobos in neural systems supporting social cognition",Social Cognitive and Affective Neuroscience, 7(4), 369-379

제 2 부

사회윤리의 문제들

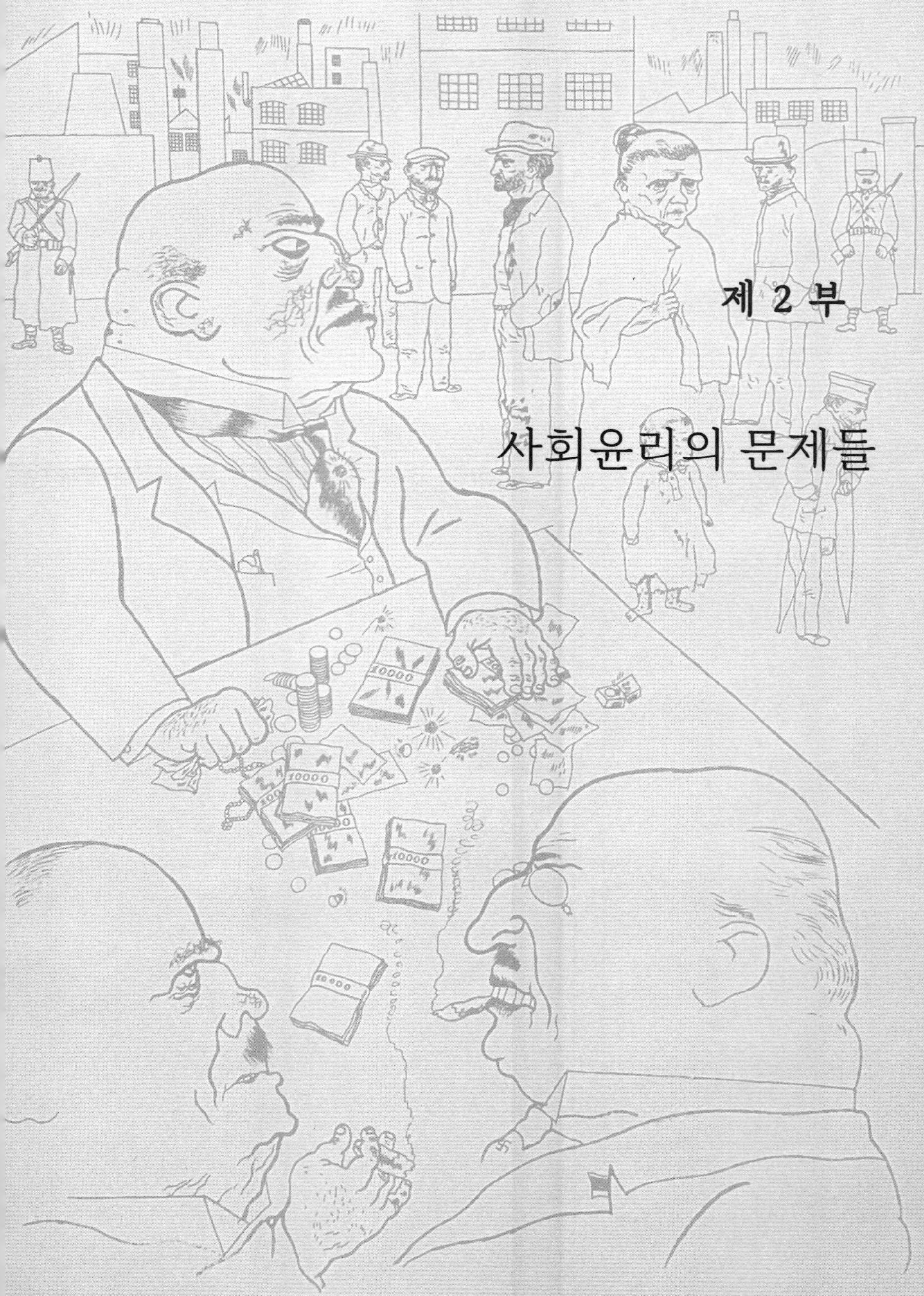

제1장

올바른 삶의 가능성과 사회정의

1. 올바른 삶의 가능성과 사회정의의 관계

많은 철학자들이 인간의 본질적 속성에 대하여 말해왔다. 토마스 홉스(Thomas Hobbes, 1588-1679)나 니콜로 마키아벨리(Niccolò Machiavelli, 1469-1527)는 인간은 이기적 존재라고 말한다. 루소는 인간은 본래 선한 존재이나 문명화 과정에서 타락했다고 주장한다. 애덤 스미스는 인간은 이기적이면서도 동시에 공감능력이 있는 이타적 존재라고 본다. 진화심리학자들은 상호협력과 상호부조와 같은 인간의 이타적 속성(altruistic tendencies)은 진화의 산물이라고 주장한다. 자기보존원리(Principium Conatus)가 모든 생명체의 내재적 속성임으로 생명체는 기본적으로 이기적일 수밖에 없다. 모든 생명체는 이타적이기도 하다. 이타성이 자연적 속성이냐 교육과 훈련 혹은 사회역사적 경험의 축적물이냐는 논쟁의 여지가 있는 문제이다. 인간은 다른 존재와 달리 자신을 '도덕적 존재'로 규정하고 수많은 도덕이론을 만들고 더 나은 논변을 구성하기 위해 경쟁해왔다. 윤리학사는 그러한 경쟁의 장(場)이다. 인간을 도덕적 존재라고 가정한다면, 인간은 옳은 것과 올바른 삶을 추구할 것이다. 그러한 인간들로 구성된 사회는 정의로운 사회가 될 것이다. 그런데 인간 지성사를 보면 정의에 대한 논의가 끊이지 않았다. 왜 그럴까? 정의가 실현되지 않았고 사회정의는 완결적인 것이 아니기 때문이다. 정의의 문제는 항상 '좋은 삶'과 관련해 논의되어 왔다. 그 이유는 좋은 삶의 요소를 구성하는데 옳음의 문제, 올바른 삶의 조건을 문제화하지 않을 수 없기 때문이다. 옳음, 올바른 삶은 타자와의 관계를 전제로 하고 그 관계 속의 행위에 대한 규범적 판단을 수반한다.

여기서 한 가지 질문을 던져보자. 옳음과 올바른 삶은 도덕적 주체의 태도, 곧 개인의 도덕적 심성이나 선의지만으로도 가능한가? 정의롭지 않은 사회, 비도덕적 사회에서 그러한 윤리적 태도와 실천이 과연 얼마만큼 가능한가? 이러한 고민을 심각하게 한 인물 중의 한 사람이 라인홀드 니버(Reinhold Niebuhr, 1892-1971)이다. 1932년 출간된 『도덕적인 인간과 비도덕적 사회』(Moral Man and Immoral Society)에서 그가 던지는 근본 질문은 '개인은 도덕적일 수 있는데 왜 사회는 부도덕적인가'이다. 그는 먼저 개인의 도덕적-사회적 행위와 사회 집단의 도덕적-사회적 행위의 차이에 주목할 것을 주문한다. 그가 볼 때 인간의 도덕적 이상은 이타성이며 사회의 도덕적 이상은 정의이다. 그에 따르면 개인이 행동을 결정할 때 자신의 이익 이외의 관점을 고려할 수 있고, 경우에 따라서는 타자의 이익을 자신의 것보다 우선시한다. 이러한 개인은 도덕적 존재이다. 그러나 이러한 모든 도덕적 성취를 유지하는 것은 사회나 사회 집단에서는 더 어렵거나 불가능하다. 사회는 본질적으로 권력, 이익, 갈등을 매개

라인홀드 니버

로 작동되기 때문에 힘의 대립이 불가피하며 대립의 해소와 정의 실현을 위해 폭력이 동원된다. 이러한 이유로 사회는 본질적으로 비도덕적이다. 니버가 볼 때 지배계급의 도덕적 태도는 자기기만과 위선으로 가득 차 있고 집단과 집단의 관계는 집단 이기주의의 실현을 위한 싸움의 관계이다. 지배계급은 자기 집단의 이익 실현과 우월적 힘의 획득을 위해 도덕적 우월성을 내세워 노동계급을 지배하고 교육을 통해 지배의 정당화 논리를 학습시킨다. 이러한 시각에서 니버는 국제기구나 교육을 통한 올바른 삶의 가능성과 집단 이기주의(group egoism)를 극복할 수 있다고 믿는 도덕주의자들과 교육자들을 비판한다.

그렇다면 도덕적인 개인이 집단에 들어가면 어떻게 될까? 개인은 자신의 도덕성을 지킬 수 있을까? 그에 따르면 도덕적인 개인이 국가와 사회의 특정한 집단에 귀속되면, 소속된 사회 조직의 가치와 집단의 이기주의에 압도당해 애국심과 집단 이기주의의 대변자로 변질된다. 니버는 그 원인으로 올바른 도덕적 판단을 가능하게 하는 지성적 통찰력의 부족과 개인 이성의 한계를 제시한다. 또한 니버는 국가나 사회집단이 자기유지의 강화를 위해 애국심과 충성심을 내세워 양심과 도덕성 발현을 제한함으로써 도덕적 개인의 가능성을 차단한다고 주장한다. 결론적으로 니버가 하고 싶은 말은 올바른 삶의 가능성, 다시 말해 도덕적 인간으로서 삶의 가능성은 도덕적 사회가 전제되지 않는 한 불가능하다는 것이다. 동시에 그는 도덕적 사회의 형성은 도덕적 개인의 비도덕적 사회에 대한 저항과 실천 없이 불가능하다는 점을 분명히 한다.

유태계 독일 사상가로서 나치즘의 악행을 온몸으로 경험했던 아도르노는 올바른 삶과 올바르지 않은 사회의 관계에 대해 심각하게 숙고했던 인물이다. 그는 올바른 삶에 관한 숙고가 철학의 본령이며 호르크하이머에게 바치는 『미니마 모랄리아』는 삶이 왜 삶을 살지 못하는지를 보여주기 위한 책이라고 고백한다. 올바른 삶과 사회의 관계에 대해 아도르노는 좀 더 분명한 목소리로 말한다. 그에 따르면 사회 자체가 개인의 삶을 결정한다. 억압과 폭력이 난무하는 사회는 개인에게 철저한 순응을 요구한다. 개인은 사회의 유지를 위한 기능수행자로 취급되며 관리의 대상일 뿐이다. 그에 따르면 사회와 개인의 긴장관계가 사라지고 개인에 대한 사회의 억압이 실재하는 사회에서 인간은 자신의 삶을 살아가지 못한다. 단지 훼손된 삶을 살아갈 뿐이다. 그는 올바른 삶의 가능성은 모순과 억압으로 가득 찬 사회에 대한 저항에 달려있다고 믿는다. 그렇다면 저항의 가능성은 어디에 있는가? 아도르노는 진정한 저항의 가능성은 우리의 눈을 가리는 매체들, 사회의 작동원리에 대한 비판적 인식과 폭력에 대한 민감성과 야만에 대한 혐오 그리고 화해에 대한 열망에 달려 있다고 보았다.

니버와 아도르노 만이 아니라 사회적 삶의 한가운데 있는 사람들은 사회정의를 갈구한다. 그들은 자기 삶의 의미와 가치 있는 삶의 창조가 사회정의의 무관하지 않다는 것을 사회적 삶 속에서 체험하기 때문이다. 이러한 사회감각은 좋은 삶, 올바른 삶의 가능성을 생각하면서 동시에 현재 우리가 사는 사회의 사회정의를 경험적이고 규범적 차원에서 판단한다.

2. 우리 사회는 과연 정의로운가?

좋은 삶과 올바른 삶의 가능성을 묻는 것과 정의로운 사회의 문제는 매우 긴밀한 상호영향 관계가 있음을 확인했다면, 우리가 살고 있는 이 사회는 과연 얼마나 정의로운 사회인가를 물어야 한다. 이러한 물음을 '사회적 존재판단'이라 한다. 사회적 존재판단은 지금의 사회가 과연 인간다움을 구현할 수 있는 사회인지, 곧 경제적, 사회적, 문화적 차원에서 누구나 인간적인 삶의 가능성을 제공하는지, 사회가 지향해야 할 가치와 현재적 상태에 대한 판단을 의미한다. 사회적 존재판단은 좁은 의미에서 이 사회가 정의로운 사회인가라는 질문으로 환원될 수 있다. 그렇다면 정의로운 사회인가, 아닌가를 어떻게 판단할 수 있는가? 개인의 사회적 감각과 사회인식에 근거해 판단해야 하는가? 그렇지 않다. 사회적 존재판단을 위해 엄밀하게 조사 연구된 경험적 사회지표들을 참조해야 한다. 국제노총이 2024년 6월 12일에 발표한 국제노동권지수에 의하면 한국은 '정상국가' 가운데 최하위인 5등급 국가로 '권리가 보장되지 않는 단계'에 있는 국가이다. 매해 5월 3일인 세계언론 자유의 날을 기해 '국경없는기자회(RSF)'에서 발표에 의하면 2024년 한국의 언론자유지수(Press Freedom Index)는 64.87점으로, 180개 평가 대상국 가운데 62위를 기록했다.

국제투명성기구의 '2023년 세계 부패인식지수(Corruption Perceptions Index)' 발표에 따르면 우리나라는 180개 조사대상국 가운데 32위로 나타났다. 한국은 칠레, 바하마, 우루과이, 에스토니아, 아랍 에미리트, 부탄, 대만 보다 순위가 낮게 나왔다. '2024년 글로벌 부동산 투명성 지수 GRETI' 보고서에 의하면 89개 조사국가 중 한국은 27위이다. 한국의 자살률은 OECD 국가 중 수년 동안 변함없이 압도적 1위이다. 유엔의 지속가능발전해결네트워크(Sustainable Development Solutions Network, SDSN)에서 발표한 2024년 세계행복보고서 (2024 World Happiness Report)에 따르면 한국은 143개국 조사대상 중 53위다. 세계정의프로젝트(World Justice Project,

WJP)에서 발표한 2024년 법치주의지수는 142개 조사국 중 19위이다. 2024년 한국의 경제자유지수는 세계 14위다. 사회정의 수준을 판단하는 데 참조할 만한 다른 사회지표로는 민주주의지수, 사회발전지수, 국가포용성지수, 사회정의지수, 경제정의지수, 성불평등지수, 소득불평등을 측정하는 지니계수(Gini coefficient), 삶의 질 지수 등이 있다.

삶의 만족도도 사회정의 판단의 준거로 활용될 수 있다. 통계청의 통계개발원이 발간한 '국민 삶의 질 2023' 보고서에 따르면 한국인의 삶의 만족도는 경제협력개발기구(OECD) 회원국 중 최하위권이다. 상대적 빈곤율은 14.95로 최상위 그룹인 아이슬란드(4.9%), 체코(6.4), 덴마크(6.5%)에 비교해 2배 이상이며 OECD 국가 중 최하위권이다. 가계부채율의 경우 203.7%로 OECD 국가 중 최하위권에 속한다.

William Hogarth, The South Sea Scheme, 1721, The British Museum.

한 사회가 정의로운 사회인가, 아닌가에 대한 사회적 존재판단을 하는 데 주관적 정의감만을 가지고 판단할 수 없다. 그렇다고 해서 경험지표만 가지고서 판단하는 것도 계량화된 수치에 매몰되기 쉽다.

각 조사항목의 적절성과 가중치 배분의 합리성도 판단의 기술적 준거가 되어야 한다. 또한 시민의 의식 수준과 그 사회의 가치지향성, 기대하는 정의의 수준 등이 특정 사회의 정의에 대한 판단에 영향을 미친다. 여기에 덧붙여 정의의 기준을 어떻게 삼느냐에 따라서도 사회정의 수준의 판단에 영향을 준다. 이러한 점들을 고려하면서 사회정의 담론을 살펴보자. 사회정의에 대한 철학적 담론은 우리 사회의 정의 실현 정도를 판단하고 정의사회의 실현을 위한 대안을 생각하는데 도움이 될 것이다.

3. 사회정의에 대한 철학적 담론

1) 트라시마코스

플라톤(Platon)은 『국가』 1권에서 정의(justice)의 문제를 다룬다. 소크라테스와 정의에 대해 논의하는 인물은 케팔로스(Cephalus), 폴레마르코스(Polemarchus), 트라시마코스(Thrasymachus)이다. 케팔로스는 정의는 남에게 빌린 것을 돌려주는 것이라 주장한다. 케팔로스 아들인 폴레마르코스 각자에게 갚을 것을 갚는 것이 정의라고 말한다. 다르게 말하면 각자가 마땅히 가져야 할 것을 갖는 것이 정의라는 것이다. 그런데 이들 중에서 가장 주목할 만한 주장을 하는 인물이 트라시마코스이다. 그의 주장은 가장 상식적인 정의관을 대표하는 현실적인 주장이며 '이 사회는 정의롭지 않은 사회구나'라고 생각하는 사람들의 생각을 대변한다. 트라시마코스 "정의는 강자의 이익이다(Justice is the advantage of the stronger)"라고 주장한다. 동시에 그는 "정의는 지배자에게 좋은 것이고 지배를 받는 자에게는 해로운 것"이라고 말한다. 이러한 주장은 독재정권이나 부정부패한 관료들이 판을 치는 사회, 부의 양극화가 심각한 사회, 사회적 불평등이 만연한 사회에 사는 사람들이라면 주저 없이 동의할 만한 주장이다.

그런데 트라시마코스는 "지배자에게 복종하는 것은 정의롭다"거나 "지배자들의 지시를 따르는 것이 정의다"라고도 주장한다. 소크라테스 이 말이 도대체 무슨 의미인지 묻는다. 트라시마코스는 지배자들에게 이익이 되는 것을 법으로 제정하고 그것을 어기면 처벌하는 것이라고 말한다. 가령 서양의 귀족이나 조선의 사대부가 세금을 내지 않고 시민들에게만 세금을 강요했던 것과 같은 세금 정책, 노예해방 운동에 대한 잔혹한 응징, 신분제 질서를 어기는 사람들에 대한 강력한 처벌을 사례로 들 수 있다. 넓게 보면 가부장 사회에서 성적 지배, 백인 지배사회에서 흑인의 참정권을 허용하지 않고 힘의 논리에 따라 차별을 정당화한 수많은 법률과 제도들도 여기에 해당된다. '지배자에게 복종하는 것이 정의다'라는 말은 지배자의 입장에서 정의라는 의미이다. 그러나 정의롭지 않은 사람들, 예를 들면 지배자에게 아첨과 뇌물을 통해 관직을 얻어 작은 권력을 누리는 자들, 수많은 탐관오리들의 시각에서 보면 복종이 이익인 것이다. 부정의한 권력에 자리를 얻으려는 수많은 권력추구적 지식인이나 정치기술자들은 복종이 곧 자신들에게도 이익이라고 생각한다. 또 이들은 국가정책에 협조하는 것이 시민들에게 궁극적으로 이익이 된다는 논리를 구사한다.

트라시마코스는 위와 같은 부정의한 자들 중에 참주(tyrannis)가 가장 부정의한 사람이고 가장 많은 이득을 차지하는 사람이라고 본다. 이런 맥락에서 그는 정의로운 사람의 특징을 언급한다. 그에 따르면 관직생활을 하면서 손해를 보는 사람, 친인척을 부정의한 방식으로 도와주지 않는 사람, 세금을 더 많이 내는 사람, 국가의 재산을 축내지 않는 사람 등이다. 트라시마코스에게 정의로운 사람은 경제적으로나 사회적으로 독립적이고 공적, 사적 이해갈등 관계에서 자기이익만을 위해 투쟁하지 않고 공동체를 위해 기여하는 사람이 정의로운 사람이다. 그의 시각에서 탈세자, 법꾸라지, 무조건적 복지요구자, 민사소송 남발자, 장애인 학교나 장례시설 등 아파트 가격을 상승시키는 데 도움이 안 된다고 생각하는 모든 것을 혐오시설이라고 단정하고 극렬 반대하는 자, 취업 청탁하는 자, 낙하산 인사를 하는 자와 같은 이들은 모두 부정의한 자들이다. 실제로 건강한 시민의식을 가진 사람, 공동체적 가치(communal values)를 존중하는 사람들은 위와 같은 자들을 혐오할 것이다.

2) 아리스토텔레스(Aristoteles)

아리스토텔레스

아리스토텔레스(Aristoteles, BC 384-322)는 『정치학』(Politics)에서 정치의 궁극적인 목적은 정의의 실현 곧 폴리스 구성원들의 행복(eudaimonia)의 실현이라고 말한다. 폴리스의 정의 실현을 위해 그는 정치제도와 법률 및 교육문제를 검토하면서 정의의 실현과 시민의 행복이 운(tyche)에 맡겨지는 폴리스는 나쁜 폴리스임을 강조한다. 아리스토텔레스는 정의에 대한 본격적인 논의를 『니코마코스 윤리학』(Nicomachean Ethics)에서 전개한다. 그는 정의를 크게 두 부분으로 나눈다. 일반적(광의) 정의와 특수한(협의) 정의가 그것이다. 일반적 정의(general justice)는 "모든 덕(arete) 중에 가장 큰 덕이며, 덕의 일부가 아니라 덕 전체"를 의미한다. 특수한 정의(particular justice)에는 분배적 정의(distributive justice), 시(교)정적 정의(corrective justice), 상호적(reciprocal justice) 정의가 있다.

분배적 정의는 "폴리스 공동체에서 자신의 가치에 따른 사물의 분배"에 해당된다. 여기서 중요한 것은 '가치'이다. 아리스토텔레스가 말하는 가치는 단순한 산술적 가치가 아니라 기하학적 비례에 근거한 가치를 말한다. 기학학적 비례는 같은 시간에 같은 일을 했다는 의미에서 동등한 분배를 해야 한다는 '산술적' 차원이 아니라 능력과 업적에 따른 분배를 의미이다. 분배의 대상은 공동체의 공동재산과 명예, 재화, 권력, 지위이다. 그는 『정치학』에서 부자와 빈자의 관계에서 분배정의의 중요성을 다음과 같이 강조한다.

> 만약 빈민들이 그들이 다수라고 하여 부자들의 재산을 자기들 마음대로 나눠 갖자고 결정하면 어떤가? 이게 어찌 부정의가 아니겠는가? (…) 다수가 소수의 재산을 강탈하는 행동은 다름 아닌 국가를 파괴하는 것임이 명백하다. 그러나 미덕이란 결코 그것을 보유한 존재를 파괴하지 않으며, 정의는 결코 국가를 파괴하는 것이 아니다.

이 인용구에서 아리스토텔레스가 강조하고 싶은 것은 분배정의는 경제정의에 국한되는 것이 아니라 사회정의와 같은 문제라는 것이다. 아리스토텔레스의 시각에서 보면 정치권력, 경제권력, 문화권력, 학술권력 영역에서 특정 세력이나 특정 지역, 특정 학교출신이 권력을 독점하거나 과점유하는 것 역시 분배적 정의가 실현되지 않았다는 것을 명증하게 보여주는 것이다. 경제활동의 측면에서 업적에 따른 인센티브, 다양한 형식의 성과 보상 등이 비례에 근거한 분배적 정의가 실현된 사례라 할 수 있다.

교정적 정의는 사유재산의 거래에서 발생된 문제들을 시정하는 것을 뜻한다. 아리스토텔레스는 매매, 임대, 저당, 예탁, 간통, 절도,

위증, 모욕, 학대, 상해, 폭력, 살인 등의 문제를 시정하는 조치들을 교정적 정의로 간주한다. 공정거래법을 어긴 기업에 시정명령을 내리거나 징벌적 손해배상을 하게 하는 것, 폭력범에 대한 징역형이나 살인범에 대한 중형이나 사형은 주는 경우, 주차나 신호위반으로 인한 범칙금을 내는 경우가 교정적 정의가 적용된 사례이다. 상호적 정의는 다양한 형태의 교환에서 등가성(equivalence)을 원칙으로 한다. 이런 이유로 상호적 정의는 교환적 정의라고도 한다. 중요한 것은 교환이 이루어지기 이전의 등가성이 문제이지 교환 이후에 적용되는 정의의 원칙이 아니라는 점이다. 가령 현 시장가격이 3억인 집과 판매가격이 3억인 자동차를 교환하기로 두 사람이 합의하에 교환한 후 1년이 지나 집값이 10억으로 상승했고 자동차는 2억 7천으로 하락했다고 가정하자. 이 거래에서 기대 이상의 차익과 손실이 발생했다. 그렇다면 이 교환은 정의롭지 않은 교환인가? 그렇지 않다. 이 경우는 교환적 정의가 실현된 거래이다. 왜냐하면 교환적 정의는 등가성을 충족하면 성립된다. 이런 의미에서 교환적 정의는 사전적 정의의 성격을 갖는 것이다. 이에 반해 시(교)정적 정의는 사후적 정의의 실현을 위한 것이다.

아리스토텔레스의 정의론에서 주목해야 하는 점은 완전한 덕으로서의 정의가 폴리스 전체에 실현되지 않으면 시민은 행복할 수 없으며 폴리스 전체의 차원에서 정의가 전제되지 않고서는 특수한 정의들이 실현되지 않는다고 보았다는 것이다. 이것은 정의로운 사회가 아닌 데서 정의로운 사람으로 꾸준히 살 수 없고 부도덕한 사회에서 덕 있는 삶이 근본적으로 불가능하다는 것을 의미한다. 이와 같은 차원에서 그는 『정치학』의 「행복에 대한 논의 재정리」 장에서 시민의 행복을 위한 최선의 정치체제가 무엇인가를 탐구하며 그것을 실현해야 한다고 주장한다. 또한 폴리스 시민전체의 공동이익을 실현시키는 좋은 법률을 제정해야 하며 폴리스는 시민이 "선한 사람 그리고 고귀한 행위를 할 수 있는 사람"이 되도록 좋은 교육을 시켜야 한다고 말한다. 여기서 확인할 수 있는 것은 아리스토텔레스가 개인의 선(정의)보다 폴리스의 선(정의)이 우선되어야 한다는 것을 분명히 한다는 점이다.

3) 존 롤스

존 롤스

존 롤스 (John Rawls, 1921-2002)의 사회정의에 대한 고민은 1958년에 쓴 「공정으로서의 정의」(Justice as Fairness)라는 논문부터 시작한다. 그 이후 그는 1971년 『정의론』(A Theory of Justice)을 출간한다. 이 시기는 미국의 사회문화적 격동기였다. 미국이 베트남 전쟁에 참전하면서 약 58,220이 사망했고 부상자와 실종자 수가 30만 5천여 명에 달했다. 미국 전역에서는 반전평화 운동이 벌어졌다. 롤스도 참전 반대와 반전 운동에 적극 참여했다. 같은 시기에 마틴 루터 킹 주니어(Martin Luther King Jr., 1929-1968)가 주도하는 인종차별 철폐 운동과 여성권리 운동 및 성소수자 운동도 활발하게 전개되었다.

1964년에는 고용, 교육, 공공장소에서의 인종, 성별, 종교, 국적에 따른 차별을 금지하는 민권법이 제정되었고 흑인 유권자들이 투표권을 실질적으로 보장하는 선거법이 1965에 만들어졌다. 위와 같은 당대의 문제에 대한 철학적 대응이 바로 롤스의 『정의론』이다. 『정의론』에 가해진 비판에 대한 대응이자 다원화된 사회의 복잡한 층위의 이해관계를 잘 관리하는 사회의 안정성이 사회적 정의 실현의 중요한 문제라는 것을 인식한 롤스는 1993년에 『정치적 자유주의』(Political Liberalism)를 내놓는다. 『정의론』이 정의의 원칙을 세우는 것에 집중되어 있다면, 『정치적 자유주의』는 다양한 신념의 체계들과 이해관심 사이에서 정의와 정의실현을 위한 공정한 제도에 대한 중첩적 합의(overlapping consensus)의 가능성 문제를 논제화한다. 이렇듯이 롤스의 정의에 대한 고민과 그것의 결과로서 그의 이론은 시대변화를 반영하면서 발전된 것이다.

롤스는 「공정으로서의 정의」에서 공정을 정의의 기준으로 삼았다. 그는 정의를 "사회제도나 혹은 규율 체계라는 것의 덕목으로만 간주"하기 때문에 공정이 사회구조와 제도의 기본원리가 되어야 한다고 믿는다. 공정이 사회의 원리가 되기 위해서는 최초의 합의 상황을 고려해야 한다는 점에서 공정으로서의 정의는 기본적으로 사회계약론적 성격을 갖는다. 그는 공리주의(utilitarianism)와의 대비를 통해 공정으로서의 정의의 성격을 명료하게 밝힌다. 공리주의가 유용성의 원리를 준거로 삼는다면 그의 정의론은 정의의 우선성(priority of justice)을 원칙으로 한다. 공리주의가 '좋음'(the good)을 목적으로 한다면, 공정으로서의 정의는 옳음(the right)을 기준으로 한다는 면에서 의무론적 성격을 갖는다. 또한 롤스는 공리주의의 이익총량주의로 인해 개인이나 소수가 불이익을 받을 수 있다고 비판한다. 공리주의가 모든 인간을 합리적인 존재로 가정하고 공리값(utility value)에 기초해 정의를 정초한다면, 롤스는 사회를 구성하는 개인들이 갖는 다양한 차이를 전제해야 하며 원초적 합의(original agreement)를 출발점으로 삼아야 공정으로서의 정의를 정립할 수 있다고 주장한다.

그렇다면 정의의 원칙을 세우기 위해 필요한 원초적 합의의 조건은 무엇인가? 루소, 로크, 홉스와 같은 사회계약론자들이 이상적인 사회에 대한 사고실험을 위해 자연상태(state of nature)를 가정했듯이 롤스는 사회정의를 설계하기 위한 최초의 상황을 상정하며 그것을 원초적 입장(the original position)이라고 지칭한다. 원초적 입장은 "가상적인 상황"으로 "자유롭고 합리적인 사람들이 평등한 최초의 입장"에 서는 것을 말하며 이 조건에서만 "그들 공동체의 기본조건을 규정하는 것으로 채택하게 될 원칙들"을 세울 수 있다. 원초적 입장에서 도출된 "기본적 합의는 공정한 것"이다. 그런데 누구나 동의하고 따를 수 있는 정의의 원칙을 세우기 위해서는 그 원칙을 도출해 내는 조건을 다시 설정해야 한다. 롤스는 이것을 정의의 여건(circumstances of justice)이라 칭한다.

정의의 여건은 "인간의 협력체제가 가능하고도 필요한 정상조건 조건들"을 의미한다. 여기에는 객관적 여건과 주관적 여건이 있다. 객관적 여건은 합의가 가능한 일반적 조건으로 합의 당사자들이 특정한 지리에 거주해야 한다. 자원은 부족하거나 풍족한 상태도 아니다. 누구나 사용할 풍부한 자원이 있다면 정의가 굳이 필요 없기 때문이다. 여기에 더해 합의 당사자들의 신체 및 정신적 능력이 유사해야 하며 합의에 대한 수용의 태도가 있어야 한다. 정의의 주관적 여건으로는 합의 당사자들이 비슷한 욕구와 관심을 가지고 있어 상호 유익한 협동이 가능해야 하고 각자의 삶의 계획을 가지고 있어야 한다. 이들은 자신이 이해에는 민감하지만, 상대방의 이해관계에는 무관심하다. 또한 이들은 다양한 철학적, 종교적 신념들을 가지고 있다. 롤스가 정의의 주관적 여건을 말하는 것은 이해충돌 가능성과 잠재적 갈등을 가정하기 위해서이다.

그렇다면 어느 경우에 정의의 여건이 성립되는가? 롤스는 "적절한 부족 상태 아래서 상호 무관심한 자들이 사회적 이익에 대해 상충하는 요구를 제시할 경우에 정의의 여건이 성립"한다고 본다. 이렇게 정의의 여건이 성립되면 정의의 원칙을 도출해야 한다. 어떻게 그것이 가능한가? 롤스는 '무지의 베일'(the veil of ignorance)을 가정한다. 합의 당사자 각자는 지위, 계급, 재산, 인종, 천부적 재능, 체력, 자신의 가치관, 인생계획, 소속된 사회, 소속된 세대 등에 대해 서로 전혀 모른다. 또한 합의의 결과들이 "그들의 특정한 처지에 어떤 영향을 미칠 것인가를 그들이 몰라야"한다. 이러한 조건하에서 도출된 정의의 두 원칙 (Two Principles of Justice)은 다음과 같다.

제1원칙: 각자는 타인의 동등한 자유와 양립 가능한 한도 내에서 권리를 가진다(the liberty principle).

제2원칙: 사회경제적 불평등은 다음 두 가지가 있다.

(a) 최소 수혜자에게 최대의 이익이 되고 모든 이들에게 이익이 되어야 한다(the difference principle).

(b) 공정한 기회균등 하에서 직책과 지위는 모든 이들에게 개방되어야 한다(fair equality of opportunity).

제1원칙이 자유를 우선하는 원칙이라면 제2원칙은 재산, 소득, 권한, 책임 등에 있어 차등을 두지만 모두에게 이익이 되는 조건하에서의 차등을 허용한다. 그렇다면 두 가지 원칙 간의 충돌이 발생할 때 무엇이 우선적으로 고려되어야 하는가? 롤스는 제1원칙이 제2원칙에 우선한다고 주장한다. 롤스는 정의의 원칙들이 실현되는 사회를 '질서 있는 사회'라고 말한다.

> 어떤 사회는 그 사회구성원들의 선(good)을 증진시키도록 고안되었을 때, 그리고 정의(공평성)에 관한 공공의 인식에 의해 그 사회가 효과적으로 통제될 때 그 사회는 매우 안정된 상태라고 할 수 있다. 즉 모든 사람이 정의의 원칙을 받아들이고 다른 사람들도 그러한 정의의 원칙을 받아들이고 있다는 사실을 인식하며, 나아가 사회의 근본적인 제도들이 이러한 원칙을 일반적으로 존중하고 있을 때, 그 사회는 질서 있는 사회라고 할 수 있다.

롤스의 『정의론』은 원초적 입장 개념의 추상성과 합의 당사자 사이의 무지의 베일을 가정하는데 실제로는 한 사람과 같다는 것, 개인의 소유 권리를 지나치게 제한한다는 점, 최소 수혜자 기준의 불명료성 등에 대해 비판받아왔다. 그렇지만 그가 정의롭지 않은 사회가 가야 할 방향과 원칙을 제시한다는 점만으로도 이론적이고 실천적인 기여를 했다고 볼 수 있다. 공정으로서의 정의를 실현하려는 사회적 노력은 따듯한 인간 사회, 한 사회가 협력적 공동체로 이행하는 신호와 같은 것이다.

4) 낸시 프레이저

낸시 프레이저

낸시 프레이저(Nancy Fraser, 1947-)의 정의론은 한마디로 정의의 문제를 인정의 분배로 대체하는 논의를 비판하면서 경제적 재분배 문제와 인정 문제(problem of recognition)를 동시에 해결하려는 이론적 시도라고 할 수 있다. 프레이저는 오늘날 사회는 경제적 불평등에 따른 분배 요구와 다문화 사회적 특성에서 기인하는 집단의 인정 요구가 동시에 발생하고 있기 때문에 이것을 통합해 사회정의를 실현해야 한다는 입장이다. 또한 그녀는 기후위기 등과 같은 초국가적인 문제와 국제적 차원의 NGO 활동 및 한 사회내의 불평등과 이해대립의 문제를 포괄적으로 해결하기 위해서는 정의의 문제를 분배(distribution), 인정(recognition), 대표(representation)라는 3차원적인 이론적 접근이 필요하다고 본다. 그렇다면 그녀는 어떻게 자신의 정의론을 설계했는가?

그녀는 정의의 실현을 위해 먼저 "모든 사람이 사회생활에 동등한 동료로서 참여할 수 있게 해주는 사회적 상태를 요구"한다. 동등한 참여의 원칙(the principle of equal participation)이 보장될 때 정의가 실현될 수 있다고 생각하는 것이다. 프레이저는 동등한 참여를 보장하기 위해 객관적 조건과 상호주관적 조건을 제시한다. 객관적 조건은 물질적 자원을 동등하게 분배하는 것이다. 상호주관적 조건은 상호 존중을 위해 사회적 성취를 위한 기회의 동등한 부여를 의미한다.

경제 영역에서 정의 실현을 위한 동등한 참여는 어떻게 가능한가? 그녀는 먼저 착취와 박탈로 인한 잘못된 분배문제를 비판한다. 이 시각에서 그녀는 사회보장제도와 같은 부수적인 방식은 기존의 계급 질서 유지에 기여할 뿐이라고 말하며 정치-경제적 구조의 재구조화를 제안한다. 여기에 더해 프레이저는 완전고용의 창출을 우선적으로 실현해야 하며 거기에 덧붙여 사회복지 프로그램의 지원되어야 한다고 강조한다. 재분배의 실현 없이 경제 영역에서 동등한 참여의 원칙은 무용지물이기 때문에 부의 재분배는 필수적이다.

문화영역에서 정의를 실현하려면, 부정의를 조장하는 존중이 아닌 무시(misrecognition)와 문화적 정체성의 불인정 등을 인정의 질서로 개혁해야 한다는 것이 프레이저의 기본 입장이다. 문화적 무시와 관련해 프레이저는 게이와 레즈비언에 대한 문화적 무시와 인종, 즉 백인과 비백인 사이에 존재하는 무시를 불의로 규정한다. 이 불의를 해결하기 위해 그녀는 그들의 집단 정체성에 대해 인정과 이분법적 도식의 해체 및 재평가를 촉구한다. 이러한 방법을 통해 문화영역에서 동등한 참여가 가능하다는 것이다.

정치 영역의 정의와 관련해 프레이저는 정치 개념을 새롭게 재정의한다. 그녀에 따르면 정치란 국가 사법권의 범위와 국가 사회적 이슈들에 대한 구조화된 의사결정 규칙들을 구성하고 작동하는 것이다. 이때 가장 중요한 것이 정치적 대표성이다. 그녀는 정치에서의 동등한 대표성을 보장하기 위해 정치의 장애물인 '자치적 주변화'와 '배제'를 해체해야 한다고 말한다. 대표불능(misrepresentation)의 부정의 시정이 진정한 민주화의 선결 조건이며 이럴 때만 동등한 참여에 의한 정의가 실현될 수 있다는 것이다.

프레이저가 정의 실현의 이론실천적 문제제기와 대안을 제시했지만, 신자유주의가 여전히 기세를 부리는 현재 시점에서 보면 현실에서 정의는 오히려 퇴행하고 있다. 프레이저는 부정의의 확산 원인을 반동적 신자유주의(reactionary neoliberalism)에서 찾는다. 그녀에 따르면 반동적 신자유주의는 경제영역에서 불안정 일자리의 급격한 증가, 노동조합 약화, 제조업의 몰락 등으로 나타나며, 정치 영역에서 반이민주의, 종족민족주의와 같은 반동적 인정정치로 현실화되었다. 그녀는 진보적 자유주의(progressive neoliberalism)에 대해서도 비판적이다. 그것이 진보적 자유주의 페미니즘, 반인종주의, 다문화주의를 확산시키는데 기여했지만, 평등의 개념을 능력주의로 간주함으로써 실제로는 상향 재분배를 유발시켰다는 것이다. 능력주의의 허구성이 드러나는 부분이 상위 그룹 내에서의 경쟁으로 인한 승자독식 현상인데 프레이저는 그것을 비판하고 있는 것이다.

그녀는 반동적 신자유주의나 진보적 신자유주의가 정의의 질서를 세우는 데 별다른 관심을 기울이지 않았다고 비판한다. 그렇다면 부정의를 해소하기 위한 프레이저의 실천적 전략은 무엇인가? 그녀는 적극적 전략과 변혁적 전략이라는 두 접근방법을 제시한다. 적극적 전략은 부정의를 조장하는 조건들인 제도와 정책을 개선하는 것이다. 변혁 전략은 제도의 변화를 통해 해결되지 않는 부정의 상태를 일소하기 위해 사회구조 자체를 새롭게 구성하는 것이다. 그런데 변혁 전략이 동등한 독립과 동등한 존중에 근거한 동등한 참여라는 규범적 주장에 그치고 있다는 것이 문제이다. 프레이저 정의론은 정의를 위한 규범적 토대를 제공하는데 성공적이지만, 구체적인 실천적 전략을 제시하는데 한계를 보여주고 있다.

4. 사회정의의 규범적 토대로서 연대

서두에 우리는 올바른 삶의 가능성과 사회정의의 관계에 대해 숙고했다. 올바른 삶의 가능성은 정의로운 사회에서 비로소 가능하다는 것은 자명하다. 올바른 삶이란 도덕적인 의미만이 아니라 좋은 삶, 인간이면 누구나 기대되는 인간다움의 삶을 뜻한다. 인간이면 누구나 평등하게 인간으로서의 존엄한 삶(dignified life)을 살 수 있게 하는 사회가 정의로운 사회이다. 이런 의미에서 정의로운 사회는 인간다운 사회, 휴머니티가 넘치는 사회이다. 한마디로 아름다운 사회이다. 그러나 정의로운 사회를 향해 나아가는 길은 결코 쉽지 않다. 많은 사상가들이 이상국가를 꿈꾸고 유토피아 세계를 말했던 것은 정의로운 사회가 과연 가능한가라는 의구심을 떨쳐버릴 수 없기 때문이었다.

플라톤은 폴리스를 가장 사랑하고, 애국심이 강하며 뛰어난 지성의 소유자이자 최고의 행정능력이 있는 철학자 그리고 사유재산을 갖지 않으면서도 도덕적 탁월성을 가진 자가 통치할 때 칼리폴리스

(kallipolis) 곧 정의가 실현된 아름다운 폴리스가 가능하다고 믿었다. 그는 시민 각자는 자신의 타고난 성향과 능력에 따라 자신의 일을 할 때 자기실현적 존재가 될 수 있다는 말도 잊지 않았다. 맑스적 의미에서 정의로운 사회는 모두가 능력만큼 하고 싶은 일을 하고 필요에 따라 나누는 사회이다. 맑스는 그러한 사회의 구성을 위해 사유재산의 철폐와 공산주의 사회의 건설을 주장했다. 그러나 레닌에 의해 제도로서의 공산주의는 성립되었지만, 소련이나 동유럽의 현실 사회주의는 그가 갈망했던 평등주의적 정의가 실현된 정의로운 사회가 아니라 공산당 독재국가였다,

플라톤이 꿈꾸었던 철인왕이 지도자로 있던 나라도 없었고, 맑스적 의미에 충실한 순수한 공산주의도 역사에서 존재하지 않았다. 철학자가 아니어도 수많은 문학가들 역시 정의의 나라를 꿈꾸었지만, 그러한 나라는 그 어디도 찾아볼 수가 없다. 이것이 말하는 것은 무엇인가? 프랑크푸르트학파의 설계자인 호르크하이머는 일찍이 '세상에 정의로운 나라는 과거에도 없었으며 미래에도 없을 것이다'라고 말한 바 있다. 이 말은 언뜻 절망적 좌절감의 표현으로 읽힐 수 있지만, 그는 그럼에도 불구하고 사회에 대한 중단 없는 비판을 해야 하며 더 나은 사회, 지금과 다른 가능성의 사회를 위한 비판적 인식 태도를 어느 순간에도 놓지 말아야 한다고 말한다. 호르크하이머는 그것이 바로 진정한 비판정신이며 비판정신은 지금, 여기서 벌어지는 폭력과 억압에 대한 부정의 정신에서 비롯된다고 말한다.

이제 사회정의를 위해 우리에게 필요한 정신적 태도가 무엇인지에 대해 생각해보자. 사회정의는 결코 한 명의 영웅에 의해 실현되지 않으며 소수의 그룹에 의해서도 실현되지 않는다. 사회정의는 사회구성원이 정의에 대한 강력한 동경과 공동의 실천적 노력이 전제되어야 한다. 그렇다면 그것을 가능하게 만드는 규범적 토대는 무엇인가? 그

것은 이웃에 대한 연민으로 불가능하다. 연민은 어느 때는 강력한 무기가 될 수 있지만, 가변적이기 때문이다. 이웃사랑 역시 도덕적 언표이지 일관적 행위력을 발휘하지 못한다. 실천적 차원에서 사회정의를 위한 규범적 토대는 바로 연대(solidarity)이다. 연대 개념의 연원은 아리스토텔레스의 '필리아(philia)' 개념에서 찾을 수 있다. 그는 『니코마코스 윤리학』(Nicomachean Ethics)에서 쾌락을 목적으로 하는 필리아, 유익함을 목적으로 하는 필리아 그리고 덕(aretē)에 기초한 필리아로 구분한다. 이 중 연대와 관련된 필리아가 덕에 기초한 필리아이다. "친구에게 최고의 덕이 있기를 바라는" 마음을 전제하기 때문이다. 이 필리아는 덕을 사랑하는 사람들의 동등성 위에 성립하며 "필리아의 정도에 따라" 폴리스적 정의가 실현된다. 이러한 맥락에서 아리스토텔레스에게 필리아는 공동체 의식에 기초한 시민 간의 우정과 사회적 결속을 의미한다.

그가 말하는 것은 소수집단의 집단이기주의(collective egoism)의 실현을 위해 공동 투쟁하는 것과 무관하다. 연대는 사회전체 구성원이 폴리스의 대의를 위해서 시민적 우정을 나누고 제도화하는 일종의 정치적 행위이다. 아리스토텔레스의 시각에서 더 많은 보상금 획득을 위한 특정 지역구민의 집단행동이나 난민 수용 거부 운동 등은 친애도 연대도 아니다. 이것은 분파적 연대, 연고주의에 근거한 잘못된 연대로서 이기주의적인 목적형 연대라 할 수 있다. 특정한 정치이념(민족주의, 국가주의, 당파주의)이나 종교적 이념을 내세우며 단결과 일치의 모습을 보이는 것이 이데올로기적 연대의 전형적인 형태이다. 이런 형태의 연대는 사회통합력을 저해하기 때문에 올바른 삶과 정의로운 사회로 나아가기 위한 진정한 의미의 사회적 연대와 아무런 관련이 없다.

올바른 삶과 정의로운 사회를 위한 사회적 연대는 부정의한 사회를 극복하려는 도덕적 자각을 전제로 한다. 부정의에 대한 분노와 부정의한 사회(injustice society)에 대한 어떤 미사여구도 도덕적으로 허용될 수 없다는 사회구성원의 인식으로부터 정의로운 사회를 향한 연대의 가능성이 열린다. '혼자 잘 살기', '소수 그룹만 이익을 가져가기'에 대한 도덕적 성찰을 통해 함께 잘 살기, 누구나 인간다움의 삶을 사는 것을 지향하는 가치태도가 바로 사회적 연대이다. 이 점에서 사회적 연대는 도덕성에 기초한다, 사회적 연대의 도덕성 구성하는 요소는 이타성, 이기주의의 절제, 동료의식, 차이에 대한 인정, 공동체정신, 책임감, 관용, 배려, 나눔, 돌봄의 요소를 포함한다. 이런 맥락에서 볼 때 사회적 연대는 도덕적 연대의 성격을 갖는다. 도덕적 연대로서 사회적 연대는 개인적 차원과 법률·제도적 차원으로 실현된다. 개인적 차원의 연대는 다양한 형태의 봉사활동이나 기부로 나타난다. 법률·제도적 차원에서 사회연대는 사회복지제도, 최저임금법, 연금제도, 장애인 고용의무제, 양성평등법 등의 제도화로 구현된다. 사회적 연대는 사회갈등 비용을 줄이는 최적의 수단이자 신뢰와 협력이라는 사회자본(social capital)을 축적하는 핵심수단이다.

지구적 차원에서도 사회적 연대를 볼 수 있다. 그 예시가 세계사회정의의 날이다. 매년 2월 20일은 2007년 유엔이 정한 세계사회정의의 날(World Day of Social Justice)이다. 유엔이 세계사회정의의 날을 정한 이유는 사회적 연대가 비단 한 국가에서만이 아니라 지구적 차원에서 일어나야 만이 지구적 차원의 불평등 문제를 해소할 수 있고 그래야만 지구사회가 지속 가능하다는 믿음 때문이다. 유엔은 지구적 연대를 통해 우선적으로 해결해야 할 문제로 빈곤퇴치, 성차별, 장애에 대한 차별, 문맹, 종교적 차별 등의 차별철폐와 불평등 격차해소를 들고 있다. 일국의 차원이든 지구적 차원이든 사회적 연대는 타자만을 위한 연대가 아니라 나와 타자를 위한 연대, 우리 자신을 위한 연대임을 자각하는 것이 필요하다. 이것이 이기주의의 절제와 이타적 협력의 자세를 만드는 인식의 시작점이다. 한 사회에서나 지구적 차원의 연대의 실천이야말로 올바른 삶을 살아갈 수 있는 정의로운 사회, 정의로운 지구의 열쇠이다.

〈참고문헌〉

낸시 프레이저, 『지구화 시대의 정의』, 김원식 역, 2010.
라인홀드 니버, 『도덕적 인간과 비도덕적 사회』, 이한우 역, 문예출판사, 2017.
마이클 샌델, 『공정하다는 착각, 함규진 역, 와이즈베리, 2020.
아도르노, 『미니마 모랄리아』, 김유동 역, 길, 2005.
아리스토텔레스, 『니코마코스 윤리학』, 강상진 외 역, 길, 2019.
아리스토텔레스, 『정치학』, 천병희 역, 숲, 2009.
이하준, 『막스 호르크하이머, 도구적 이성비판』, 커뮤니케이션북스, 2016.
이하준, 「정치의 목적과 좋은 삶」, 『고전으로 철학하기』, 책읽는수요일, 2017.
존 롤스, 『공정으로서의 정의』, 김주휘 역, 이학사, 2016.
존 롤스, 『정의론』, 황경식 역, 이학사, 2003.
존 롤스, 『정치적 자유주의』, 장동진 역, 동명사, 2016.
통계청, 『국민 삶의 질 2023 보고서』
플라톤, 『국가』, 천병희 역, 숲, 2013.

제 2 장

자본주의와 경제윤리

1. 자본주의

자본주의(capitalism)는 재산의 사적 소유와 이윤추구를 제도화한 시장 경제체제를 말한다. 자본주의는 라틴어 capitalis에서 유래했고 이 단어는 머리를 뜻하는 caput에 파생되었다. 12세기부터 사용된 자본 개념은 부, 재산, 자산, 돈 등과 같은 의미로 혼용되었다. 자본주의 개념이 일반화되기 이전에 비싼 물건이나 자본을 소유한 사람이라는 의미의 '자본가' 개념이 등장하기 시작한 것은 16세기 중반으로 알려져 있다. 옥스퍼드 영어 사전에서는 1854년 윌리엄 메이크피스 새커레이(William Makepeace Thackeray, 1811-1863)의 소설인 『The Newcomes』에서 자본주의 개념이 처음 등장한다고 밝히고 있다.

자본주의의 시작 시점을 어디로 잡을 것인가? 즉 자본주의의 기원에 대해서는 크게 세 가지 이론적 입장이 있다. 19세기 독일의 경제학자인 루요 브렌타노(Lujo Brentano, 1844-1931)는 자본주의가 고대 바빌론에서 시작되었으며 십자군 전쟁이 중요한 역할을 했다고 주장한다. 프랑스 역사학자인 페르낭 브로델(Fernand Braudel, 1902-1985)도 자본주의의 기원을 고대문명에서 찾아야 한다고 생각했다. 자본주의의 정신이라는 개념을 제시한 인물로 알려져 있는 베르너 좀바르트(Werner Sombart, 1863-1941)는 자본주의의 시작을 14세기의 중세 도시의 경제활동에서 찾는다.

좀바르트와 같은 시대 인물인 막스 베버(Max Weber, 1864-1920)는 『프로테스탄트 윤리와 자본주의 정신』(Die protestantische Ethik und der Geist des Kapitalismus, 1905)에서 근대적 의미의 자본주의 기원을 자본주의 정신의 확산과 경제체제로서 자본주의가 뿌리를 내리는데 프로테스탄티즘의 종교적 노동가치설과 금욕주의적 종교 관념의 영향에서 찾는다. 위의 책에서 언급한 "자본주의는 세속적 금욕주의를 필요로 하며, 이 금욕주의는 바로 특별한 종교적 동기의 산물이다"라는 말에서 그것을 확인할 수 있다. 자본주의가 무엇인가를 보여주기 위해 베버는 벤자민 프랭클린의 격언을 제시한다. 배버는 "시간은 돈이다"와 "돈을 만드는 돈이 무엇보다도 가장 결실을 맺을 수 있는 씨앗이다"라는 프랭클린의 격언이 "현대자본주의의 삶의 방식을 표현하는 고유한 태도"의 전형이라고 말한다.

이와 더불어 베버는 같은 책에서 자본주의를 "계획적이고 합리적인 자본 활용"의 시스템, "합리적 자본 계산을 토대로 한 형식적으로 자유로운 노동의 조직", "노동과 교환의 합리적 조직을 통한 경제 행위의 세속화" 등으로 다양하게 정의한다. 사후 출판된 『경제와 사회』(Wirtschaft und Gesellschaft, 1922)에서 베버는 자본주의를 "자유로운 노동시장과 함께 자본기업이 존재하는 장"으로 정의한다. 맑스를 떠올리면 맑스를 비판했던 베버의 자본주의에 대한 이해는 그의 주장대로 가치중립적인 건조한 학적 접근이라 할 수 있다. 학술용어로서

학술용어로서 자본개념을 본격적으로 논의하고 자본주의의 원리를 규명한 인물이 고전경제학자인 데이비드 리카도(David Ricardo, 1772-1823)이다.

농업자본주의에서 상업자본주의, 산업자본주의, 금융자본주의로 이행된 현시점에서 보면 하나의 자본주의는 없다고도 할 수 있다. 영미식 자본주의가 있고 중부 유럽의 사회적 자본주의가 있다. 또한 유교적 자본주의가 있다. 거칠게 분류해 유교적 자본주의 범주에 들어가는 한국, 중국, 일본의 자본주의도 미묘한 차이가 있다. 분명한 것은 인류는 자본주의 시대에 살고 있으며 자본주의가 주는 행복과 불행을 동시에 맛보고 있다는 것이다. 자본주의 체제가 사라지지 않는 한 그와 같은 드라마는 변형된 형태로 계속될 것이다. 이러한 이유로 지금보다 더 나은 자본주의를 위한 경제윤리를 탐구해 봐야 한다.

2. 더 나은 자본주의를 위한 시선들

1) 칼 맑스

칼 맑스(Karl Marx, 1818-1883)와 같이 자본주의를 깊이 연구하고 자본주의를 변혁시키려는 사람은 일찍이 없었다. 그는 자본주의를 제대로 파악하고 비판하기 위해서는 헤겔식의 법과 국가에 대한 관념론적 이론들보다 정치경제학이 진정한 자본주의의 '해부학(anatomie)'이 될 수 있다고 믿었다. 맑스가 주저인 『자본론』(Das Kapital, 1867)의 부제

칼 막스

를 정치경제학 비판으로 지은 것에서 알 수 있듯이 자본주의의 해부학은 자본과 노동 그리고 두 관계에 대한 연구에 집중되어 있다. 정치체제 비판과 공산주의로의 이행에 대한 주장도 자본주의 분석의 자연스러운 결과였다. 그는 먼저 자본주의 역사적 위상에 대해 말한다. 자본주의는 인간 삶의 자연적 필연성의 산물이 아니다. 사회체제로서 자본주의는 역사 발전의 특정한 단계에서 발생한다. 맑스는 생산양식의 발전을 기준으로 자본주의를 원시공산제, 고대노예제, 중세봉건제 다음에 나타나는 역사 발전 단계로 보았다. 맑스가 역사의 발전 단계를 생산력(노동력, 기계, 기술, 지식 등)과 생산관계(자본가- 노동자)의 종합으로서 생산양식(mode of production)을 기준으로 삼은 것은 그것이 사회적, 정치적, 정신적 삶의 과정 전체를 조건 짓는다고 봤기 때문이다. 다시 말하면 삶의 근본 토대를 이루는 물적 조건인 경제가 제도, 법, 종교, 철학, 예술, 학문 및 규범 체계에 중요한 영향을 미친다는 것이다.

맑스는 자본주의적 생산양식을 규명하기 위해 노동과정(생산과정)을 살펴본다. 생존을 위해 불가피한 생활수단인 제품들을 생산하려면 인간의 노동과 노동 대상(원재료 나무-가구, 원유-휘발유, 등유, 옥수수-팝콘, 빵) 및 노동수단(옥수수를 가루로 만드는 도구, 빵을 굽는데 필요한 도구들과 기계)이 필요하다. 그런데 자본주의 하에서 생산을 위해 필요한 토지, 원재료와 생산수단들은 자본가의 소유이며 물질노동(material labor)이든 비물질노동(immaterial labor)의 형식이든 노동자는 노동력만을 제공한다. 노동자의 노동력은 그 자체로 상품의 형태를 취하는 것(연봉, 임금)이다. 지본주의는 자본가의 화폐와 노동력 간의 자발적인 상품교환원칙 곧 등가 교환원칙을 따른다. 등가물의 교환원칙에서 맑스가 강조하는 것이 교환당사자 간의 자발성, 평등성, 공정성이다. 노동자의 노동력과 화폐가 상품의 형태로 교환될 때 위 세 조건이 충족되어야 한다는 것이다. 문제는 이 조건들이 충족되지 않는 경우에 착취(exploitation)가 발생한다. 맑스가 먼저 생각한 것은 노동시간의 착취이다.

임금에 맞는 필요 노동(necessary labour)이 아니라 자본가가 노동자에게 잉여 노동(surpluslabour)을 시켜 잉여생산물을 만들게 해 잉여가치를 가져가는 것이 첫 번째 발생하는 착취의 형태이다. 이후에 발생하는 착취의 형태는 다양하다. 임금 미지급, 적정 임금(시간당 최소임금)을 주지 않는 경우, 동일노동에 동일임금을 주지 않는 방식, 규정된 초과 근무 시에도 초과수당 없이 동일한 급여만을 주는 방식 등이다. 후자의 경우는 맑스 시대나 지금이나 일상화된 착취의 방식이다. 맑스는 『공산당 선언』(Manifest der Kommunistischen Partei, 1848)에서 생산수단을 독점하는 특정 그룹이 있었던 모든 시대에 착취가 이루어졌다는 것을 분명히 한다. 고대 노예제(노예-노예소유자 관계), 봉건제(농노-영주·지주)에서도 착취는 이루어졌다는 것이다.

맑스가 강조하고자 하는 바는 사회 자체가 착취와 피착취 계급으로 양분되었다는 것이다. 그는 『자본론』 1권에서 자본은 억제되지 않는 탐욕으로 인해 "노동의 살아 있는 피를 빨아 먹고 싶은 흡혈귀 같은 갈증"을 분출시키며 부르주아지를 위한 착취구조가 자본주의 체제라고 주장한다. 『공산당 선언』에서 그는 부르주아지가 사용가치(use-value)인 노동의 성격을 교환가치(exchange-value)로 대체시키고 "인격적 가치도 교환가치로 용해"시키면서 인간이 누려야 할 수많은 자유마저도 "파렴치한 상업적 자유"로 전락시켰다고 비판한다. 이와 같은 비판적 인식에 기초해 맑스는 부르주아지의 경제적 힘을 강제하고 새로운 사회로 이행하는 유일한 방법은 사적 소유의 철폐에 있음을 강조한다.

Nicolas Lokhoff, The Pyramid of Capitalist System, 1911.

맑스의 자본주의 비판에서 빼놓을 수 없는 것이 바로 상품물신주의 비판이다. 물신주의(fetishism)는 아프리카 서해안 원주민들이 숭배하는 특정 사물들을 feiti라고 부르는 데서 연유한다. 그는 『자본론』 제1권 물신주의를 "인간들 사이의 일정한 사회적 관계가 그들에게 사물들 사이의 환상적인 형태"로 전환될 때 발생한다고 말한다. 그렇다면 상품물신주의는 무엇인가? 맑스는 상품물신성(주의)을 인간과 인간이 만든 종교적 우상과의 관계에 빗대어 말한다. 그가 볼 때 상품물신성은 인간의 두뇌가 만든 종교적 우상들이 생명을 부여받고 어느 순간부터 상품을 우상의 심급으로 올려놓는 것, 숭배하는 것과 같다.

맑스가 말하는 상품물신주의(commodity fetishism)는 단지 상품에 대한 숭배에 그치지 않는다. 그에 따르면 상품물신주의는 사람과 사람의 관계도 물체와 물체의 관계, 상품과 상품의 관계라는 방식으로 변질시킨다. 맑스가 볼 때 상품물신주의는 자본주의 경제시스템에 사는 사람들의 객관적인 존재의 모습이고 그들의 삶을 지배하는 사유방식이자 관계 태도이다. 그렇다면 문제는 물신주의로부터 어떻게 빠져나올 수 있는가? 그 가능성은 있는가? 자본주의적 생산양식 안에 사는 한, 소비사회의 주역으로 사는 한 근본적인 해결책이 없다는 것은 자명한 사실이다. 단지 어떠한 수준에서 제어관리할 것인가가 문제이다. 인간의 상호관계가 물건과 물건으로, 상품과 상품의 관계로 전도된 상황을 제어관리하기 위해서는 의식적 시도 이외에는 방법이 없다. '나는 상품이 아니다', '난 너를 상품으로, 교환가치적 대상으로, 보지 않겠다'. '나와 관계하는 사람들을 대상화하고 관계 맺는 방식을 스스로 최대한 자제하겠다'는 자기 의식화와 실천이 제한적 효력을 발휘할 것이다. 나의 상품성을 강화하기 위해 몸매와 건강관리에 에너지와 자본을 투자하는 것이 아니라 나의 자기존중의 차원, 건강한 자기애 차원에서 몸을 관리하려는 동기의 진정성과 방향성에 대한 자기 확인을 가진다면, 인맥관리로 미래의 비즈니스를 위한 만남이 아닌 인격과 인격의 진솔한 만남을 추구한다면, 경쟁소비와 유행소비, 과시적 소비와 낭비적 소비를 절제한다면, 미니멀 라이프라는 삶의 가치에 대한 존중의 태도를 갖는다면, 비인간 존재들의 내재적 가치를 존중한다면, 하나의 작은 정신이고자 한다면, 물신주의의 마력에 끌린 맹목성을 일정 수준 제어할 수 있을 것이다.

2) 아도르노

아도르노는 호르크하이머와 함께 쓴 『계몽의 변증법』(Dialektik der Aufklärung, 1947)에서 자본주의 사회를 "총체적 자본권력(totale kapitalmacht)"에 의해 작동되는 사회라고 본다. 자본주의는 교환원리

아도르노

에 따른 끊임없는 매개과정의 총체이다. 이런 의미에서 그는 자본주의를 '교환사회'라고 규정한다. 모든 것을 교환원리에 편입시키는 자본주의에서 개별자(개인)의 인격은 추상화되고 익명으로 처리된다. 개인은 총체적인 기능연관 체계인 자본주의 사회의 '기능수행자(Funktionär)'로 전락한다. 기능수행자가 된 개인은 자기유지를 위해 자본주의 사회가 부여한 기능수행자로서의 역할에 충실해야 한다는 강압논리에 적응해야 한다. 개인이 사회에서 자신을 보존하고 유지하기 위해서는 자본주의 사회가 요구하는 위와 같은 적응(Anpassung) 요구에 순응해야 한다. 자본주의 사회는 기능연관체계의 기능적응 요구를 통해 개인에게 지배력을 행사한다. 이러한 행태를 아도르노는 교환사회의 사회적 지배형식이라고 말한다.

교환사회로서 자본주의에 대한 아도르노의 비판에서 주목해야 하는 것은 '교환'을 등가물의 교환으로 간주하는데 그것은 '가상'에 불과하다는 점이다. 그에 따르면 평등한 교환에 대한 가상은 실제로 벌어지는 노동착취의 정당성을 암묵적으로 제공하며 노동력을 제공하는 사람들의 숨겨진 계급 적대감을 가린다. 아도르노는 자본주의가 작동되는 한 이와 같은 가상과 계급 적대감은 유지될 수밖에 없다고 본다.

교환원리의 전일화에 의해 작동되는 자본주의는 인간의 삶 전역에도 광범위한 영향을 미친다. 아도르노는 교환원리의 내면화가 인간에게 미치는 영향을 비판적으로 기술한다. 그는 교환 원리의 내면화가 개인을 '차가운 사회적 단자' 곧 '차가움(냉혹함)'의 속성을 가진 존재로 만든다고 말한다. 이 차가움은 인간의 상호 관계를 매력, 가치의 차원이 아닌 이익의 측면을 우선적으로 고려한다. 만날 것인지 아닌지, 만난다면 나에게 어떤 실제적인 이익이 되는지 등 손익계산서가 관계 맺기, 관계의 강도와 지속성 등을 결정한다. 아도르노에 따르면 교환원리가 체화된 개인의 차가움은 애착의 관계인 '사랑'에서도 그대로 나타난다. 그는 『미니마 모랄리아』에서 다음과 같이 진단한다.

> 시민사회에서 사랑은 부분적으로나마 교환관계에 저항하였지만, 마침내 교환관계가 사랑을 완전히 빨아들이고 만다. 다시 말해 마지막 직접성이 사랑의 모든 당사자들 간의 거리로 인해 희생된다. 사랑은 주체가 스스로 부여한 가치에서 차가워진다. 그에게 사랑은 잉여의 사랑으로 드러나고 더 많이 사랑한 사람은 부당한 사람이 된다. 연인을 의심하게 되고 그것이 자신에게 되돌아오게 된다. 그의 애정은 소유적 잔인함과 자기 파괴적 이미지로 병든다.

가치의 교환으로서 사랑은 사랑할 만한 가치가 있고 사랑한 만큼만 사랑하는 사랑의 경제학이 되고 만다. 같은 차원에서 아도르노는 경제공동체로서의 결혼을 자기유지를 위한 트릭이라고 비판한다. 그는 여성이 가사노동과 잠자리를, 남성은 경제적으로 부인을 책임지게 되는 남성중심적 사회에서 남성에 대한 여성의 예속화가 발생한다고 지적한다.

신자유주의 경제체제와 초과잉 경쟁체제에서 아도르노가 말하는 교환사회는 더 극단화되고 있다. 자기유지, 사회적 생존이 최고선인 한국식 자본주의 사회에서 한국인은 더 차가워질 수밖에 없게 되었다. 차가운 개인들을 만드는 사회가 아니라 따듯한 인간을 만드는 인간적인 사회를 만들어가야 한다. 그러기 위해서는 '교환가치로 환원될 수 없는 것'에 대한 살아 있는 경험과 의식적인 거부의 태도를 잃지 말아야 한다. 아도르노는 교환가치가 전일화되지 않은 사회에 대한 희망을 버리지 말고 자본주의가 낳은 객관적 고통들을 비판해야 한다고 말한다. '가장 나쁜 자본주의의 모습과 최고의 고통을 유발하는 문제부터 비판의 심판대에 세워야 한다'는 것이 그의 생각이다. 또한 아도르노는 거짓 욕구와 사이비 개성을 만들고 의식과 행동을 획일화시키고 체제적응의 이데올로기를 은밀한 방식으로 유포하는 문화산업의 논리를 분쇄할 때 지금과 다른 자본주의 사회의 가능성이 열릴 것이라고 믿었다.

이를 위해 아도르노는 약한 자아에서 강한 자아로의 전환, 곧 순응적 자아에서 주체적 자아로의 전환이 필요하며, 비판적 사유능력이 있는 개인과 사회의 긴장 유지, 차이에 대한 혐오가 아니라 차이에서 오는 행운의 향유와 차이와의 화해(Versöhnung)를 요청한다. 자본주의 사회에서 화해는 경제적 불평등과 부의 양극화 등의 문제들이 해소되는 경제정의 실현에 달려있다. 주의를 기울여야 하는 것은 강요된 화해(erpreßte Versöhnung)이다. 아도르노의 시각에서 자본주의 경제체제에서 아름답게 포장된 강자(자본가, 고용주, 우월적 경쟁자 등등)의 논리가 화해로 둔갑되는 것이 강요된 화해이다. 동시에 아도르노는 화해를 순진하게 주장하는 자들을 경계할 것을 촉구한다. 자본주의 사회에 대한 비판은 아도르노가 말하는 '아직 화해가 실현되지 않았다'는 비판적 의식 속에서 가능하며 진정한 화해 가능성은 그 위에서만 설계될 수 있다.

3) 낸시 프레이저

낸시 프레이저(Nancy Fraser, 1947-)의 자본주의 분석은 자본주의에 대한 기존의 지배적인 시각, 곧 경제시스템으로서 자본주의를 해부하는 것은 한계가 있다는 문제의식에서 출발한다. 그녀는 자본주의를 '제도화된 사회질서'로 규정한다. 그녀는 맑스가 자본주의가 야기한 사회적 불평등 문제를 경제영역에서만 탐구했다고 비판하면서 자본주의의 해부는 그것을 가능하게 하는 비경제적인 배경 조건, 은밀한 장소인 정치, 생태(위기), 인종(차별적 수탈), 사회적 재생산(돌봄) 영역을 같이 탐구해야 한다고 주장한다. 그녀에 따르면 이 네 영역에서 전방위적인 수탈(expropriation)이 은밀하게 이루어지며 그 전면에 카니발 자본주의(cannibal capitalism)가 작동한다.

카니발리즘은 인육을 먹는 제의 행위를 말한다. 동사 'cannibalize'는 어떤 설비나 사업에서 중요한 기능을 수행하는 부품이나 부서를 떼어 다른 것을 만들거나 유지한다는 의미와 우주 속 어떤 물체가 중력에 의해 다른 물체를 흡수한다는 의미로 쓰인다. 그녀는 현대의 자본주의가 모든 것을 먹어치우는 사회체제라는 점을 분명히 하기 위해 이 개념을 의도적으로 사용한다. 프레이저는 『좌파의 길-식인 자본주의에 반대한다』(Cannibal Capitalism: How Our System Is Devouring Democracy, Care, and the Planet-and What We Can Do About It, 2022)에서 자본주의를 "투자자들과 소유자들이 다른 이들의 비경제적 부를 먹어치움으로써 화폐화된 가치를 축적할 수 있도록 설계된 공식적 경제에 권위를 부여"하는 사회체제라고 정의한다. 그녀가 볼 때 "자본주의 경제가 제 배를 채우기 위해 가족과 공동체, 생활 터전, 생태계의 피와 살을 다 빨아먹어 버리고 있다".

그렇다면 자본주의의 카니발적 행태는 어떠한 부정적 결과를 야기하는가? 프레이저는 자본주의가 민주주의를 위기에 몰아넣는다고 말한다. 자본주의는 정치권력과 경제권력이 분할된 체제인데 금융자본주의 사회에서는 중앙은행과 글로벌 금융기관들이 국가를 대체하는 수준에 이르렀으며 국가의 민주적 통제력을 상실해 지구적 차원의 수탈과 불평등이 만연하다. 여기에 더해 현대 자본주의는 생산노동과 생산노동을 가능하게 하는 비생산 노동을 철저히 분리하는 체제로서 젠더 분할과 여성의 돌봄 노동에 의존하면서도 돌봄 활동 전반을 비생산적 노동으로 치부하며 잡아먹는다. 또한 그녀에게 자본주의는 지구환경 전체를 해치우는 주범이다. 자연에서 무엇을 추출해 낼 것인가만 생각하는 이윤에 눈이 먼 기업가의 식인적 충동이 지구 자원을 다 먹어치운다. 프레이저가 볼 때 문제의 심각성은 지구 자연을 먹어치우는 자연을 독점하는 계급에 대한 대항이 제대로 이루어지고 있지 않다는 데에 있다.

그녀는 수탈의 사회질서인 자본주의에 대항하기 위해 '반자본주의적 대항헤게모니 블록'을 만들어야 한다고 제안한다. 또한 그녀는 모든 것을 경제적인 것으로 돌리는 문제들을 정치적이고 사회적인 것으로 만들면서 공공성에 기초한 집단적인 의사결정력의 회복을 강조한다. 시장경제의 운영과 관련해서 프레이저는 자본주의적 시장을 협동조합, 자주적 결사체, 자주관리 프로젝트와 공존의 필요성을 제기한다. 더 나은 자본주의를 위한 그녀의 제안들은 카니발 자본주의를 극복하는 한에 있어서만 인간은 '자유롭고 민주적으로 인간답게' 살 수 있다는 확신에 토대를 두고 있다.

3. 자본주의 사회에서 경제윤리

산업혁명 이후 자본주의가 본격화됐다는 의미는 호모 에코노미쿠스(homo economicus)의 시대가 열렸다는 말과 같다, 존 스튜어트 밀(John Stuart Mill, 1806-1873)은 『정치경제학 원리』(Principles of Political Economy, 1848)에서 인간을 "부를 소유하고자 욕망하고 나아가 그 목적을 이루기 위해 수단의 상대적 효율성을 판단할 수 있는 존재"라고 규정한다. 호모 에코노미쿠스가 인간인 것이다. 누구나 법과 제도 안에서 합리적인 방식으로 자신의 이기심을 경제활동으로 표출할 수 있는 사회가 바로 자본주의 사회이다. 그러나 문제는 호모 에코노미쿠스도 여러 종류의 부류가 있다. 박애적 호모 에코노미쿠스가 있고 중립적인 호모 에코노미쿠스도 있다. 이에 반해 착취적 호모 에코노미쿠스도 있다.

호모 에코노미쿠스의 여러 활동들을 보자. 중소기업중앙회가 2024년 11월 14일 발표한 '2024 편의점 납품 거래 실태조사'에 따르면 편의점이 중소기업에 납품받아 판매하는 제품의 마진율은 중소기업 납품단가 기준 43.2%이다. 그런가 하면 2023년 1740개의 편의점이 폐점했는데 중도해약금으로 평균 3794만 원을 지불해 편의점 본사들은 위약금 장사를 하고 있다는 비난을 받은 바 있다. 강릉 단어제의 슬러시 8천 원 논란, 인천 소래포구의 바가지 상술 큰절 사과 후 반복된 사건, 부산 불꽃축제 기간 중 바가지 숙박료와 암표 논란, 수사 중인 티몬 위메프 1조 사기 및 400억 횡령 사건, 쿠팡 노동자의 반복되는 과로사 사건 등의 카니발 자본주의적 변종들이 끝이지 않고 출현하고 있다. 이와 반대로 착한 소비자, 윤리경영과 함께 사회적 책임을 다하는 기업인, 믿고 살만한 훌륭한 상인들도 많이 있다. 위의 예시에서 알 수 있듯이 경제윤리(economic ethics)는 한마디로 '경제활동 전반에서 경제활동 행위자에게 요구되는 규범의 체계'를 말한다.

1) 경제적 불평등 문제

오늘날 경제적 불평등은 일국의 문제만이 아니라 세계적 차원의 문제이다. 세계불평등보고서(World Inequality Report 2022)에 따르면 세계 상위 10%가 전체 소득의 52%, 자산의 76%를 점유한다. 2023

옥스팜 불평등 보고서 〈슈퍼리치의 생존〉에 의하면 슈퍼리치 중 한 명인 일론 머스크(Elon Reeve Musk)는 3% 남짓에 불과한 세금을 부담하지만, 아프리카 우간다 북부의 곡물 판매상 에버 크리스틴은 한 달에 80달러를 벌면서도 40%의 세율을 납부한다. 옥스팜에 따르면 2024년은 2차 세계대전 이래 최대 규모의 불평등을 기록한 해이다.

세계은행이 2024년 11월 13일 발표한 보고서에 따르면 연간 1인당 국민소득이 1천 145달러(약 155만 원) 미만인 26개 최빈국에서는 하루 2.15달러(약 2천 900원) 미만으로 생활하며 이들의 인구는 세계 인구의 40%에 달한다. 세계기아지수보고서(Global Hunger Index 2024)에 따르면 기아로 죽어가는 사람들이 1일 평균 평균 2만 4600여 명이다.

한국의 경우를 보자. 상위 10%가 전체 소득의 35%, 전체 자산의 43%를 차지한다. 상위 0.1%의 1인당 평균소득은 33억 3317만 원, 하위 20%의 평균소득은 238만 원으로 그 차이는 1400배에 달한다. 자산규모 기준은 상위 10%가 전체 이자소득의 89.7%를 가져간다. 2022년 국세청 자료에 따르면 2022년 기준 미성년자 임대인 3294명이 벌어들인 임대소득은 579억 9300만 원으로 1인당 평균 약 1760만 원이다. 부의 극단적 양극화는 어제, 오늘의 문제는 아니지만, 해결의 갈수록 심화된다는 것이 문제이다.

2) 경제적 불평등의 부정적 파급효과

경제적 불평등(economic inequality)은 삶의 전 영역에 부정적 파급효과를 낳는다. 먼저 결혼과 출산율에 영향을 준다. 2024년 2~4분기 전국 합계출산율이 0.71명이다. 복합요인들이 작용한다고 볼 수 있지만 결정적인 원인은 경제력 문제이다. 서구의 경우는 소득이 높은 사람에서 낮은 출산율을 보여주지만, 한국은 그 반대로 저소득층, 청년층의 출산율이 낮다는 것이 통계적으로 확인되고 있다. 소득 재분배 정책과 출생 지원정책 간의 연계 없이 해결될 수 없는 문제이다. 현재소득과 미래소득에 대한 희망이 없는 상태에서 출산을 선택하기는 어렵기 때문이다.

경제적 불평등은 건강불평등으로 이어진다. 보건복지부의 '국민건강증진종합계획'에 따르면 소득 상위 20%의 건강수명은 2011년 71.8세에서 2021년 73.4세로 1.6세 증가했다. 같은 기간 소득 하위 20%는 64.7세에서 65.2세로 0.5세 늘어나는 데 그쳤다. 소득 상위 20%와 하위 20%의 건강수명 격차가 10년 새 7.1세에서 8.2세로 더 벌어진 것이다. 건강수명뿐만 아니라 자살 사망률, 고혈압 유병률 등도 소득에 따른 격차가 분명하게 나타난다. 여성 자살 사망률의 경우 2018년 소득 상위 20%와 하위 20%의 격차가 인구 10만 명당 8.9명에서 2022년에는 10명으로 1.1명 늘었다. 치매안심센터 치매환자 등록·관리율, 암 발생률, 고혈압 유병률, 심혈관 계통 발생률에서도 경제적 불평등에 따른 차이를 보여준다.

경제적 불평등은 소비 양극화의 원인이기도 하다. 경제적 불평등의 심화와 고물가의 영향으로 5000원 이하 물품을 파는 다이소의 연간 매출이 2021년 2조 9000억에서 2024년 상반기에 이미 5조 4000억을 넘어섰다. 당근마켓 중고거래 금액도 2021년 2조 9000억 원에서 2024년 9월 30일 기준 약 5조 1000억 원으로 늘어났다. 경제력이 약한 사람들이 이른바 짠물 소비로 내몰리는 형국이다. 이밖에 경제적 불평등은 전통적인 차원의 계급이동 수단인 교육을 통한 계급이동 자체도 막고 있다. 소득 상위 20%와 하위 80% 간 상위권대 진학률 격차가 75%에 달한다. 이러한 결과는 경제력에 따른 교육비 지출규모가 결정적인 원인이다. 월 소득 800만 원 이상인 고소득층이 월 소득

200만 원 미만의 저소득층에 비해 2.6배의 사교육비 지출을 하고 있으며 이 규모의 차이가 학력으로 반영되고 있다.

3) 경제적 불평등의 원인과 개선의 가능성

경제적 불평등의 원인은 무엇이고 해결의 가능성은 어디서 찾을 수 있는가? 첫째, 소득불평등의 문제를 해결해야 한다. 통계청이 발표한 '2023년 임금근로 일자리 소득(보수) 결과'에 따르면 2023년 12월 기준 임금근로자의 월평균소득은 363만 원이다. 대기업 근로자의 평균소득은 593만 원인데 반해 중소기업은 298만 원이다. 대기업과 중소기업 근로자의 임금격차는 노동시장의 이중구조를 여실히 보여주는 것이며 두 개의 완전히 다른 노동자의 세계와 삶이 있다는 것을 말한다. 학력별 임금격차의 개선도 필요하다. 〈학력별 임금격차 2024 보고서〉를 보면 2020년에 고졸 출신의 임금을 100으로 하였을 때, 중졸 출신의 임금은 78, 전문대 출신은 110, 대졸 출신은 138에 이를 정도로 학력 격차에 따른 소득 격차가 심하다. 성별 임금격차도 개선되어야 한다. 〈성별 임금격차 2024〉에서 나타나듯이 성별 임금격차에도 불균형이 존재한다. 2022년에 평균 임금총액은 여성 3,129,000원, 남성 4,726,000원으로 여성은 남성의 66.2%로 임금을 받는다.

둘째, 많은 경제학자들이 주장하듯이 세습 자본주의로 인한 경제적 불평등도 해결해야 할 과제이다. 그 이유는 노동소득으로 돈을 버는 것보다 부모로부터 대물림된 자산을 증식하는 게 더 빠르다는 점 때문이다. 셋째, 노동시장에 진입할 교육기회, 재교육·재훈련도 강화해야 한다. 경제 선진국과 비교하면 직업교육과 기술교육 등 적극적인 노동시장 정책에 들어가는 예산이 상대적으로 적다는 것이 실증적으로 확인되기 때문에 개선이 필요하다.

넷째, 한국에서 경제적 불평등을 촉진하는 요인으로 부동산(아파트) 문제를 빠뜨릴 수 없다. 자산양극화의 실제적 주범이라고까지 볼 수 있다. 저축을 통해서는 결코 집을 마련하지 못하는 상당수의 사람들과 채무상환 능력이 있어서 집을 사서 시세차익을 통해 자산을 축적하는 사람들 간의 격차가 더 더욱 벌어지고 있다. 부동산 분야에서 부의 대물림을 확인할 수 있는 지표가 미성년 주택소유이다. 국토교통부 자료에 따르면 2019~2023년 미성년자가 사들인 주택 수는 2953채에 달했다. 최근 5년간 이들이 산 집의 총 가격은 5170억 원으로 집계됐다. 부동산 소유에 의한 자산 양극화의 실효성 있는 방법은 주거권을 헌법에 보장하고 주택보유수 제한, 노동소득의 축적을 통해서도 집을 마련할 수 방향으로 부동산 가격을 안정화 시켜야 할 것이다.

다섯째, 부의 재분배가 문제이다. 세습자본주의(hereditary capitalism)를 문제 삼으며 글로벌 자본세를 대안으로 제시했던 토마 피케티(Thomas Piketty, 1971-)는 『21세기 자본』(Le Capital au XXIe siècle, 2013)에서 자산과 소득 불평등의 상관관계를 역사적으로 추적하면서 위와 같은 현상이 자본주의 국가들에서 예외 없이 발생하고 있음을 보여주었다. 그는 위에서 말한 글로벌 자본세와 함께 교육기회의 확대 및 자본에 대한 민주적 통제만이 부의 재분배를 가능하게 하는 대안이라고 강조한다. 실제적인 차원의 부의 재분배만이 세습자본주의화를 개선하는 방법이라는 피케티의 주장은 충분한 지지를 받고 있다. 한국의 경제전문가들도 한국 사회가 이미 세습자본주의로 진입했다고 평가하고 있다. 불평등을 해소하기 위해서는 노동소득에 대한 소극재분배 정책을 강화해야 한다. 조세정책의 측면에서 소득재분배 효과가 상대적으로 강한 직접세를 높이는 것이 필요하다. 여기에 덧붙여 저소득층에 대한 사회복지 정책으로 대변되는 공공부조

(public assistance)가 소득재분배 효과가 발생시킨다는 측면에서 현재의 수준보다 강화되어야 한다.

여섯째, 불평등 해소를 위한 구체적 실천이 필요하다. 국제구호개발기구 옥스팜(Oxfam)이 2024 불평등 해소 실천지표를 발표했다. 전 세계 164개국을 대상으로 공공서비스, 조세제도, 노동정책 부문에서 불평등 해소에 대한 실천을 평가한 것이다. 이 발표에 따르면 노르웨이, 캐나다, 호주, 독일 순위였으며 한국은 25위를 기록했다. 복지 선진국에 비해 공공서비스가 약하다는 점, 유럽의 노동시장에 비해 정규직과 비정규직의 임금격차가 크다는 점 등은 불평등 해소를 위해 더 노력이 필요한 부분이다. "불평등은 피할 수 없는 것이 아니다-그것은 하나의 정치적 선택이다(Inequality is not inevitable. It is a political choice)"이라는 오스팜의 슬로건은 단지 구호나 철학이 아니라 문제해결에 다가가는 실제적인 전략이라는 점이 인식되어야 한다.

4. 건강한 경제윤리를 위한 철학적 성찰

건강한 경제윤리의 확립을 위해 철학은 어떠한 이야기를 할 수 있는가? 단지 금욕주의만을 요청하는 나이 든 도덕 선생님 노릇만을 할 수 있는 것은 아니다. 여기서는 경제윤리의 이론적 단서가 될 수 있는 아리스토텔레스의 가격결정 요인에 대한 주장과 부의 재분배 정당성을 옹호한 롤스의 주장을 살펴보자. 아리스토텔레스는 『정치학』에서 폴리스적 존재, 자유인이 되려면 경제적 압박으로 벗어날 수 있는 일정 수준의 경제력이 필요하다는 것을 강조했다. 이 말은 정치적 자유, 사회적 자유만이 아니라 자기실현을 위한 실존적 자유를 실현하기 위해서 경제적 압박으로부터 벗어나야 한다는 의미이다. 그는 살기 위한 경제활동이나 부의 축적을 위한 경제활동이 아니라 자기실현과 행복 추구를 위한 경제활동을 강조했다.

그는 외적 좋음, 즉 건강, 친구, 명예 등은 자기실현과 삶의 궁극적 목적인 행복을 위한 수단 이상이 아니라고 분명하게 말한다. 맑스의 언어를 사용해 아리스토텔레스의 주장을 해석하면 그에게 경제활동은 삶의 행복을 위한 사용가치적 활동이지, 결코 교환가치를 산출하는 활동이 아니다. 아리스토텔레스는 부를 축적하는 근본적인 이유도 좋은 삶을 위한 수단에 지나지 않는 부의 축적 자체가 목표가 되어서는 안 된다고 말한다. 그의 시각에서 볼 때 좋은 삶과 부의 규모는 직접적인 관련이 없다. 왜 돈을 버는가? 왜 경제적 활동에 몰두하는가? 이 물음에 대한 아리스토텔레스의 명료한 답변은 경제윤리의 규범적 토대 문제를 숙고하는데 성찰적 계기를 제공해 준다.

이 점과 관련해 흥미로운 것은 가격 책정과 관련된 그의 주장이다. 아리스토텔레스는 물건의 가격은 그것을 구매하는 사람 자신이 부여하는 가치(value)에 맞게 가격을 지불해야 한다고 말한다. 가령 피카소가 그린 〈기타 치는 노인〉의 손수건 시장 가격이 5만 원이라고 가정하자. 이 손수건은 사람들이 선호하는 손수건이 아니다. 사람들에게 가장 많이 팔리는 손수건은 마네나 모네, 클림트나 고흐, 다빈치나 등의 명화들이 새겨진 손수건들이다. 그러한 손수건도 5만 원이다. 손수건을 파는 주인은 피카소의 손수건이 잘 안 팔려 4만 원에 판다고 가격표를 붙여 놨다. 아리스토텔레스의 관점에서 보면 유달리 그 그림을 좋아했던 사람에게 가격이 4만 원인가, 5만 원인가는 전혀 중요하지 않다. 그가 원하던 그림이 들어가 있는 수건이고 어디서든 쉽게 구할 수 없기 때문에 그 손수건은 5만 원 이상의 가치를 가지기 때문에 그 이상을 지불하는 것이 자연스러운 것이다.

아리스토텔레스가 말하는 물건의 '가격'은 원재료 가격, 유통가격,

마진율 등을 합친 시장가격을 말하는 것이 아니라 물건이 개인에게 주는 의미와 가치에 근거해 매겨지는 가격이다. 아리스토텔레스가 말하는 물건의 가격결정에는 '공정한 거래'와 '가치소비(value-based consumption)' 개념이 포함되어 있다고 볼 수 있다. 판매자는 경제적 이익을 구매자는 심미적 즐거움을 갖게 만드는 판매-소비행위이다. 소비의 관점에서 보면 가격결정 문제에 대한 아리스토텔레스의 이론적 입장은 대중소비사회에서의 이기적 소비, 낭비적 소비에 대한 도덕적 방어력을 제공해주며 절제된 가치소비의 중요성을 환기시킨다.

롤스의 경우를 보자. 정의로운 사회의 이론적 토대와 가능성을 탐구했던 그는 먼저 누구의 아들과 딸로 태어나면서 타고난 자연적 재능과 능력은 그야말로 자연적인 운이라고 보았다. 한국, 베트남, 미국, 독일 등 특정한 나라, 특정한 사회에 태어나는 것은 사회적 운에 지나지 않는다고 보았다. 롤스는 자연적 운과 사회적 운에 의해 발생한 자산을 개인의 것만으로 보지 말고 공동 자산으로 간주해야 더 나은 사회로의 진입과 운용이 가능하다고 생각했다. 자유지상주의자들처럼 개인의 자연적 재능과 능력에 기초한 모든 수입에 대해 재분배를 요구할 어떤 근거로 없고 그러한 요구 자체가 부당한 것이라고 생각하면 사회는 그저 차가운 승자들만의 사회가 될 뿐이다. 롤스는 위와 같은 현대적 정글사회에 반대했던 것이다.

지그문트 바우만

사회학자이자 철학자인 지그문트 바우만(Zygmunt Bauman, 1925 -2017)은 『왜 우리는 불평등을 감수하는가?』(Does the Richness of the Few Benefit Us All?, 2013)에서 경제적 불평등에 대한 놀라운 통찰을 보여준다. 그는 현대사회를 '0.1대 99.9' 사회, 곧 절대적 수준까지 불평등한 사회라고 주장한다. 바우만은 이러한 사회가 가능하게 된 것을 잘못된 암묵적인 믿음, 그가 거짓이라고 말하는 것이 작용했다고 본다. 거짓으로서의 잘못된 믿음은 다음과 같다.

1. 경제 성장은 어떤 문제든 해결할 수 있는 유일한 길이다.

2. 소비는 행복 추구의 길이다.

3. 불평등은 자연스러운 것이다,

4. 경쟁은 사회질서의 재생산과 사회정의를 위한 필요·충분조건이다.

여기서 주목해야 하는 것은 사람들이 불평등을 자연적인 것으로 믿고 받아들인다는 통찰이다. 사람들은 태어난 조건과 삶의 여건 등에 대해 어쩔 수 없다고 생각하거나 심지어 운명으로 받아들이는 것이 사실이다. 주어진 조건에서 최선을 다하는 것이 미덕이라고 생각한다. 바우만은 '과연 그런가'라고 물으며 만연된 불평등한 현실에 대한 비판과 저항을 위한 실천도 찾아보기 힘들다는 사태의 심각성을 지적한다. 그에 따르면 불평등을 자연적인 것으로 믿는 태도는 일종의 중립화이기 때문에 가치판단과 가치판단에 대한 행위를 유발시키지 못한다는 측면에서 불평등의 영구화를 낳는다.

이와 같은 바우만의 생각은 1990년대 이후 지속되어 온 신자유주의 경제 질서에 대한 반대운동이나 지구화 반대운동, 2011년 뉴욕에서 시작되어 전 세계로 확산된 '월가를 점령하라(Occupy Wall Street)'와 같은 시민적 차원의 경제적 불평등에 대한 비판과 저항운동을 과소평가한 측면이 있지만, 위에서 언급된 운동이 소수 그룹 내에서 벌어졌고 정책적 전환으로의 변화를 유도하는데 한계가 있었다는 점에서 일정한 타당성을 갖는다고 평가할 수 있다. 그의 주장은 시민사회 전

영역에서나 개별적인 경제적 주체 차원에서의 자각과 행동을 요청하고 규범적 방향성을 제시한다는 면에서 의미가 있다. 바우만은 만연한 경제적 불평등이라는 인류사적 위기로부터 벗어나는 길은 인간의 연대 이외에는 다른 방법이 없다고 말한다. 문제는 어떻게 할 것인가인데 인류의 역사는 항구적인 연대는 존재하지 않았으며 지구적 차원의 일시적 연대 역시 결코 쉽지 않은 문제라는 것을 보여주고 있다.

〈참고문헌〉

낸시 프레이저, 『좌파의 길-식인 자본주의에 반대한다』, 장석준 역, 서해문집, 2023.
마틴 울프, 『민주주의적 자본주의의 위기』, 고한석 역, 페이지2북스, 2024.
막스 베버, 『경제와 사회1』, 박삼환 역, 문학과 지성사, 2003.
막스 베버, 『프로테스탄트 윤리와 자본주의 정신』, 박성수 역, 문예출판사, 2023.
박권일 외, 『능력주의와 불평등』, 교육공동체벗, 2020.
호르크하이머·아도르노, 『계몽의 변증법』, 김유동 역, 길, 2001.
아도르노, 『미니마 모랄리아』, 김유동 역, 길, 2005.
위르겐 코카, 『자본주의의 역사』, 나종석 역, 북캠퍼스, 2017.
존 스튜어트 밀, 『정치경제학 원리 1』, 박동천 역, 나남, 2010.
지그문트 바우만, 『왜 우리는 불평등을 감수하는가?』, 안규남 역, 동녘, 2019.
칼 맑스, 『자본Ⅰ』, 김영민 옮김, 이론과 실천, 1997.
칼 맑스, 『정치경제학 비판을 위하여』, 김호균 역, 중원문화, 2002.
칼 맑스·프리드리히 엘겔스, 『공산당 선언』, 이진우 역, 2018.
토마 피케티, 『21세기 자본』, 장경덕 역, 글항아리, 2014.
토마 피케티·마이클 샌델, 『기울어진 평등』, 장경덕 역, 와이즈베리, 2025.

제 3 장

노동의 두 얼굴과 AI시대의 노동윤리

1. '그냥 쉼'의 사회

통계청 발표에 따르면 2024년 8월 기준으로 15세 이상 생산 가능 연령 인구 중 취업자가 아니면서 구직활동도 하지 않는 비경제활동인구는 약 1621만 1000명이다. 일도 구직활동도 하지 않는 '쉬었음' 인구는 1256만 7천 명으로 2023년 대비 24만 5천 명 증가했다. 전체 쉬었음 인구 중 20대 청년의 '쉬었음' 인구는 17.1%로 43만 8000명이다. 20대의 경우도 약 30만 명이 쉬었음 통계에 잡힌다. 쉬었음의 이유는 '원하는 일자리를 찾기 어려워서'라는 응답이 30.8%로 가장 많았다. '일자리가 없어서'라는 응답도 9.9%였다. 통계청 자료에 따르면 2025년 상반기의 쉬었음 청년(20-30세대)은 70만 명을 넘어섰다. 이러한 현상을 어떻게 이해해야 하는가? 통계청 관계자의 말처럼 수시채용과 경력직 선호현상 때문인가? 일자리 미스매치 때문인가? 이러한 수준의 답변은 경제학이나 노동관련 지식이 없어도 누구나 쉽게 할 수 있다. 매우 표면적인 수치만 보고도 판단할 수 있기 때문이다.

한국에서 가장 우울한 연령대가 20대이다. 건강보험심사평가원의 보고에 따르면 우울증이나 조울증, 불면증, 조현병, 공황장애, 자폐증, 강박증, 불안장애, 인격 장애, 분노조절장애 등으로 어려움을 겪는 20대의 환자 수가 기준 48만 6755명이다. 2023년 한국보건사회연구원이 발표한 '고립운둔청년실태조사연구'에 따르면 고립·은둔이 시작되는 연령대는 20대가 60.5%로 가장 많았다, 고립·은둔 청년의 56.1%는 신체 건강, 63.7%는 정신건강에 문제가 있는 것으로 나타났다. 이들 가운데 75.4%는 자살 생각을 한 적이 있고 그중에서 26.7%는 자살 시도를 한 적이 있는 것으로 조사됐다. 실로 심각한 사태이다. 왜 이런 현상이 발생할까? 하나의 원인으로 단정 지을 수 없고 복합적인 요인이 있다. 정신건강상의 문제나 고립 은둔의 실태는 무엇보다도 사회적 무력감과 미래에 대한 현실적인 전망의 부재가 가장 큰 원인이다. 오늘날 20대는 한마디로 불운한 세대이다.

불만·불신·불안·불행 등 이른바 '4불 사회'의 우울한 정서 속에 살아간다. 이들의 부모 세대인 50~60대의 30%는 경제 성장기에 대학교육을 받았고 노동시장의 노동시장 진입이 어렵지 않았다. 이들은 20대 청년들이 몇 년을 쏟아붓는 공무원 시험에 매달리거나 취업부스에 줄을 서던 세대가 아니다. 부동산 경기의 지속적인 호황으로 자산을 축적하는 것도 어려운 일이 아니었다. 근면과 성실성. 노동으로 정당한 대가를 받은 행운의 세대이다. 그런데 현재 20대는 3포 시대를 지나 5포 시대에 살고 있다. 과거 세대처럼, 원하는 일자리를 쉽게 찾을 수 없고 과잉경쟁(overcompetition)을 넘어 무한 경쟁에 시달리고 있다. 평생직장의 시대를 경험한 세대와 달리 상당수의 청년세대는 고용불안을 경험하고 있다. 사회경제적 상황이 과거 세대에 비해 더 많은 노력과 에너지를 투여하게 만들지만, 돌아오는 대가는 이전 세대에 비해 미미하다.

이러한 상황은 20대로 하여금 사회적 무력감과 좌절감에 빠지게 만든다. 미래를 설계하는데 큰 용기를 갖게 만든다. 2024년 11월 4일 한국보건사회연구원이 발표한 〈이행기 청년 삶의 궤적에 관한 연구〉에 따르면 '경제적 독립을 하지 않아도 된다'고 생각하는 청년이 조사대상 중 22.4%이다. '주거독립을 반드시 해야 하는 것은 아니다'라는 응답도 30.2%에 달한다. 이것은 사회적 무력감, 미래의 가능성에 대한 회의가 낳은 현상이다.

무거운 상념에 빠진 청년

오늘의 청년 세대는 부모 세대가 가졌던 사회에 대한 믿음, 미래에 대한 희망을 갖기 어렵고 노동의 대가에 대한 믿음 역시 갖기 어려운 상황이다. 청년 세대 중 소수만이 원하는 것을 갖게 허락되는 사회에서 우울하지 않을 수 없다. 결혼을 포기하고 심지어 연애도 포기하는 세대는 빈곤과 은둔의 삶을 선택한다는 것을 경험지표들이 잘 보여주고 있다. 국가만이 아니라 사회경제적 자본을 과점유한 윗세대들이 이들을 위해 무엇을 해야 하는가를 진지하게 고민해야 한다. 삶의 희망과 사회와 자신에 대한 믿음, 일상적 삶으로의 회복을 위해서는 20대의 정렬과 꿈을 펼칠 수 있는 장(場)이 필요하고 그것은 몸과 마음을 투여하는 노동에 대한 경험을 사회가 그들에게 제공해야 한다. 사회는 열정페이를 요구하는 나쁜 노동이 아니라 좋은 노동을 할 수 있는 선택의 기회를 부여해야 한다. 이런 맥락에서 즐거운 여가를 위한 최소 노동과 자기실현적 노동의 가능성에 대해 함께 생각해 봐야 한다.

2. 노동, 소외와 자기실현의 두 계기성

인간은 신진대사를 하는 생물학적 존재이며 노동은 불가피하다. 노동의 형태가 육체노동인가, 정신노동인가, 물질노동인가, 비물질 노동인가에 관계없이 노동은 사라지지 않을 것이며 인간은 노동하는 동물(animal laborance)로 살아갈 것이다. 생존을 위한 노동은 고되고 힘들며 부담되고 때론 모 방송국의 다큐멘터리 '극한직업' 시리즈에서 보듯이 생명의 위험에 노출되기까지 한다. 그래서 인간은 가능한 한 노동을 하지 않거나 노동시간 단축을 위해 노력해 왔다. 한편으로 노동에 관해 긍정적인 관점들이 확산되어 있는 것도 사실이다. 노동을 자아실현이나 자기해방적 수단으로 이해하는 관점이다. 일에 보람과 행복을 느낀다고 말하는 사람들은 노동을 통해 자신의 꿈과 이상을 실현한 경우이거나 일 그 자체에 행복을 느끼는 사람들이다. 어떤 사람들은 노동을 신성시한다. '신성한 노동의 대가', '땀의 보람'과 같은 수사들은 노동을 신성시하는 생각들에서 나온 표현들이다.

노동을 신성시하는 생각의 원천은 다양하다. 청교도 노동윤리의 표현인 '직업 소명론'에서 출발해 근대 이후 노동이 장려되고 노동 이데올로기(ideology of labor)가 확산된다. 특히 산업혁명기 이후 노동에 대한 생각은 크게 변화한다. 자본주의 생산체제가 서서히 자리 잡기 시작하면서 새로운 노동방식과 노동개념이 등장한다. 18세기 애덤 스미스(Adam Smith, 1723-1790)는 『국부론』(The Wealth of Nations, 1776)에서 노동의 분화를 통한 노동생산성을 강조하였다. 분업화된 노동은 노동의 단순화와 숙련성, 시간 감소, 생산성 증가를 가져왔다. 이 시기에 노동은 '게으름과 방탕, 낭만적인 자유의 몽상'을 제거하고 빈곤의 감소, 산업정신의 촉진제로 간주되었으며 노동관리, 노동 감시 제도들이 도입되었다. 노동과 관련해 산업사회는 두 가지 대립되는 경향이 나타난다. 노동의 생산성 증가를 위한 노동의 기계화와 자동화의 경향과 노동의 소외, 노동 유토피아 경향이 그것이다.

20세기 초에 테일러에 의해 주창된 과학적 관리기법(scientific management)이론이 생산 현장에 도입되었다. 포드 자동차가 첫 도입한 일괄생산 방식은 일반적인 노동방식으로 자리잡게 되었다. 산업사회의 분업화된 노동형태에도 불구하고 고용은 현재보다 안정적으로 유지되었다. 그러나 탈산업사회에서 평생직장 개념은 완전히 사라졌다. 노동형태의 다양성과 함께 노동의 유연성은 만성적인 불안전 고용과 다양한 형태의 비정규 노동을 낳았다. 노동을 통한 자기실현과 노동해방의 꿈은 오늘날의 노동자에게는 노동하는 사람들에게 더 요원한 소리처럼 들린다. 직업을 통한 자기실현이라는 고답적인 목표가 아니라 오늘의 노동자는 노동할 수 있는 기회를 얻기 위한 노동을 통한 자기실현과 자기해방을 꿈꾸는 현실이 아니라 사회적 생존을 위한 노동의 기회 자체를 확보하려는 힘든 싸움에 매달려 있는 것이다. 고용 없는 성장의 시대, 전통적인 노동관계가 퇴조하는 신자유주의 시대에 사람들은 '노동의 종말(end of work)'을 말하며 동시에 새로운 노동윤리를 제안한다. 노고와 해방이라는 노동이 갖는 이중적인 계기성이 사라지고 노동을 통한 해방적 잠재력을 관리 또는 확충하려는 '진지한 논의'가 필요하다. 이 글은 우리에게 노동이 왜 필요하고, 왜 중요한지, 새로운 노동사회를 위해 요구되는 사회경제적·개인적 차원의 성찰과 대안이 무엇인지에 대해 함께 생각을 해보고자 한다.

3. 노동에 대한 철학적 담론

1) 맑스, 노동소외와 노동을 통한 자기실현

맑스는 노동을 신진대사적 존재로서 인간의 본질적 활동으로 이해한다. 여기서 '본질적'이란 '자기실현적'이란 의미이다. 노동은 인간이 자연적 소재, 재료, 환경을 활용해 자신의 삶을 형성하는 핵심적인 활동이라는 것이다. 노동이 자신의 밖에 있는 자연에 영향을 주고, 자연을 변화시킴으로써 자신의 본성을 변화시킨다. 맑스에게 노동은 인간의 자기실현(Selbstverwirklichung), 자기해방의 과정적 행위이다. 노동은 노동자에게 개성적인 삶의 향유를 느끼게 함과 동시에 타자에게 나의 생산물을 누리거나 소비하게 함으로써 인간의 욕구를 만족시킬 수 있다는 점에서 삶의 창조적 활동이다. 맑스가 말하는 노동이란 생산적인 삶을 창조하는 노동이다. 삶을 창조하는 생산적 노동이란 대상적 세계를 만들어 내는 생산이며 자유롭고 의식적인 노동이다.

이러한 맑스의 관점에는 노동에 의한, 노동을 통한 인간해방이라는 생각이 자리 잡고 있다. 생존을 위한 노동, 필요성에 의한 노동이 아니라 자유롭고 자기 생산적인 노동, 세계를 창조하는 노동을 통해 인간해방의 길이 시작된다는 것이다. 노동은 인간이 필연의 왕국에서

'자유의 왕국(Reich der Freiheit)'으로 들어가는 통로가 된다. 맑스는 해방적 노동을 위한 전제조건으로 노동시간의 단축, 달리 말해 자유시간의 증대를 기본조건으로 내세운다. 맑스는 자유시간은 자유시간을 가진 노동자는 물론이고 타자도 변화시키며 그러한 자기변화가 다시금 노동과정에 투여됨으로써 더 의미 있는 노동 생산활동, 자유를 확대하는 노동과정을 만든다고 보았다.

그런데 과연 노동을 통한 인간해방은 맑스 시대에 얼마만큼 진전되었는가? 주지하다시피 맑스는 노동의 해방과 동시에 노동의 소외, 소외된 노동현실을 비판한다. 소외된 노동은 무엇인가? 그는 『경제철학초고』(Ökonomische-philosophische Manuskripte aus dem Jahre 1844, 1983)에서 네 가지 차원에서 노동의 소외를 말한다. 첫째, 노동생산물로부터의 소외이다. 이것은 노동자가 생산한 생산물이 자신의 것이나 자신이 사용하는 생산물이 되지 않고 자신으로부터 독립되어 낯설고 자립적인 상품이 되는 것을 의미한다. 노동자 자신이 만든 생산물이 자본의 손아래 들어가 노동자에게 대립하는 결과를 낳게 된다는 의미에서 노동의 소외(alienation of labor)가 발생하는 것이다.

둘째, 노동과정으로부터의 소외이다. 노동과정의 기계화와 함께 일괄 생산라인이 자리 잡으면서 노동자는 영화 '모던 타임스(Modern Times, 1936)'의 찰리 채플린처럼 단순한 노동업무만 담당하게 된다. 따라서 전체 노동활동의 계획과 과정에 참여하지 못하고 부여된 노동만을 수행하는 노동기계로 전락하게 된다. 그야말로 거대한 기계의 부속품, 곧 맑스의 말과 같이 '기계장치의 톱니바퀴'가 되는 것이다. 노동과정으로부터의 소외는 자신의 노동활동이 자신에 속한 것이 아니라 다른 어떤 사람(고용인)에 속한 것과 같은 소외 경험이다. 이러한 소외된 노동을 맑스는 "노동자가 자신에 속하지 않는 낯선 활동"을 하는 것으로 "고통으로서의 활동"일 뿐이라고 말한다.

〈하루 종일 나사 조이기 작업을 하는 채플린〉

셋째, 인간으로부터의 소외이다. 자본주의 노동관계에서 인간으로부터의 소외를 가장 극명하게 보여주는 것이 노동하는 다른 인간들을 협력과 연대의 대상이 아니라 상호 경쟁관계로 인식하고 행동한다는 것이다. 또한 다른 사람을 사적 이익창출의 대상이자 수단으로 간주함으로써 소외를 경험한다. 맑스 시대에 동료인간으로부터의 소외는 자본가에 의한 노동자의 소외가 주를 이룬 방면에 오늘날은 그것에 더해 노동자 그룹 내 동료인간으로부터의 소외로도 나타나고 있다. 가령 동일노동의 비동일 임금, 정규직과 비정규직, 노동귀족과 노동빈민, 갈수록 심화되는 노동의 양극화에 따른 삶의 양극화는 소외된 노동(entfremdete Arbeit)이 어떻게 하나의 노동세계에서 다른 삶을 사는 인간그룹을 만들어 내는지를 보여주는 것이다.

넷째, 유적 존재(Gattungswesen)로부터의 소외이다. 유적 존재란 노동활동만이 아니라 정신활동, 문화예술 활동, 정치사회 활동 그리고 일반 생활 활동 등을 하며 자신을 만들어 나아가는 통합적인 존재를 말한다. 맑스에 따르면 소외된 노동은 유적 존재를 가능하게 하는 근본 조건인 노동행위를 단순한 생계수단으로 전락시키고 인간을 노동하는 기계로 만들어 버린다. 소외된 노동은 자연과의 관계도 주체적 관계 맺기에서 낯선 관계로 변질시키고 노동을 통한 자기실현적 계기만이 아니라 노동을 매개로 한 사회적 관계도 대상화 논리에 편입됨으로써 자기실현의 가능성이 차단한다. 소외는 노동을 노동의 자기해방적 성격과 사회적·역사적 존재로서의 자기인식을 해체시킴으로써 자기 자신을 낯선 존재로 경험하게 만든다. 유적 존재로부터의 소외의 최종 결과는 맑스가 앞서 언급한 책에서 말하듯이 "인간 자신이 만든 세계 속에서 자신을 상실한 채 살아가게 된다." 소외된 노동의 최종적 결말은 자기 상실, 자기소외적 삶인 것이다. 소외된 노동이 낳은 소외된 삶을 해결하는 맑스의 최종해결책은 사적 소유의 완전한 철폐이다. 그는 소외된 노동이 아닌 "인간적 노동은 사적 소유의 철폐를 통해서만이 비로소 자유롭고 자기실현적 형태"를 갖게 될 것이며 그것이야말로 해방된 노동임을 선언한다.

2) 마르쿠제, 테크놀로지 시대의 노동의 두 가능성

헤르베르트 마르쿠제 (Herbert Marcuse, 1898-1979)는 1950~60년대에 과학과 기술의 발달에 따라 기계화와 표준화와 같은 기술적 합리성(technological rationality)이 인간의 노동문제에 어떻게 작용하는지를 규명하고자 했다. 그에 따르면 산업사회의 기술적 합리성에 의해 실현된 기계화와 표준화는 '노동 세계로부터의 해방'과 '자유시간의 확대'를 가져왔다. 노동과정의 자동화는 노동의 성격을 변화시킬 뿐만 아니라 전 사회에 혁명을 일으켰다. 이 혁명의 내용은 자유시간의 확대로 인한 인간의 개인적, 사회적 실현이다. 마르쿠제는 『1차원적 인간』 (One-Dimensional Man, 1964)에서 "기계화는 … 새로운 자유의 잠재적 기반"이며 동시에 "자유를 위한 최초의 전제조건"이라고 주장한다.

이와 같이 마르쿠제는 기계화와 표준화로 인한 필요노동의 감소와 자유시간의 확대를 고도산업사회의 기술적 합리성이 야기한 새로운 문명을 향한 역사적 초월로 이해한다. 그러나 노동 세계로부터의 해방과 자유시간의 차원을 열어 놓은 기술적 합리성은 해방적 성격만을 갖는 것은 아니다. 기술적 합리성은 '사회통제 형태들의 기술적 실현'을 관철하기 때문이다. 사회의 기술적 관리는 더욱더 "합리화, 생산화, 기술화, 전면화"되며 "풍요와 자유"를 가장하여 "해방을 요구하는 욕구를 질식"시키고, "기만적인 자유", "허위에 물든 거짓된 의식"을 증진시킨다. 이것은 노동의 성격을 육체노동에서 정신적, 기술적 노동으로 변화시키며 생산력의 개념도 개인에 의한 산출에서 기계에 의해 산출로 변화시킨다. 새로운 기술적 생산과정에서 야기된 노동의 질적 변화는 인간을 기계적 생산과정에 통합시킴으로써 "기계에 봉사하는 인간", "기계화된 노예", "작업하는 원자"로 전락시킨다. 인간은 기계화된 작업에서 '죽은 노동'을 수행하게 되며 노동의 소외를 경험한다.

마르쿠제는 기술과 테크놀로지에 내재한 해방적 잠재력(emancipatory potential)을 인정한다. 그러나 생산과정에 편입된 노동자가 그것을 합리적으로 사용하거나 집단적으로 통제가능하다고 해서 기술적 합리성의 지배와 통제에서 벗어날 수 없으며 억압의 상태가 지속될 것이라고 진단한다. 왜냐하면 "기술이란 장막이 불평등과 노예상태의 재생산을 은폐" 시키기 때문이다. 은폐의 방식은 기술에 의한 "거짓된 자유와 안락의 지속과 확장"이다. 마르쿠제에서 해방된 노동은 새로운 양태의 문명에서만 가능하다. 새로운 양태의 문명은 비인간적이고 부

자유한 필연적 노동과 억압 체계인 사회적 노동이 사라진 풍요의 질서가 있는 문명이며, 동시에 노동이 놀이(Spiel)로서 변형된 문명의 상태를 의미한다. 놀이는 강제적인 신체적, 도덕적 현실을 능가하는 것으로서 “자유의 실현”이자, “해방의 담지자”이다.

놀이를 통해서 “인간은 본래적인 존재가 되는 자유 속으로 복귀”하게 된다. 놀이로서의 삶 자체가 실현되는 사회는 인간의 자유 실현에 봉사하는 “즐거운 과학”을 요청한다. 이와 더불어 마르쿠제는 해방적 예술과 해방적 기술의 통합만이 아니라 미적 경험과 상상력의 회복에 토대를 둔 새로운 감수성이 노동의 성격만이 아니라 노동소외를 극복할 수 있다고 믿었다. 이와 같은 마르쿠제의 유토피아적인 사유는 그가 말한대로 새로운 문명에서만 가능한 것이다. 현실을 지배하는 신자유주의 경제질서에서의 노동현실은 마르쿠제식의 해방적 노동으로서 놀이와 노동의 일치를 더 이상 말할 수 없게 되었으며 인류가 일찍이 경험하지 못한 '노동의 종말'이라는 완전히 새로운 도전에 직면하게 되었다.

3) ‘노동의 종말’에 대한 두 시각

노동의 종말을 주장하는 대표적인 인물인 제러미 리프킨(Jeremy Rifkin, 1945-)은 80년대 중반 이후 변화하는 노동의 성격에 주목하며 노동의 종말을 선언했다. 그렇다면 노동세계와 노동사회에 어떠한 변화가 발생했는가? 제러미 리프킨은 『노동의 종말』(The End of Work, 1995)에서 “기술 향상과 생산성의 증가가 전통적인 일자리를 파괴하지만 동시에 이에 상응하는 새로운 일자리들을 창출한다는 구시대의 논리는 더 이상 받아들여지지” 않으며, 산업화 시기의 노동의 본질은 급격한 변화를 가져왔다고 단언한다. 생산성의 급격한 증가와 노동력을 절감할 수 있는 새로운 기술의 도입에 따른 신규고용 저해, '고용 없는 성장'은 종국적으로 산업사회시대 통용된 (취업)노동의 종말을 가져왔다.

울리히 벡(Ulrich Beck)은 『아름답고 새로운 노동세계』(Die schöne neue Arbeitswelt, 1997)에서 "완전 취업활동이 없어져 가는 서구 후기 노동사회의 발전 추세"에 착안해 '서구의 브라질화'(Brazilianization of the West) 테제를 내세운다. 서구의 브라질화란 '현대 이전'의 국가인 브라질의 일반적 노동현실이 이른바 '후기 현대'에 들어선 서구의 핵심국가들의 미래노동사회에 나타나는 현상으로서 완전고용 신화의 퇴조에 따른 노동의 유목화, 불연속적 노동, 노동의 잡다성, 노동사회의 전반적 조망불가능성, 노동의 불안정성의 일반화를 의미한다. 울리히 벡은 세계 도처에서 나타나는 추가 성장률은 유연한 노동과 불안정한 고용을 대변하는 맥점포식의 일자리(MaCjob)에 의해 뒷받침되며 비공식분야에서 여성의 비율이 압도적이라고 지적한다. 서구의 브라질화 테제는 지구적 자본주의 시대에 제1세계와 제3세계의 취업노동의 유사성에서 출발한다. 벡이 지적하는 서구의 노동형태와 노동사회의 근본적 변화양상은 남미의 전통과 닮아 있다. 소수만이 공식적인 임금 노동자로 인정받고 대다수가 비공식 노동자로 살아간 것이 남미의 오래된 노동현실이었다. 생산성의 증가, 노동관계의 탈규제화, 유연화, 불안정 고용을 개념화한 서구의 브라질화 테제는 서구 노동사회의 완전취업활동이라는 보편적 가설과의 결별을 의미한다.

벡에게 있어 노동사회의 진정한 안티테제는 종속적 취업노동에 의해 살아가는 노동시민의 사회가 해체되고 자율적이며 비시장적인 시민노동(civic labor)이 이루어지는 사회이다. 시민노동의 정치적 성격은 참여와 조직 형태의 자율성, 자발성과 공적영역으로부터의 보호에 기초한다. 종속적 취업노동사회에서 자율적 시민노동사회로의 이행에 대한 벡의 이론적 입장은 시장의 공리주의적 가치체계에 대한 강력한 대안적 비전으로서 사회적 책임, 인간관계 및 공동체 의식이라는 관점에서 제3부분의 사회적 노동, 사회적 경제를 주장하는 리프킨과 궤를 같이 한다.

리프킨이 주목하는 것은 장시간 노동으로부터의 인류의 해방이다. 그는 『노동의 종말』에서 노동의 종말 사태가 인류에게 제2의 르네상스가 될 수 있다는 것을 자각하고 대안 모색을 강조한다.

> 다음 세대가 고된 장시간 노동으로부터 해방됨에 따라 인류는 두 번째 르네상스 시대로 진입하게 되거나 엄청난 사회적 분열과 변화를 겪게 될 것이다. (…) 노동의 본질을 다시 한번 생각해 보거나 다가올 미래 사회에서 인간이 어떤 역할과 공헌을 할 수 있을지에 대한 대안을 탐색해야 한다.

끊임없는 기술력의 발전과 자동화가 가져온 기회와 도전은 노동해방(여가적 삶)과 대량실업이라는 양날의 칼이다. 이러한 상황에서 리프킨은 "쓰임이 적거나 아니면 전혀 쓸모가 없는 수백만의 젊은이들을 어떻게 할 것인가?"를 주제화한다. 그는 생산성 혁명에 따른 대량 해고의 피해자들에게 제3섹터(third sector)를 통해 일자리 공유 전략을 가동시켜야 된다고 주장한다.

리프킨이 제안한 제3섹터는 시장교환경제와 구분되는 대안적 비전으로서 타인에 대한 서비스 제공이 1차적 동기이며 일자리 보장은 인간관계 및 공동체 의식의 강화차원에서 실현된다. 제3섹터는 사회적 일체감을 가지게 하는 사회적 접착제이다. 제3섹터는 구체적으로 비영리 공적 부분과 비영리 자발적 사회단체, 비영리 각종 학교, 종교, 의료, 문화 단체에서의 고용을 가리킨다. 현재 서구에서 제3섹터는 총고용의 6% 전후를 담당하고 있다. 리프킨은 제3섹터의 세계적인 강화추세, 국제적 네트워크강화가 증대하는 실업대중의 욕구를 담보하기에 충분한 속도로 성장하고 다양화될 것인지의 여부는 아직 미지수이지만 고용 없는 성장 아래 좌절하는 실업대중들에게 희망의 빛이 되고 있다고 본다. 제3섹터는 사회적 연대감의 강화, "정신적 차원을 탐사할 장소와 시간"을 제공한다. 또한 제3섹터는 사람들로 하여금 진정한 "휴식과 놀이를 즐기고 인생과 자연의 즐거움을 보다 깊게 경험"하도록 만든다.

제레미 리프킨, 울리히 벡은 노동구조의 변화에 따른 노동사회의 해체기에 어떻게 인간 간의 연대와 사회노동과 사회경제를 구축할 것인가 하는 고민이 중심이다. 이들의 분석의 차이에도 불구하고 3명의 논자가 가지는 공통점은 노동시간 단축이 가지는 사회적 성격과 의미, 노동시간 단축의 결정요소, 노동시간 단축이 가지는 양가적 속성, 누구나 가져야 하는 노동할 수 있는 권리 강조와 일자리 공유를 통한 사회공동체성 강화, 취업노동의 대안으로서의 시민노동 혹은 제3섹터에서의 사회노동의 강화필요성이다. 이들 3명의 논자들은 '자기 자신이 주인이 되는 노동'과 '사회공동체에 기여하는 노동'이라는 새로운 노동 패러다임을 모색하고 있다.

4. AI 시대의 노동과 노동윤리

1) AI 시대의 노동의 현실

인공지능의 자동화 기술과 지능형 로봇의 활용이 노동 현장에 활용되면서 노동의 현실이 변화되고 있다. 아사나(Asana)의 〈직장 내 AI 현황 2023 보고서〉에 따르면 노동자들은 업무의 29%가 인공지능으로 대체

될 것으로 전망했다. 미국의 구인 플랫폼 레주메 빌더(Resume Builder)가 실시한 750명 대상의 기업인 설문조사 보고서에 따르면 미국 기업인 37%가 인공지능이 노동자를 대체할 것으로 전망하며, 2023년 현재 조사대상 기업 중 53%가 인공지능을 활용한다. 조사 응답자의 96%는 향후 인공지능 기술을 소유한 지원자를 채용할 것이라고 답했다.

각국이 국가적 차원에서 활발하게 추진하고 있는 스마트 팩토리(smart factory)로의 전환전략에 따라 한국 정부도 '스마트제조혁신' 정책을 추진했으며 2024년 현재 스마트 공장이 3만 개를 넘어섰다. 세계경제포럼이 발표한 〈2023년 일자리의 미래(Future of Jobs 2023)〉 보고서는 2023~2027년까지 5년간 6900만 개의 새로운 일자리가 생기지만 8300만 개의 일자리가 사라지며 세계 고용인구의 2%(1400만)가 감소될 것으로 예측한다. 전 세계 45개국 803개 조사대상 기업 중 약 75%가 향후 5년 안에 AI기술을 적극 활용할 것임을 밝혔다. 이것이 현실화되는 경우 약 2,600만 개의 일자리가 사라질 것으로 예측된다. 또한 보고서는 2027년까지 현재 일자리의 약 23%가 사라지거나 창출될 것이라는 내다봤으며 비즈니스 작업의 42%, 정보 및 데이터 처리의 65%가 AI에 의해 부분 혹은 완전 대체될 것으로 전망한다.

AI로 인해 해고되는 노동자의 모습

2) 불안정 노동과 프레카리아트

인공지능 시대를 대표하는 노동형식인 플랫폼 경제(platform economy)가 정착되면서 노동의 현실은 또다시 바뀌었다. 플랫폼은 다양한 사용자 집단을 매개하는 인프라 구조를 제공하고 네트워크 효과를 유발하는 독점화 경향을 보여주고 있다. 배달전문 플랫폼을 생각하면 된다. 플랫폼 노동자는 노동기회 불안. 미래전망 불안정성, 직종 변경과 교육훈련 기회의 부족을 호소한다. 노동자로서의 법적 지위와 표준 노동기준, 소득 불안정성, 플랫폼 노동활동의 종속성 및 플랫폼 기업의 책임성이 개선되어야 한다. 이와 관련해 가이 스탠딩(Guy Standing, 1948-)의 주장에 주목해야 한다. 그는 기본소득지구네트워크(Basic Income Earth Network)의 설립자이며 국제노동기구 ILO에서 사회경제안정성 프로그램을 진행했던 노동경제학자이다. 그는 이러한 노동의 변화에 따른 새롭게 형성되고 있는 계급을 말한다. 바로 프레카리아트(precariat) 계급이다.

그에 따르면 프레카리아트는 노동의 유연성이라는 신자유주의 이데올로기의 확산에 따라 노동 보장, 고용 보장, 직무 보장, 근로안전 보장, 숙련기술 재생산 보장, 소득 보장 및 대표권 보장이 없는 사람들의 집단을 가리킨다. 이와 같은 이유로 프레카리아트는 자본이나 국가와 최소한의 신뢰관계만 있을 뿐이며 일에 기초한 정체성이나 직업정체성을 갖지 못한다. 전통적 계급개념인 프롤레타리아와 프레카리아트의 차이는 불안정 노동자 사이의 공동의 이해관심과 노동 공동체성의 소유여부에 있다. 스탠딩은 프레카리아트를 출현시키는 구조화된 노동 사태가 오히려 프레카티아트 내부의 긴장과 갈등을 촉발시킨다고 말한다. 이러한 상황으로 인해 프레카리아트를 하나의 계급이나 신분으로 볼 수 없다.

그는 프레카리아트 출현의 원인을 언제, 어느 순간에 일자리에서 쫓겨날지 모르는 불안정 노동의 지속성에서 찾는다. 문제는 이것이 삶의 불안정성, 정체성의 미확립에 그치는 것이 아니라 계급상승의 욕구마저 좌절시킴으로써 절망감, 소외, 분노, 두려움, 염원의 심리, 사회적 가치와 실존적 가치의 부재로 귀결되는데 있다. 이런 이유로 구조화된 불안정 임시노동과 삶의 일부인 실업의 근본적인 취약성으로 인해 포퓰리즘 정치와 네오파시시트들이 약속하는 환상적인 미래 유혹에 항상 노출되기 때문에 위험한 계급이라는 것이다. 프레카리아트의 위험성은 자기 동기화의 산물이 아니라 새로운 경제체제의 필연적 산물이다.

3) 탈노동에 대한 꿈

스탠딩의 입장과 정반대로 인공지능 노동으로 인해 인간이 고된 노동으로부터 완전히 해방되어 인간됨을 실현할 수 있다고 믿는 탈노동 유토피아론자들이 있다. 폴 라파르그(Paul Lafargue)는 종교의 심급이 된 근대적 노동종교(the religion of work)를 해체하고 일일 3시간 노동을 제안한다. 케이시 윅스(Kathi Weeks)도 노동 이데올로기가 해체되어야 한다고 주장한다.

완전한 여가로서 탈노동

노동해방에 대해서는 토마스 모어, 토마소 캄파넬라, 칼 맑스, 제레미 리프킨 등이 이미 제시한 바 있다. 토마스 모어(Thomas More, 1478-1535)는 『유토피아』(Utopia, 1516)에서 필요한 물질을 얻는데 필요한 노동 시간을 6시간으로 제시하였으며 토마소 캄파넬라(Tommaso Campanella, 1568-1639)는 『태양의 도시』(La Città del Sole, 1623)에서 4시간의 노동이 이상적인 삶을 위한 필요충분조건이라고 주장한다. 맑스는 엥겔스와 함께 쓴 『독일 이데올로기』(Die deutsche Ideologie,1932)에서 "사회가 전반적으로 생산을 조절하는 공산주의 사회에서는 누구든 특정한 영역에서 활동하지 않고 임의의 영역에서 오늘은 이것을, 내일은 저것을 할 수 있게 된다. 이제 막 욕구가 생기면, 사냥꾼, 어부, 목동 옥은 비평가가 되는 일 없이 아침에는 사냥을, 오후에는 낚시를, 저녁에는 가축 돌보기를, 밤에는 비평을 하는 것처럼"이라고 말한 바 있다. 맑스의 생각처럼 욕구가 생기고 생각이 있을 때 원하는 노동을 자유롭게 선택하는 노동행위는 곧 자유의 왕국을 건설하는 노동이다. 이보다 급진적인 방식의 노동 유토피아 논제의 종착점은 '탈노동'이다. 약한 의미의 탈노동은 진정한 일을 할 수 있는 권리, 자유로운 선택에 의한 노동을 의미한다. 탈노동을 주장하는 논자들은 '완전히 자동화된 탈노동 경제체제로의 전환', 곧 완전 고용의 신화를 버리고 '완전실업' 정책을 요구한다.

완전실업은 유급노동의 해체를 의미하는 것이기 때문에 이를 주장하는 논자들은 동시에 최소한의 인간적 삶을 살 권리를 위해 제공되는 기본소득 형태의 분배방식을 제안한다. 이들은 탈노동이 실현된 사회를 포스트 노동(post-work)라고 부르지만 완전실업과 완전한 자기실현을 위한 사회가 과연 올지 의문을 가질 수밖에 없다. 현재의 시점에서 탈노동은 일종의 유토피아이다. 약인공지능(Weak AI) 시대에서 강인공지능(AGI) 시대로 이행하는 현재의 시점에서 호모 라보란스로서 인간을 살아갈 수밖에 없고 착취적 노동이 아닌 이상 인간은 노동을 통해 성취감과 자기효능감, 자기실현을 할 수 있다는 것 역시 거부할 수 없는 사실이다.

쇼펜하우어가 지적하듯이 가장 한가한 삶이 피할 수 없는 고통이 권태이다. 맑스를 위시한 노동해방론자들이 말했던 노동 외 시간의 문화 활동, 예술 활동 그리고 학문 활동은 누구나 가능하지만, 누구나 좋아하거나 즐겨하는 것은 아니다. 즐겨하다가도 매너리즘에 빠지는 경우도 흔히 있는 일이다. 노동해방(emancipation of labor)이 곧 천국과 같은 것으로 꿈꾸는 이들은 이 점을 간과하고 있는 것이다.

3) 현실적 대안으로서 노동 4.0

노동으로부터 해방되는 포스트 노동시대가 현실적으로 실현되기 어렵다면 더 나은 대안은 없는가에 대해 생각해 봐야 한다. 이와 관련해 주목해야 하는 것이 독일의 『노동 4.0 백서』(Wei ßbuch Arbeiten 4.0)이다. 2015년 독일의 경제에너지부는 『노동의 미래』(Die Zukunft der Arbeit)를 냈고 2017년에는 그 후속편으로 『노동 4.0 백서』(Wei ßbuch Arbeiten 4.0) 발간과 함께 관련 정책을 추진했다. "사람들에게 이익이 되고 경제에는 발전을 가져올 미래의 노동을 위한 전망, 시나리오 및 실행기회"를 탐구·실천하는 노동 4,0의 정책목적은 "안정성과 유연성을 제공하는 사회적으로 균형 잡힌 새로운 노동세계"의 실현이다. 이를 위한 기본방향이 바로 '노동의 인간화'(Humanisierung der Arbeit)이다. 위의 백서에서는 노동의 인간화를 위한 세 가지 원칙을 제시한다.

첫 번째 원칙은 사회기술시스템(socio-technical system)이다. 사회기술시스템은 인간-조직-기술(생산) 관계에서 '인간이 소외되지 않는 기계시스템'을 의미한다. 다시 말해 공산품의 생산에서 기술적 요인만이 아니라 사회적 요인을 상호 유기적으로 결합해 균형을 추구하려는 것이 사회기술시스템의 본질적인 의도이다. 이것은 스마트 팩토리가 도입되고 인공지능 노동이 확산되어도 실업으로 직결되는 것이 아니라 인간을 위한 기술시스템으로 변화시키는 것, 새로운 기술과 인간의 상호이익을 시스템화하는 것으로 나타난다. 두 번째 원칙은 완전한 직무의 원칙이다. 이것이 의미하는 것은 노동의 기획, 노동조직, 노동과정과 노동조종과 노동통제 등 노동 전반에 대한 노동자의 이해와 관여를 의미한다. 세 번째 원칙은 차별적-동태적 노동시스템의 원칙이다. '차별적'이란 노동자들의 특성과 능력의 차이를 고려하고 자발적 노동 동기화를 통해 직무수행을 잘할 수 있도록 직무를 설계하고 운영하는 것을 뜻한다. 넓은 의미의 노동의 인간화는 고용과 해고, 작업수칙의 제정과 개정, 안전과 보건, 작업 공정 개선과 생산시설의 도입, 교육훈련 및 능력개발, 작업 및 휴게 시간의 운용, 임금지불방식, 새로운 기계 및 기술의 도입, 성과 배분, 복지시설 및 제도, 경영참여 등 노동의 전 영역을 포함한다. 오늘날 노동의 인간화는 국가에 따라 〈종업원 대표법〉, 〈노사협의회법〉, 〈근로자 참여 및 협력증진에 관한 법률〉 등 법제화되고 있다.

노동의 인간화는 산업의 민주화(democratization of industry)나 노동영역의 인간화로만 실현되지 않는다. 근본적으로는 사회의 인간화(humanization of society)가 전제되어야 한다. 사회의 인간화란 사회구성원들이 인간다운 삶을 살 수 있고 개성을 실현할 수 있는 사회적 여건과 환경을 각종 제도와 문화를 통해 구축하는 것을 말한다. 차가운 사회가 아닌 인간다운 사회를 만드는 것이 바로 사회의 인간화이다. 사회의 인간화는 다음과 같은 필요성에 기초한다. 첫째, 안정노동과 불안정 노동, 노동기회 소외 집단만이 아니라 자발적 노동거부자의 범위까지 노동의 재의미화를 위한 기회를 부여해야 한다. 둘째, 완전실업을 통한 탈노동 유토피아를 실현할 수 없는 명확한 현실을 인식해야 한다. 셋째, 불안정 노동이 해결되지 않고 미세조정에 그칠 수밖에 없는 경제체제가 유지·강화되고 있는 현실의 근본적 변화가 필요하다, 넷째, 기본소득이 전면화되지 않는 사회단계이면서 소득 양극화가 심화되는 상황을 고려해야 한다, 다섯째, 노-노 갈등과 노동에서의 성차 갈등, 이주노동자와 현지 노동자 사이의 갈등 개선 필요성이다.

앞서 말한 사회의 인간화 원리를 노동문제에 적용하는 사회가 인간의 원리가 작동하는 노동 공동체 사회이다. 이 공동체는 자기이익 추구적인 합리적인 개인들의 상호의존 체계로서의 사회이면서 동시에 그러한 상호의존 체계가 상보성과 호혜성의 이념원칙을 따르는 인간 공동체가 될 수 있다는 가정에 기초한다. 또한 사회의 인간화 이념이 구현된 노동 공동체는 인간의 동감 능력과 동류의식을 전제한다. 경쟁사회에서 인간은 부와 권력을 획득하기 위해 투쟁적 경쟁심을 발휘하면서도 상호부조와 연대의 가치를 추구하기도 한다. 사회의 인간화에 기초한 새로운 노동공동체 구성의 가능성은 다양한 복지제도를 만들어 왔고 다자적 협력관계를 축적해 온 인간사의 역사적 경험에서 찾을 수 있다. 전쟁과 갈등의 역사만큼 협력과 연대의 역사도 인간 스스로 만들었다는 것을 기억하고 소환한다면 사회의 인간화 원리가 작동하는 새로운 노동공동체를 설계할 수 있다.

5. 아름다운 노동세계의 가능성

서두에서 '그냥 쉼'의 청년과 그것을 유발하는 사회현실에 대해 언급했다. 분명한 것은 '순수 그냥 쉼'은 많지 않다는 것이다. 노동기회의 부족, 노동조건의 불만족, 더 나은 노동기회를 위한 준비 시간으로서의 '그냥 쉼'이 대부분이라는 사실이다. 산업사회의 노동이든 인공지능 시대의 노동이든 노동은 소득과 직결되며 소득은 곧 생활의 양과 질을 결정한다. 노동–소득–삶의 질과 색은 불가분의 관계이다. 아름다운 노동세계란 일하고 싶은 사람에게 노동의 기회를 제공하는 세계이다. 서울시 노동권익센터의 발표에 따르면 2024년 5월 기준 서울시 거주 청년 실질 실업률은 31.8%에 달한다. 아름다운 노동세계를 말하기 이전에 노동의 세계는 아직 오지 않았다고 봐야 한다.

아름다운 노동 세계란 노동과 삶의 균형(work–life balance)을 맞추고 싶은 사람에게 그러한 기회를 제공해 주는 사회이다. 1970년대 후반 영국의 여성 노동자 운동에서 시작된 워라벨이 우리 사회에서 노동하는 사람들의 보편적 정서와 요구를 대변하는 것으로 이해되기 시작한 지도 근 10여 년이 흘렀다. 그러나 2024년 기획재정부가 발표한 경제협력개발기구(OECD) 국가의 주요 고용지표 비교 보고서에 따르면 한국 노동자의 주당 평균 노동시간은 44.6시간으로 세계 최고 수준이다. 이러한 이유로 우리의 노동자는 오늘도 워라벨을 외치고 있는 것이다. 유럽 국가들에 비해 근 70년이 뒤진 2000년에 주 5일 근무제 시행 후 노동생산성이 향상되었다는 것은 익히 알려진 사실이다. 2023년 기준 평균노동생산성이 OECD 국가의 76% 수준에 머문다는 것은 워라벨의 중요성을 간접적으로 보여주는 대목이다. 평균 노동시간의 단축은 지금과 다른 노동세계를 만드는 단초가 될 수 있다.

우리 사회에 아직 아름다운 노동세계는 오지 않았다. 설령 왔다 해도 그것은 중소기업 노동자나 비정규직 노동자들에게는 낯선 나라의 이야기이다. 2024년 8월 통계청의 「경제활동인구조사 근로형태별 부가조사」에 따르면 우리나라 경제활동인구 중 비정규직은 38.2%이다.

이 중 남성이 30.4%를, 여성이 47.3%로 나타나 여성의 비정규직 비율이 남성보다 높게 나타났다. 비정규직이 많은 세상은 아름다운 노동세계가 아니다. 소득의 격차가 생활과 삶의 질을 결정하고 인생을 결정한다. 이것을 방관하는 사회는 두 개의 완전히 다른 노동세계의 노동자가 같은 땅에 동일노동 동일임금이 없는 노동세계는 노동의 정의, 노동 윤리가 죽은 세계이다. 천 개의 이유를 제시해도 정당화될 수 없는 것이 벌어지는 세계에 아름다운 노동, 아름다운 세계는 없다. 여전히 호모 라모란스인 인간에게 아름다운 노동세계가 아름다운 사회로 가는 열쇠라는 사실은 부인할 수 없다. 아름다운 노동세계는 아름다운 사회 없이 가능하지 않다. 다르게 말해 사회정의 없이 노동정의는 불안전한 것이다. 노동정의(justice of labor)와 사회정의는 하나의 문제이기 때문이다.

〈참고문헌〉

가이 스탠딩, 『프레카리아트』, 김태호 역, 박종철출판사, 2014.

닉. 서르닉, 『플랫폼 자본주의』, 심성보 역, 킹콩북, 2020.

데니스 뇌르마르크, 『진짜 노동』, 소노하수 역, 자음과 모음, 2024.

얀 뤼카선, 『인간은 어떻게 노동자가 되었나』, 전소영 역, 모티브북, 2023.

제레미 리프킨, 『노동의 종말』, 이영호 역, 민음사, 2005.

이하준, 「AI 시대의 새로운 노동철학- 노동의 종말과 노동 유토피아를 넘어서」, 『철학논총』 116, 2024.

토마소 캄파넬라, 『태양의 나라』, 임명방 역, 이가서, 2012.

박봉권 외, 『2017 다보스 리포트』, 매경출판, 2017.

토머스 모어, 『유토피아』, 김남우 역, 문예출판사, 2011.

울리히 벡, 『아름답고 새로운 노동세계』, 홍윤기 역, 생각의 나무, 1999.

케이시 웍스, 『우리는 왜 이렇게 오래, 열심히 일하는가?: 페미니즘, 마르크스주의, 반노동의 정치, 그리고 탈노동의 상상』, 제현주 역, 동녘, 2016.

Manzei, AC.(Hg.) *Industrie 4.0 im Internationaln Kontext: Kernkonzepte, Ergebnisse, Trends*, Offenbach 2017.

Marx, K. *Das Kapital I*, Marx-Engels Werke Bd.25, Berlin 1983.

Marx, M./Engels, F. *Deutsche Ideologie*, in: Marx Ebgels Werke 3, Dietz Verlag Berlin 1983.

Marx, K. *Ökonomisch-philosophische Manuskripte aus dem Jahre 1844*, Berlin 1983.

Wetzel, D. *Arbeit 4.0*, *Freiburg*, 2016.

제 4 장

소비문화와 소비윤리

1. 나는 소비한다, 고로 존재한다

한때 쇼핑중독(shopping addiction)을 소재로 한 소피 킨셀라의 시리즈 소설 중 『쇼퍼홀릭(Shopaholic): 레베카, 쇼핑의 유혹에 빠지다』가 영화로 소개되어 큰 반향을 일으켰다. 아일하 피셔가 주연을 맡은 영화 〈쇼퍼홀릭〉은 바로 이 소설이 원작이다. 원작 소설에 등장하는 25세의 경제전문 기자 레베카 블름우드는 카드빚에 허덕이면서도 쇼핑의 쾌락에 빠져든다. 레베카는 쇼핑의 즐거움을 다음과 같이 고백한다.

> 계산을 마치고 매장 직원이 물건을 담아 건네는 순간, 반짝거리는 쇼핑백의 짙은 녹색끈을 쥘 때 난 거의 소리 내 울고 싶은 지경이었다. 너무 멋지다. 바로 이 순간 말이다. 나의 손가락에 빛나는 쇼핑백의 손잡이가 걸리고 그 속에 들어 있는 멋지고 새로운 신상품이 나의 것이 되는 순간. 어디에 비유하면 좋을까? 며칠 굶다가 버터 바른 따듯한 빵을 한입 가득 베어 문 순간이랄까, 아침에 눈을 뜨니 주말이었을 때 같다고나 할까, 섹스의 황홀한 순간! 마음속에 다른 건 아무것도 없다. 이건 순수하며 매우 이기적인 쾌락이다.

소비사회(consumer society)에 사는 우리는 레베카가 느끼는 이 기분을 한 번쯤은 경험했을 것이다. 게다가 기대 이상의 특별 보너스나 용돈을 받고 평소에 원하던 물건을 쇼핑할 때, 레베카의 저 짜릿한 느낌을 받았을 것이다. 우리 사회에서 명품중독이 사회적 이슈가 되었던 때가 있었다. 잊을만하면 종종 보도되는 것이 명품을 사기 위해 하루 전부터 줄을 서며 기다리다 문을 열자마자 달려가는 '오픈런(open run)'이다. 샤넬은 2022년만 4차례 가격을 올렸지만, 오픈런은 멈추지 않았고 다른 명품 매장에서도 같은 현상이 반복되고 있다. 포켓몬빵 시리즈, 한정판 운동화, 한정판 유니폼, 피규어, 유행 중인 각종 캐릭터 상품 등에서도 같은 현상이 발생하고 있다. 이 현상은 세대를 구분하지 않고 소위 잘파세대(Z세대+알파세대, 주로 1020세대 지칭)에서도 흔히 보는 풍경이 되었다. 이러한 현상은 흐름을 놓치거나 소외되는 것에 불안을 느끼는 'FOMO 증후군(fearing of missing out)'으로만 취급할 수 없다.

이것은 생산 패러다임이 중심인 산업사회에서 소비 패러다임이 지배하는 소비사회로 이동하면서 발생하는 수반현상 중에 하나로 이해되어야 한다. 대중소비사회에서 레베카는 탄생할 수밖에 없다. 단지 어떤 종류의 레베카인가가 문제인 것이다. 레베카는 소비를 할 수밖에 없는 존재, 소비를 향유하는 존재와 동의어이다. 소비가 자기표현과 자신의 존재의 의미를 구성하는 하나의 자원이자 도구인 사회가 바로 대중소비사회이다. 이러한 사회에서 '나는 소비한다, 고로 존재한다'가 지배적인 존재양식이 되는 것이다. 데카르트적 의미의 '나는 생각한다, 고로 존재한다(cogito, ergo sum)'는 자아 정체성과 자신을 연출하는 존재양식으로서 더 이상 결정적인 의미를 갖지 않게 된 것이다. 장 보드리야르(Jean Baudrillard, 1929-2007)가 말하듯이 현대사회는 소비를 학습하는 사회이고 소비에 대한 사회적 훈련을 하는 사회이다.

대중에게 이러한 현대적 삶의 존재상황을 확인시켜준 것이 바바라 쿠루거(Babara Kruger)가 1987년 제작한 포토몽타주 〈나는 쇼핑한다 고로 존재한다'(I shop, therefore I am)〉이다. 현대인의 실존 양상을 단정으로 보여주는 작품인 〈You are not yourself〉, 〈Who are you〉의 작가이기도 한 그녀는 데카르트의 코기토 명제를 대중 소비사회의 존재 명제로 전환시키는 방식을 통해 대중소비사회와 그 속에 살아가는 물화된 대중의 삶을 비판적으로 서술하고 싶은 것이다. 물론 오늘날처럼 복잡한 사회에서 소비를 바라보는 다양한 이론적 시각이 있고, 다양한 소비패턴들이 있다는 것 또한 부정할 수 없는 사실이다. 더 중요한 것은 지배적인 현상과 주변 현상을 구분하면서 소비사회에 대한 철학적, 사회학적 접근을 하는 것이다. 생물학적 차원이나 사회적 생존 차원에서 소비를 할 수밖에 없고 소비를 요구받는 사회를 살아가면서 우리는 소비의 양극화, 소비 소외, 소비 범죄 등의 소비사회의 어두운 그림자도 직간접적으로 경험하게 된다. 이와 반대로 지속가능한 삶을 위한 소비, 윤리적 소비(ethical consumption)와 같은 대안적 소비문화 현상들도 만나게 된다. 이러한 현상들 모두는 결국 '소비하는 주체'로서 소비와 존재의 의미를 구성하려는 개인적, 집단적 시도가 만들어낸 것이다. 이 문제들을 검토하기 위해 먼저 소비에 대해 알아보자.

2. 소비, 경제행위에서 문화행위로

소비(consumtion)는 모든 것(con=altogether)을 취해서 없애버리

는 것(sume=take up)을 의미한다. 소비의 개념적 의미는 파괴, 고갈, 낭비, 소모라는 부정적 의미를 담고 있다. 대량생산 체제에 의한 대중의 대량소비가 발생하기 이전의 소비재의 생산과 판매는 생산자의 입장이 일방적으로 관철되는 생산 패러다임이 작동하던 시기였으며 소비는 생산을 촉진하는 촉매제 이상으로 이해되지 않았다. 자본주의 경제이론의 주창자라고 불리는 애덤 스미스(Adam Smith, 1723-1790)는 『국부론』(The Wealth of Nations, 1776)에서 경제활동에서 '생산이 궁극적인 목적이자 목표'임을 선언했다.

> 소비는 모든 생산의 유일한 목표이며 목적이다. 생산자의 이익은 소비자의 이익을 증진시키는 한에서만 고려되어야 한다. 그러나 소비자의 이익은 생산자의 이익 때문에 거의 변함없이 희생된다. 이것이 의미하는 바는 소비자가 중요한 체계가 아니라 생산이 모든 산업과 상업의 궁극적 목적이자 목표로 간주하는 것을 말한다.

대량소비에 필요한 소비자의 대량공급이 불안전하게 이루어진 시대에서 생산물이 가득한 세계로의 변화는 생산패러다임에서 소비패러다임으로의 전환을 촉진시켰다. 칼 맑스(Karl Marx, 1818-1883)는 『자본론』(Das Kapital, 1867-1883)에서 생산물로 가득 찬 세계에서 생산물(상품)이 자신의 생명력을 가지고 생산물과 생산물, 생산물과 인간이 새로운 관계를 형성하고 생산품의 논리에 인간이 예속당하는 것을 물신주의(fetishism)라고 개념화하였다. 맑스가 상품세계의 독자성과 상품의 논리가 사회적 상호작용의 지배논리로 자리 잡은 현상을 상품물신주의로 개념화했을 때, 그는 생산과 소비의 분리가 일어나는 소비패러다임의 시작을 비판적 시선으로 읽어내고 있는 것이다. 오늘날 우리는 맑스가 상품물신주의를 비판할 때 보다 비교할 수 없을 정도로 상품의 굴레 속에 살고 있다. TV를 보거나 인터넷을 서핑하거나, 지하철을 타거나, 거리를 지나거나, 카페를 들리거나 무엇을 하든지 상품과 상품을 선전하는 광고나 상품을 판매하려는 세련된 전략의 그물에 걸려 있다. 소비의 신화와 구조를 밝히고 비판을 수행한 장 보드리야르(Jean Baudrillard, 1929-2007)는 이러한 우리의 존재상황을 "사물의 리듬에 맞추어서 사물의 끊임없는 연속에 따라 사는" 삶으로 묘사한다. 『소비의 사회』(The Consumer Society: Myths and Structures, 1979)에서 그는 현대사회에서 성인이나 역사적 위인들의 자리는 "소비의 영웅들"로 대체되고 있다고 말한다.

> 서양에서는 생산의 영웅들에 대해 찬양하는 전기(傳記)가 어디에서나 소비의 영웅들에 대한 전기에 뒤지고 있다. 성자와 역사적인 인물들에 대한 이야기를 계승한 자수성가한 사람과 창업자, 개척자, 탐험가 및 모범적이고 위대한 생애에 대한 이야기는 영화스타, 스포츠 및 게임의 스타, 돈 많은 몇몇 왕자나 세계적인 군주들, 결국 대낭비가들에 대한 이야기로 바뀌었다. 잡지와 텔레비전의 뉴스에 화제를 제공하는 이 모든 거대한 공룡들에 대해서 우리의 흥미를 돋우는 것은 언제나 그들의 지나친 생활, 엄청난 지출의 잠재 능력이다. 그들은 옛날의 왕, 영웅, 사제 또는 벼락부자들과 같이 초인적 기능을 수행한다. 그리고 옛날의 경우와 마찬가지로 그들이 제임스 딘처럼 자기 생명의 고귀함이라는 대가를 지불할 때에는 그야말로 위대한 존재가 된다.

보드리야르가 말한 것처럼 소비영웅들에 의한 전기적 인물들의 대체는 비단 서구 사회의 현상만이 아니다. 그의 주장은 문화적 다양성과 다원적 가치의 분화가 일상적으로 경험되는 서구 사회보다 '천박한 소비자본주의'가 판을 치는 우리 사회의 자화상을 잘 드러내 주고 있다. 한국 사회처럼 '작은 소비영웅들, 소비영웅을 흉내 내는 사람들'이 많을까? 손쉬운 예가 외모지상주의, 명품열병, 각종 유행의 광풍을 들 수 있다. 대부분의 사람들이 계층에 상관없이 루이뷔통, 구찌, 프라다, 샤넬, 페라가모 등 소위 명품 브랜드의 정품을 가지고 있거나 모조품을 가지고 있다. 누구나 그것을 가지길 원하며 정품을 가지기 위해서 명품계를 만들기도 한다. 정품을 가질 수 없는 경우에는 모조품이라도 사야지 직성이 풀리는 명품 광풍에 붙잡혀 있다.

명품을 둘러싼 한국 사회현상은 '소비란 무엇인가'에 대한 가장 확실한 대답을 준다. 천민자본주의적 소비사회에서 루이뷔통의 이른바 짜가 가방을 들고 중고 외제차를 구입하고, 아파트에 살려고 목을 매고, 스타벅스의 커피를 들고 다니는 것은 실제의 루이뷔통, 실제의 중고차, 실제의 아파트, 실제의 스타벅스 커피가 아니다. 그것은 단순한 필요재가 아니며 현대 세계의 도덕이 되어버린 소비를 실천하는 행위이며 소비사회에서 인간이 세계와 관계하는 방식이다. 이런 의미에서 보드리야르는 소비를 문화 "관계(단지 사물과의 관계만이 아니라 집단 및 세계와의 관계)의 능동적 양식이라는 것, 즉 우리의 체계가 기초를 두고 있는 체계적 활동 및 포괄적 반응 양식"으로 정의한다. 그는 소비가 의미를 갖게 하는 코드에 기초한 의미작용 및 커뮤니케이션의 과정으로 이해된다. 소비를 통해 이미지, 지위표시, 감성, 개성을 구성하고 연출한다는 관점에서 소비는 경제행위가 아니라 기호와 상징을 소비하고 구성하는 커뮤니케이션이자 문화적 행위이다.

『문화와 소비』(Culture and Consumption, 1988)의 저자 그랜트 매크래켄(Grant McCracken) 역시 소비를 경제현상이 아닌 문화현상으로 파악한다.

> 소비는 모든 점에서 문화적인 고려에 의해 형성되고 촉진되며 또 구속받고 있다. 소비재를 만들어내는 디자인 및 생산시스템은 완전히 문화적인 작업이다. 소비자가 시간, 주의 및 소득을 아낌없이 바치는 소비재들은 문화적인 의미로 차 있다. 소비자들은 이 의미를 완전히 문화적인 목적에 이용한다. 그것은 문화적인 범주와 원리를 표현하고, 이상을 구하고, 라이프 스타일을 창출해서 유지하고, 자신에 대한 관념을 구성하며, 사회변화를 만들어내기(그래서 살아

남기) 위해서 소비재의 의미를 이용한다. 소비는 그 성격에 있어서 철저하게 문화적인 것이다.

소비를 '의미와 가치의 교환체계'로 이해하고, 이를 구체적으로 실행하는 소비사회에서 소비는 개인의 정체성 형성의 핵심적 요인으로 자리 잡는다. 이런 이유로 매크래켄은 소비혁명이 자아의 독자성, 자율성에 대한 낭만주의적 생각을 낳았으며, 자아는 소비를 통해서 만들어지고 소비가 자아를 표현한다고 주장할 수 있었다.

3. 소비사회의 등장

언제 소비사회가 형성되었는가? 기존의 대부분의 논자들은 1920년대 포디즘(Fordism)으로 대변되는 대량생산체제가 구축되면서 대중소비사회가 출현했다고 말한다. 그러나 소비양식의 출현이라는 관점에서 보면 16세기 영국사회를 소비사회의 시발점으로 삼아야 한다.

16세기 영국의 엘리자베스 1세(Elizabeth I, 1533-1603)와 귀족들에 의해 소비양식이 출현한다. 매크래켄은 소비를 통치의 수단으로 삼은 인물이 엘리자베스 1세라고 말한다. 그녀는 사물이 갖는 지배력을 이용해 "군주지배의 정당성, 왕국의 포부, 권력의 위엄과 성질, 개인의 신비화"를 만들어 냈다는 것이다. 거대한 건축, 화려한 궁정, 의복, 접대 등에 엄청난 소비지출을 통해 그것을 보여준 것이다. 당대의 귀족들은 엘리자베스 1세의 소비를 통한 통치방식에 발맞추어 새로운 지위 표현수단으로 소비 경쟁체제에 편입되게 된 것이다. 그들은 대저택 건설, 엄청난 접대, 화려한 의복구매 등을 경쟁하듯 했으며 그러한 방식으로 지위와 명예를 연출했다. 이러한 현상을 매크래켄은 '소비를 통한 신분전쟁'이라고 규정한다. 여기서 주목해야 하는 것은 이 시기에 귀족과 하층민의 소비양식의 차이가 분명하게 드러난다는 점이다. 사치소비와 필요소비라는 양식이 확립된 것이다. 매캔드릭(McKendrick)은 18세기를 소비혁명(comsumer revolution)에 의한 소비사회의 출현기로 규정한다. 그는 소비혁명이 취향이나 구매습관의 변화만이 아니라 근대 초기 및 근대 문화에서 근본적인 변화"를 가져왔다고 말한다.

엘리자베스 1세

18세기 소비사회의 특징은 '필요에 따른 구매'에서 '유행에 따른 구매'로의 전환이다. 소비의 원칙이 '유행을 따르느냐, 마느냐'의 문제로 전환되었으며 상품구매 시 유용성에서 스타일로, 기능에서 미로 그 기준이 변화되었다. 산업혁명 이후 소비재의 증가와 함께 구매기회도 확대되었다. 어느 때든 상품구매가 가능하게 된 것이다. 이즈음에 간판, 안내장, 잡지, 카탈로그와 같은 마케팅 장치와 기법이 서서히 발전하게 되었다. 소비단위도 가족단위에서 개인의 차원으로 변화했다. 19세기는 소비양식의 일대 전환이 일어난 시기이다. 소비재화의 생산이 귀족의 영역에서 대중시장으로 이행하면서 귀족 모델 소비의 퇴조가 일어나고 대중소비 문화가 자리를 잡기 시작했다. 특히 19세기에 등장한 백화점과 만국박람회의 개최는 상상의 욕망과 물질적 욕망, 꿈과 상업의 새로운 결정적인 결합으로서 자유롭게 떠도는 욕망을 자극하는 장치이자 동시에 소비재에 문화적 가치를 제공하는 장치역할을 하기 시작했다. 백화점과 만국박람회, 견본시장의 등장은 19세기 소비양식을 특징짓는 새로운 소비환경을 조성한 것이다.

20세기에 접어들어 대량생산과 대량소비를 특징으로 하는 대중소비 시대의 기틀이 마련되었다. 포디즘(Fordism)으로 명명되는 대량생산 체제는 이전의 소비양식과는 확연히 구분되는 노동자, 일반 하층민을 소비자로 탄생시켰다. 『고독한 군중』((The Lonely Crowd, 1950)으로 잘 알려진 미국의 사회학자 데이비드 리즈만(David Riesman, 1909–2002)은 1950년대의 소비양식을 표준패키지(standard package)로 표현했다. 이 말은 당시의 미국 중산층의 소비패턴으로서 모방소비(mimetic consumption)를 통한 소비에 있어서의 동질화를 의미한다. 모방소비는 스타마케팅 전략, 알고리즘 추천시스템, 소비자 사용후기나 스타일링 포스팅 등에 의해 촉진된다, 밴드왜건 효과(bandwagon effect)도 모방소비를 이끄는 주원인이다. 많은 사람들이 유사한 소비패턴을 보이던 표준패키지 소비양식에서 선택패키지(select package)로의 소비양식의 변화는 대략 1970년에 발생한다. 선택패키지란, 모두가 동질화된 소비패턴에서 다른 소비자와의 차이를 패키지화하는 형태의 소비양식을 지칭한다. 오늘날의 소비양식은 문화의 다양성의 증가, 문화의 혼성화, 문화의 세계화, 인터넷의 발달, 지구화 등의 영향으로 패키지 형식의 소비양식이 사라지고 개인화·다원화·세분화·종합화 등 통일적인 소비양식을 찾기가 어려운 실정이다. 소셜

네트워크의 등장과 더불어 소셜 커머스(Social Commerce)가 소비의 형태를 바꾸어 놓았고 이어서 라이브 커머스(Live Commerce)를 위한 플랫폼의 등장과 모바일 커머스(M-Commerce)의 활성화는 소비 패턴의 또 다른 변화를 가져왔다. 2023년 기준 온라인 쇼핑 비율이 전체 소비에서 26%를 차지한다는 사실은 비대면 소비문화의 일상화를 의미한다.

4. 무엇이 우리를 소비하게 만드는가?

1) 호르크하이머·아도르노·마르쿠제: 문화산업-오락산업

프랑크푸르트학파의 설계자인 호르크하이머와 핵심이론가인 아도르노는 오늘날 대중적으로 통용되는 문화산업(culture industry)이란 개념을 최초로 만든 인물이다. 이들이 공동 집필한 『계몽의 변증법』의 「문화산업」 장에서 말하는 문화산업은 라디오, TV, 영화, 각종 저널을 의미한다. 양자는 이러한 미디어가 사람들의 거짓 욕구를 끊임없이 생산하고 재생산한다고 말한다. 좀 더 정확히 말하면 문화산업이 소비자들의 "욕구를 생산하고, 조종하고, 훈련"시키며 "복제, 고착, 강화"함으로써 획일화된 욕구, 기호, 소비패턴, 사고, 문화를 형성한다고 주장한다. 거짓 욕구란 자발성에 기초한 욕구가 아니라 외부의 의도에 의해 비자발적으로 만들어진 욕구를 의미한다. 문화산업의 비밀은 바로 거기에 있다는 것을 호르크하이머와 아도르노는 말하고 있는 것이다. 실제로 대표적인 문화산업인 영화나 방송, 광고 등은 언뜻 보면 즐거움, 정보, 기분전환을 선사하는 긍정적 기능을 하는 것처럼 보인다. 그러나 그 속에는 누구나 벗어날 수 없는 보이지 않는 어떤 숨겨진 작용이 있으며 그 목적을 은폐하는 방식으로 은밀하게 원하는 영향력을 행사한다. 호르크하이머와 아도르노에 따르면 문화산업은 모든 것을 오락화하고 상업화(commercialization)시키는 방식을 통해 모두에게 행복을 준다는 거짓 약속을 통해 소비자의 의식과 취향을 주조해 빠져나갈 수 없게 만든다.

헤르베르트 마르쿠제

프랑크푸르트학파의 또 다른 이론적 주자인 헤르베르트 마르쿠제(Herbert Marcuse, 1898-1979)는 호르크하이머나 아도르노가 제안한 문화산업 개념을 사용하지 않고 오락산업이란 개념을 제시한다. 그는 『일차원적 인간』에서 오락산업(entertainment industry)이 소비자의 욕구의 제한과 조작, 거짓 욕구를 생산해 낸다고 말한다. 마르쿠제에게 인간 욕구의 강도·만족·특징은 사회제도나 이해관계에 따라 조건화된다. 따라서 욕구는 '역사적' 성격을 갖는다. 그러나 그가 볼 때 현대사회는 '개인 욕구가 기존체제의 가치에 바람직하고 필요한가'를 기준으로 욕구를 허용하거나 관리한다. 오락산업이 생산하는 거짓 욕구(false needs)는 "특정한 사회적 이해관계가 억압된 상태에 놓인 개인에게 부과하는 고통·공격성·비참·불의를 영속시키는 욕구"이다. "광고에 맞추어 긴장을 풀고 장난을 하며, 행동하고 소비하고자 하는 욕구, 다른 사람들이 사랑하고 미워하는 대로 사랑하고 미워하는 욕구", "소유와 소비 그리고 상행위에 대한 욕구", "기구, 장치, 기계, 엔진 등을 끊임없이 새것으로 바꾸려는 욕구", "자기파괴 위험에 직면해서도 그러한 상품들을 사용하려는 욕구"가 거짓 욕구이다. 오락산업에 의해 생산되는 거짓 욕구는 고도산업사회의 소비와 풍요, 이데올로기와 맞물려 자본주의가 조장하는 "생물학적 욕구"의 차원으로까지 내려가서 '제2의 인간본성'을 구성한다. 이것은 주체적이고 자유로운 욕구의 죽음을 선언하는 것이고 오락산업의 노래에 춤을 추는 단세포와 같은 무비판적인 일차원적 인간(one-dimensional man)으로 살아가게 되었다는 말이기도 하다.

아도르노와 마르쿠제는 문화산업이 거짓 사이비 욕구의 생산과 조작을 통해 사회에 대한 무비판적 의식과 자발적 예속을 강화함으로써 지배질서의 재생산에 기여한다고 비판한다. 이 시각에서 호르크하이머, 아도르노 그리고 마르쿠제는 문화산업 혹은 오락산업은 기존 사회의 모순을 은폐하고, 변호하며, 사회적 통제를 용이하게 하는 이데올로기적 지배기제로 파악한다. 그렇다면 문화산업에 의해 어떻게 의식이 조작되는가? 문화산업이 생산하는 각종 오락물은 '은밀한 방식'을 통해 '행위들의 내면적 구성'을 시도한다. 방송과 영화(서부영화나 범죄물, 코미디물) 등은 기존 지배사회의 규범체계에 관객을 편입시키고 이것을 지속적으로 보여줌으로써 상상력과 자발성을 감퇴시키며 종국에는 적극적으로 사고하는 능력, 비판 능력을 사라지게 한다. 특히 영화와 같은 문화산업은 무의식적 모방충동을 조작한다.

호르크하이머와 아도르노에 따르면 모든 영화는 "마법을 걸어 아이들을 집어삼키기 위해 얘야, 좋은 수프가 여기 있다. 수프가 맛있지? 네 몸에 좋을 거야. 아주 좋을 거야라는 소름끼치는 중얼거림으로 음식을 건네주는 마녀"의 방식을 통해 영화소비자의 모방충동을 조작한다. 의식의 조작에는 반응모델의 조작도 있다. 관객은 "이미 그들이 보아왔던 다른 영화나 유흥물로부터 … 무엇을 기대해야 하는지를 알고 있으며 그들은 그것에 대해 자동적으로 반응한다." 그들의 시각에서 볼 때 문화산업은 고도로 계산된 모든 종류의 욕구와 의식조작 메커니즘을 동원해 문화상품 소비자의 비판적 의식을 잠재우고 아무생각 없이 문화산업이 제공한 상품을 즐거워하며 춤을 추는 아이들, 다른 상품을 설레는 맘으로 기다리는 아이들을 만든다. 거기에는 창조적 상상력이 아닌 거짓의 상상력이, 살아 있는 경험(lebendige Erfahrung)이 아닌 죽은 경험만이 자리 잡고 있다. 문화산업은 소비 이데올로기를 유포하며 자신을 자신이 고단한 삶의 즐거운 도피처이자 삶의 에너지원이라는 사이비 의식을 심어준다. 호르크하이머와 아도르노에게 문화산업은 소비 단순히 소비 이데올로기의 진원지만이 아니라 사이비 리얼리즘을 생산하는 이데올로기적 기능을 수행하기도 한다. 피동성과 무의식을 구성하는 문화산업의 그물망에 빠지지 않고 대항하기 위해 그들은 살아 있는 경험과 비판적 사유를 강조한다. 그때만이 비판적이고 자율적인 문화산업의 소비가 가능하다고 보는 것이다.

2) 보드리야르: 광고

보들리아르

소비자의 구매결정의 동기를 분석해 보면 단순히 가격과 실용성이 구매의 우선적 조건이 아니라는 것은 수많은 경험연구들이 보여주는 사실이다. 보드리야르(Jean Baudrillard, 1929-2007)는 『소비의 사회: 그 신화와 구조』(La société de consommation: ses mythes, ses structures, 1970)에서 광고가 "체계적이고 자의적인 기호를 통해서 감수성을 자극하고 의식을 불러일으키며" 소비자의 심리를 재구조화한다고 말한다. 광고는 '그것'의 소비를 자극하는 소비사회의 "새로운 마법사"이다. 오늘날의 광고는 더 이상 17세기 신문의 발행과 더불어 발생한 광고와 같은 직접적이고 단순한 제품정보의 전달기능을 수행하지 않는다.

보드리야르가 파악하는 광고의 기능은 다음과 같다. 1) 상품에 연상과 이미지를 부여함으로써 상품에 종합적인 감정적 현상을 불러일으킨다. 이것이 그가 말하는 "심리적 상표의 연금술"이다. 2) 사회적 지위의 코드화 기능이다. 광고는 "사람들은 … 을 보고 당신을 판단한다.", "우아한 여자는 … 로 분간된다"와 같은 측정과 구별의 체계에 의해 코드화된다. 출생이나 인종과 같은 다른 코드를 점진적으로 약화시키면서 '소비'에 의한 사회적 지위를 코드화하는 것이 광고라는 것이다. 광고문구인 '대한민국의 1%의 사람만이 선택하는 … 입니다', '품위 있는 당신만이 … 소유할 권리가 있습니다' 등이 여기에 해당된다. 3) 광고는 소비자들을 자극하고 가상의 경쟁을 유도하는 기능을 수행한다. "이것을 사세요, 이것은 다른 것을 전혀 닮지 않았거든요!", "이것을 사세요, 모든 사람들이 이것을 사용하거든요" 등과 같은 광고문구는 '모순을 일으키지 않으면서' 소비자들로 하여금 서로 닮았으면서도 저마다 독창적인 것을 소비한다는 신화를 만들어낸다. 4) 광고는 자기 실현적 예언을 제공한다. 상품소비는 곧 사랑·쾌락·건강·성공·존경·우아함·행복 등과 같은 소비자가 기대하는 현실이 상품소비를 통해 달성될 것이라는 예언적 기능을 수행한다는 것이다. 보드리야르는 앞서 언급한 『소비의 사회』에서 다음과 같이 말한다.

> 광고는 무엇을 이해하게 하거나 배우는 것이 아니라 기대하게 한다는 점에서 예언적인 말이다. 광고가 하는 말은 미리 존재하는 사실(사물의 사용가치에 대한 사실)을 전제로 하는 것이 아니라 광고의 예언적 기호가 만들어 내는 실재성에 의해 추인되는 것을 전제로 한다.

3) 베블런: 과시소비·여가를 통한 차별화 욕구

미국의 사회경제학자인 소스타인 번드 베블런(Thorstein Veblen,

베블런

1857-1929)은 『유한계급론』(The Theory of the Leisure Class, 1899)에서 "과시는 인간의 본능이다"라고 주장한다. 그의 주장은 누구나 '과시'의 본능이 있지만 그 형식이 다를 수 있고 표현의 방법과 절제 가능성을 배제하지 않는다. 그에 따르면 정치권력과 사회적 지위관계가 일치하지 않는 자본주의 사회에서 새로운 상류층은 '과시 소비'(conspicuous consumption)를 통해 자신들의 사회적 지위를 승인받으려 한다. 베블런이 말하는 과시 소비는 자본가로 구성된 상류층이 자신들의 우월성, 지불 능력을 과시하기 위해 필요가 없는 부분에 돈을 쓰며, 이것을 통해 사회적 명성을 얻으려는 소비행위를 말한다. 자동차, 명품, 고급의류, 고급스포츠 등을 통해 자신을 과시하려는 과시 소비는 소위 베블런 효과(veblen effect)라는 경제현상을 유발시키기도 한다.

베블런 효과란 가격이 올라도 수요는 증가하는 경우를 말한다. 강남의 백화점에서 적정가에 나온 옷이 팔리지 않아 가격을 올려 공(0)을 하나 더 쳤더니 물건이 오히려 더 잘 팔렸다는 일화도 베블런 효과의 한 사례이다. 베블런은 과시소비를 자본주의에서 발생하는 '사회적 구별짓기', '차별화 메커니즘'으로 파악한다. 그는 과시소비와 함께 상류층의 또 다른 차별화 메커니즘으로 노동할 필요가 없는 존재, 생산활동과 무관한 존재임을 과시하기 위해 '과시적 여가(conspicuous leisure)'을 즐긴다고 말한다. 이는 여가 활동을 통해 지위와 경제적 능력의 격차를 보여주고자 하는 차별화 욕구의 표현이다. 베블런의 논의에서 과시 소비와 과시 여가가 상류층 내에서 명예와 평판 경쟁에서 차별화 전략 차원이라면 현대사회에서 대중적 차원의 차별화 욕구는 특정한 상품의 등급화 형태로 나타난다. 2024년 MZ세대 사이에서 '러닝'이 새로운 취미생활로 유행하면서 월드클래스, 국가대표, 지역대표, 동네대표, 마실용, 입문용으로 구분하는 '러닝화 계급'이 등장했다. 소비하는 상품이 많이 생기면 생길수록 그만큼 소비를 매개로 한 차별화 욕구의 범위는 확대된다.

4) 짐멜: 평균화 충동

막스 베버(Max Weber)와 함께 독일사회학회를 만들고 문화사회학의 정초자로 알려진 게오르그 짐멜(Georg Simmel, 1858-1918)은 「유행의 심리학」(Die Psychologie der Mode, 1904)에서 유행을 "사회적 균등화 경향"이라고 말한다. 다시 말해 개인의 평균화 충동이 유행을 가능하게 만든다는 말이다. 이 주장은 우리가 왜 '그것'을 소비하는가? 왜 우리는 히트상품에 열광하는가? 등과 같은 물음을 설명하는 단서를 제공한다. 우리가 특정 상품, 특정 브랜드를 구매하고 소비하는 것은 평균화 충동에 기인한다. 더 정확히 말하면 많은 사람들은 자신이 심리적으로든, 계층적으로든 자신이 속해 있다고 믿는 준거집단(reference group)을 상정하고 거기에 맞는 소비패턴을 보여준다. 사회경제적 준거집단을 설정하고 그 준거집단에 맞는 소비를 통해 심리적 일치를 경험하려는 욕구가 소비로 나타난다. 경제적 수준에 맞는 소비, 사회적 지위에 준하는 소비를 하려는 소비충동이 평균화 충동의 발현인 것이다.

게오르그 짐멜

예시를 들어보자. 어떤 사람이 대학동창회에 나갔다. 그는 동창들에 뒤지지 않는 사회적 지위를 가지고 있는 사람이다. 그가 동창회에 나가 헤어질 즈음에 발견한 것은 자신만 소형차이고 친구들은 모두가 최상급 외제차를 타고 있었다. 돌아오는 길에 그는 다음에 동창에 갈 때는 차 좀 바꿔서 가야겠다는 생각을 했다. 이것이 바로 준거집단과 동일화되고 싶은 평균화 충동이 소비계획으로 나타나는 사례이다. 다음의 경우를 보자. 아파트 부녀회가 잘 운영되는 곳에서 부녀회원 중 새로 나온 주방용 프리미엄급 김치 냉장고를 들여 놨다고 소문이 나면 '나도 한 번 바꿔 볼까', '그래 이 정도 집에 살면서 저 정도는 가지고 있어야지'라고 생각하면서 결국 부녀회 회원의 대다수가 시차를 두고 상품을 구입하는 사례가 있다. 이와 같은 현상은 소비가 어떻게 사람들에게 준거집단에 속해있다는 소속감을 주는지를 잘 보여준다.

5) 인정욕구

인정욕구(need for recognition)는 자발적 고립을 선택하지 않은 모든 사람에게 존재한다. 인정욕구는 개인적 차원의 인정, 법적/정치적 차원의 인정, 사회경제적 차원의 인정으로 나눌 수 있으나 여기서는 개인적 차원의 인정욕구를 다룬다. 일상적 사회생활에서 가장 일반적인 인정욕구는 타인으로부터 긍정적인 평가를 받고 부정적인 평가를 받지 않으려는 태도로 나타난다. 외부의 인정과 평가가 자기 정체성이나 자기 효능감을 증가시키는데 긍정적으로 작용하기 때문이다. 자격증 시험을 포함한 각종 시험 응시, 이미지 관리, 평판획득을 위한 활동 등의 사회적 삶은 넓은 의미에서 인정 투쟁이라 할 수 있다. 친밀성의 관계와 같은 사적 영역에서도 인정욕구는 발휘된다.

이러한 인정욕구는 물질의 소비에 대한 인위적 연출을 통해서도 나타난다, 정서적 정신적 독립심이 적은 경우, 관계성 욕구의 미충족, 주관적 안녕감(subjective well-being)이 부족한 경우, 과잉 자기애 등이 소비를 통한 인정욕구 발산의 한 동인들이다. 인정욕구는 타자들에게 사회적 지지를 받고 싶은 심리의 다른 표현이다. 인정욕구를 자극하는 또 다른 동인으로는 차별과 무시에 대한 경험이 있다. '참 없어 보인다', '이 정도는 입고 다녀야 하는 게 아니야', '옷이 날개야'와 같은 말이 흔하게 들리는 사회에서 소비는 인정 욕구를 채우는 가장 손쉽고 유효한 수단으로 인식된다. 차별과 무시의 경험이 소비 욕구를 자극하는 경우는 '있어 보이려는' 형태의 소비로 나타난다. 소비가 인정이 무시와 차별의 방어기제로 활용되는 것이다. 오늘날 소비는 자신감을 갖는 수단으로, 자기 존중의 방법으로 또는 체면유지로 표현되는 명예를 지키는 유효한 장치이다. 소비사회에서 소비는 인정욕구의 유효한 활용재임을 부인할 수 없다.

5. 소비사회의 어두운 그림자

1) 다신적 물신숭배

칼 맑스는『자본론』에서 상품을 분석하면서 상품물신주의를 비판한다. 상품을 신의 심급으로 올리고 물신에 빠진 태도를 비판하기 위한 개념이다. 발터 벤야민(Walter Benjamin, 1892-1940)은『아케이드 프로젝트』(Das Passagen-Werk, 1982)의 짧은 글인「종교로서의 자본주의」(Kapitalismus als Religion, 1921)에서 '자본주의가 종교가 되었다'고 주장하면서 자본주의의 성소가 '아케이드(arcade)'라고 규정한다. 아케이드는 19세기에 처음으로 등장한 건축물로 유리와 철로만 만든 당대 최첨단의 건축물이다. 이 아케이드에 당대 최고의 상품들이 거리에서 다 볼 수 있는 형태로 진열되어 있고 역시 당대 처음으로 네온사인들이 등장해 사람들을 상품 진열장으로 다가오기를 유혹했다. 파리에 거주하던 벤야민은 이 장면들을 지켜보면서 상품의 궁전에 흥분된 소비심리를 목도했다. 그는 파리에서 개최된 만국박람회를 보면서 '물신 순례의 중심지'라고 말했다. 맑스나 벤야민이 오늘날 한국의 백화점에 나타나 소비에 열광하는 사람들을 본다면 물신 숭배자의 축제라고 하지 않았을까?

서두에 언급한 레베카(소비자)가 보여주는 것은 '물신세계의 다신교 도로서의 기쁨'인 것이다. 이런 이유로 노르베르트 볼츠(Norbert Bolz)는 「소비가 최후의 종교이다」(Die letzte Religion heißt Konsum, 1999)에서 소비가 '최후의 종교'이며 수많은 레베카들이 물건을 사는 대형 쇼핑몰을 '성전'이라고 말한다. 오늘도 수많은 레베카적 인물들은 대형 백화점으로 들어간다. 그녀는 거기로 갈 때 가장 편안하며 안정감을 느낀다. 신들(상품들) 앞에 경의와 함께 예의를 갖춘다. 새로운 상품들의 위력과 알 수 없는 현대적 불안이 다신적 물신주의에 빠져들게 한다. 자본주의적 삶의 양식에서 미니멀 라이프를 추구하는 것은 소수의 존재론적 반란에 그치고 있다고 인정할 수밖에 없을 만큼 소비사회가 만들어낸 물신주의는 강력하다.

1787년 파리에 세워진 세계최초의 아케이드인 Galeries de Bois

2) 끊임없는 욕망의 재생산

프로이트(Sigmund Freud, 1856-1939)의 주장처럼 인간의 삶의 에너지인 것이 사실이지만, 욕망(desire)은 충족되지 않는다. 욕망은 끊임없이 재생산되며 '죽음'과 함께 욕망은 비로소 사라지게 된다. 어떤 상품을 갖고 싶다는 욕망이 실현되면 희열을 느낌과 동시에 이내 또 다른 상품을 가지려는 욕망을 갖게 되고 만족도 지속기간이 욕망의 재생산을 낳는 원인으로 작용한다. 가령 원하는 의류 브랜드 상품을 구입했을 때 만족도 유효일은 1일에서 길어야 2주이다. 스마트 폰의 만족지속성은 약 2~4주이다. 자동차와 같은 고가의 상품은 짧으면 수개월, 길어도 1년이라고 한다. 감정의 만족도의 감소와 소멸이 새로운 욕망을 재생산하는 것이다.

프로이트의 욕망이론을 발전시킨 자크 라캉(Jacques Lacan, 1901-1981)도 욕망을 인간 존재의 기본구조라고 주장한다. 그에 따르면 욕망은 결핍에서 발생하며 결핍이 남아 있는 이상 욕망은 끊임없이 다른 대상으로 대체될 뿐이지 결코 충족될 수 없다. 흥미로운 점은 라캉이 '욕망은 항상 타자의 욕망이다'라고 주장한다는 것이다. 이 말은 나의 욕망이 타자의 욕망으로 독립된 욕망이 아니라 타자의 욕망에 영향을 받거나 의존되어 있다는 것이다. 또한 이 말은 나의 욕망의 내용이 타자가 나에게 기대하고 바라는 것을 욕망한다는 의미이다. 상품 소비의 경우를 보자. 특정 상품의 소비는 욕망의 표현이다. 특정한 상품을 소비하면 결핍이 충족될 것이라는 판타지(fantasy)가 작용해 소비한다. 그러나 그 소비는 동시에 타자나 자본주의 사회가 광고와 미디어 등을 매개로 욕망하라는 것을 욕망하고 그 욕망을 표현하는 타자의 소비이지 나의 소비가 아니다. 욕망이 인간 심리의 기본구조인 이상 상품소비 욕망은 죽음의 순간까지 계속된다는 것이 프로이트와 라캉의 생각이다.

3) 개성의 상실

과시소비를 통해서 자신의 사회적 신분을 나타내거나, 경쟁소비를 통해서 자신의 존재감을 확인시키려는 태도, 이 정도의 상품과 이 정도의 웰빙음식을 먹어줘야 상·중산층의 삶이라는 허위의식은 하나같이 상품을 통해 자신의 인격과 존재감을 드러내려는 소비사회의 '개성 없는 개성'들의 자화상이다. 그들은 '하얀 피부, 멋진 옷, 빼어난 미모, 세련된 말솜씨'가 한국 사회를 살아가는 기초 자본이며 '있어 보이지 않으면 우습게 보이고 무시당한다'는 체험적 지식을 설파한다. 사물과 상품이 지배하는 소비사회는 상품을 통해 자신을 치장함으로써 상품의 치장 속에서 자아가 짓눌리는 결과를 낳는다. 개성을 살리는 도구인 상품이 개성을 억압하는, 아니 개성 전체로 행세하는 개성상실 시대가 지금의 현대 소비사회이다.

똑같은 얼굴이 지나가고 똑같은 옷들이 걸어간다. 뇌의 소유자는 각각 다른데 같은 뇌구조를 갖게 만드는 소비사회에서 정체성은 길을 잃는다. 그것이 개성의 상실이다.

4) 소비의 양극화

소비의 양극화(polarization of consumption)가 심각하다는 것을 모르는 사람은 없다. 최근 몇 년 사이 짠테크(짠돌이+재테크)가 일부에서 소비트렌드가 되었다. 그런가 하면 초고가의 프리미엄 상품들을 찾는 사람들도 많다. 고급호텔에서 19만 원짜리 뷔페로 식사를 하고 10만 원이 넘는 애플망고빙수를 먹는 사람과 편의점에서 3900원짜리 김치참치덮밥으로 점심을 해결하고 1,500원짜리 저가 커피를 마시는 사람이 같은 하늘 아래 살고 있다. 다이소에서 파는 5000원짜리 후드티를 입고 다니는 사람과 1,400,000원짜리 셀린느 후드티를 입고 사는 사람이 같은 거리를 걷고 있다.

백화점이나 은행에서의 VVIP 고객 마케팅이나 대형 할인마트의 판매는 소비 양극화의 단면을 잘 보여주는 사례이다. 건강상의 이유가 아니라 경제적인 이유로 유기농 농산물을 먹지 못하는 사람과 유기농만 먹는 사람, 자연육만 먹는 사람과 가공육만 먹는 사람 … 소비의 양극화 현상은 끝이 없다. 소득의 양극화로 인한 소비의 양극화는 사교육비 지출의 격차로 나타나며 이것은 계급이동을 막는 역할을 하게 된다. 다시 말해 교육기회나 교육투자 총액의 부족으로 계급상승이 아닌 계급 유지가 최선인 삶으로 간주하는 건강하지 못한 사회상으로 나타난다.

6. 대안적 소비로서 윤리적 소비

대량소비사회, 이기적 소비의 시대가 가져오는 결과는 부정적일 수밖에 없다. 이러한 문제에 대응하고자 하는 소비태도와 소비행동이 윤리적 소비(ethical consumption)이다. 윤리적 소비는 개인의 도덕감, 윤리의식에 근거해 소비를 결정하는 소비행동 일반을 통칭하는 것으로 경제지향적 소비가 아니라 가치 소비행위이다. 자원절약형 친환경 소비, 지속가능한 소비, 비윤리적 기업의 소비금지나 불매, 공정무역 소비 등이 윤리적 소비의 하위 개념들이다. 윤리적 소비의 영역은 아래와 같이 크게 4가지 영역으로 구분할 수 있다.

1) 자원 배분 영역
자산의 윤리적 투자, 나눔, 기부

2) 구매 행동 영역

친환경 소비-친환경 제품구매, 동물복지 인증제품 구매, 공정무역, 공정여행 상품 이용, 로컬푸드, 불매운동(정치적 차원-이스라엘제품, 일본제품, 빈번한 산업재해 발생업체, 악덕 기업주 업체), 유전자 변형식품

3) 사용영역

소비절제-에너지 절약, 물 등 지속가능한 소비

4) 처분 행동 영역

재사용, 재활용, 각종 쓰레기 줄이기

윤리적 소비의 범위는 매우 광범위하다. 그 중에서 공정무역(fair trade)에 대해 알아보자. 공정무역은 국제 무역에서 행위에서 무역 대상국의 사회문화적 환경과 생산조건과 생산관계 등을 충분히 고려해 무역의 기준으로 삼으면서 공정한 가격을 분배를 추구하는 경제사회 운동이다. 국제공정무역인증기구(FLO)는 공정무역을 “대화, 투명성 및 존중에 기반한 파트너십”에 기초한 무역행위로 정의한다. 공정무역은 저개발국가에서 적은 규모로 생산되어 선진공업국으로 수출되는 상품들 그중에서 전통 공예품, 커피, 꿀, 와인, 초콜릿, 코코아, 견과류와 같은 농산물만이 아니라 면제품 등에 초점이 맞추어져 있다.

국제공정무역인증기구가 밝히는 공정무역이 추구하는 원칙은 1) 국제무역에서 형평성 향상, 2) 소외된 제조업체와 노동자들의 안정과 자립능력 촉진 3) 공정한 가격 4) 노예노동, 아동 노동을 금지하고 여성의 권리가 보장되는 노동조건 5) 환경을 보호하는 지속가능한 적정 농업기술 사용 등이다. 이 운동은 1940년대 중반에 미국에서

시작되어 1960년대 유럽에서 꽃을 피웠다. 이 운동은 저개발국가에서 이익만을 추구하는 다국적 기업의 무역행태를 비판하면서 그 지역에서 소규모로 생산된 물품을 파는 공정무역 상점을 유럽 전역에 세웠다. 세계 최초의 공정무역 커피는 1973년에 네덜란드에서 판매되기 시작했다. 1988년에 네덜란드를 시작으로 공정무역 인증 제도가 도입되었고 일반화되었으며 1989년에는 세계공정무역기구(WFTO)가 설립되었다. 다양한 나라에서 이루어지는 공정무역의 성과에 대한 경험연구들에 따르면 소규모 커피 농가의 빈곤감소와 복지향상, 아동의 교육률 향상, 현지 생산자 조직의 구성과 활성화 등의 실제적 효과를 낳았다.

〈공정무역의 10개 원칙〉

국내의 경우 2006년에 페어트레이드코리아라는 최초의 공정무역 기업이 생겼다. 한국공정무역협의회에 가입된 단체는 2024년 현재 12곳이며 26개국 71개 생산단체의 제품을 판매하고 있다. 주요 제품으로는 수공예품, 홈데코, 인형, 스카프, 커피, 카카오, 건조과일, 통후추, 향신료 등 다양하며 공정무역 규모는 약 900억에 이른다. 공정무역

제품을 주로 판매하는 곳으로는 아름다운 가게, 트립티코(triptico), 행복한 나눔 등이 있으며 공정무역 쇼핑몰로는 바이페어트레이드(www.buyfairtrade.co.kr)가 운영중이다. 안양시와 광명시의 경우는 공정무역축제를 개최하며 공정무역 기업육성 정책도 추진중이다. 공정무역 관련 운동단체로는 국제공정무역마을위원회가 있다. 공정마을(fair trade towns) 운동은 지역의 기초를 두면서 공정무역에 대한 인식제고와 공정무역 제품이용의 활성화를 목적으로 하는 운동이다. 2013년 출범한 한국공정무역마을위원회는 공정무역마을 인증제도도 운영하며 2024년 11월 현재 60개의 공정무역 실천 기관(어린이집, 학교, 도서관, 협동조합, 도시)을 인증했다.

공정무역의 문제점이 없는 것은 아니다. 가장 눈에 띄는 현상이 마케팅 수단으로 이용된다는 점이다. 가령 공정무역의 원재료를 극히 일부만 사용하지만, 제품 전체에 사용하는 것처럼 현혹하는 과장광고 마케팅 기법을 사용한다. 다양한 제품을 생산하는 회사에서 한두 개 품목만 공정무역 제품인데 모든 제품이 공정무역 제품인 것처럼 마케팅하는 사례도 있다. 또 다른 문제는 공정무역 인증제도가 소량의 제품을 생산하는 저개발국가의 생산자들에게 경제적 부담을 준다는 점이다. 이와 같은 문제에도 불구하고 제도의 보완과 철저한 관리를 통해 공정무역의 취지를 살리는 장기적인 시각과 인내가 필요하다.

불매운동도 윤리적 소비에 속한다. 윤리적 경영이나 사회적 책임을 다하지 않는 기업을 대상으로 개인적 차원이나 집단적 차원에서 상품을 구매하지 않는 행위가 불매운동이다. 2024년 11월 4일 네이버 본사 앞에서 웹툰 불매 시위가 있었다. 이들의 불매운동은 근조화환 30개를 사흘에 걸쳐 네이버웹툰 팀이 근무하고 있는 네이버 그린팩토리 앞에 세우게 하는 것이었다. 원인은 네이버의 '지상최대공모전'의 응모해 1차 심사를 통과한 응모작 〈이세계퐁퐁남〉 때문이다. 이 웹툰은 연애경험임 많은 여성은 문란하다는 낙인을 찍고 여성 혐오표현을 남발해 불매운동에 직면했다. 불매운동이 시작된 한 달 만에 일일활성 이용자수가 1020만 넘게 감소했다. 시위자들은 '검열기준을 재정립하고 검열기준을 전부 공개하라'고 요구했다. 이 시위는 시위자의 윤리의식에서 보거나 사회규범의 일반적 허용범위를 넘어섰다는 인식에 기초한 불매운동이다. 이 사건은 윤리적 소비 운동이 웹툰시장에 나타난 대표적인 사례로 기록될 것이다. 소비자 불매운동(consumer boycott)의 성공 사례로는 2011년 103명의 목숨을 앗아간 영국계 다국적 기업인 옥시의 가습기 살균제 사건이다. 옥시 불매운동 후 판매량이 25% 감소한 바 있다.

로컬 푸드 운동(local food movement)은 독일의 경우 1820년대, 미국의 경우 1930년대까지 그 기원을 찾을 수 있지만 윤리적 소비운동의 한 형태로 세계적 차원으로 확산되기 시작한 시기는 1990년대이다. 로컬 푸드 운동은 지역에서 생산-유통-소비되는 농산물을 말한다. 미국의 식품, 보존 및 에너지법은 판매지역이 제품원산지에서 640km 이내와 같은 주에서 생산된 농산물을 로컬푸드로 규정한다. 영국의 농부시장전국연합은 로컬푸드를 반경 48km 이내로 제한한다. 런던의 경우는 런던 외곽순환도로에서 160km 이내를 기준으로 한다. 우리나라 경우 군단위 지자체 내에 생산된 먹거리를 로컬푸드로 인증한다. 로컬푸드는 지역의 농산물 생산자의 안정적 소득과 건강한 삶을 지향하는 소비자들이 안전하고 신선한 먹거리의 소비를 통한 신뢰구축만이 아니라 지역의 가치와 정체성을 창출하는 목표를 갖고 있다. 또한 로컬푸드는 포장과 가공의 최소화, 짧은 이동거리로 인한 온실가스 배출 감소, 화학연료 감축, 화학적 오염물질 포함 금지, 동물복지 규범준수 등 환경친화적인 지속가능한 소비개념이 반영된 윤리적 소비이다.

소비없이 삶이 불가능하다라고 할 정도로 삶과 소비는 분리될 수 없다. 지구의 대부분의 사람들이 이기적 소비, 구별짓기를 위한 과시적 소비, 낭비적 소비를 계속한다면 지구의 자원과 환경은 과연 어떻게 될 것인가? 윤리적 소비는 작은 소비행동의 윤리성만이 아니라 지역과 사회, 식물과 동물 등 비인간 존재들, 미래의 시간을 염두하면서 소비하는 실천적 소비활동이다. 지구인이 윤리적 소비를 소비행위의 일부가 아니라 소비행위의 원리로 받아들인다면, 자신의 삶만이 아니라 사회와 세계의 질서가 바뀔 것이다. 윤리적 소비자는 단순히 소비행위에 그치는 것이 아니라 그러한 가치지향을 자기 삶의 모토로 삼을 것이며 동일한 기준을 타자 관계에서도 적용할 것이다. 거기로부터 새로운 윤리적 공동체의 형성 가능성, 더 나은 삶의 조건과 더 좋은 삶의 가능성이 열리게 된다.

〈참고문헌〉

게오르그 짐멜, 『짐멜의 모더니티 읽기』, 김덕영 역, 새물결, 2006.
그랜트 매크래켄, 『문화와 소비』, 이상률 역, 문예출판사, 2000.
김미조, 『모두가 행복한 착한 초콜릿 아름다운 공정무역』, 뭉치, 2021.
박지희·김유진, 『윤리적 소비』, 매디치미디어, 2010.
발터 벤야민, 『아케이드 프로젝트』, 조형준 역, 새물결, 2013.
소스타인 베블런, 『유한계급론』, 박종현 역, 휴머니스트, 2023.
소피 킨셀라, 『쇼퍼홀릭: 레베카 쇼핑의 유혹에 빠지다』, 노은정 역, 황금부엉이, 2009.
이완배, 『시장의 빌런들』, 북트리거, 2024.
자크 라캉, 『욕망이론』, 권택영 엮음, 권택영 외 역, 문예출판사, 1994.
자크 알렝 밀레(편), 『자크 라캉 세미나11: 정신분석의 네 가지 근본개념』, 맹정현 외 역, 새물결, 2008.
장 보드리야르, 『소비의 사회』 이상률 역, 문예출판사, 2015.
지그문트 바우만, 『소비하는 삶 소비되는 삶』, 궁선영 역, 새물결, 2024.
칼 맑스, 『자본Ⅰ』, 김영민 옮김, 이론과 실천, 1997.
Bolz, N./Kammerl, R(Hg.) *Das Wissen der Religion: Religionsästhetik, Medien, Kultur* München & Paderborn 1999.

제 5 장

현실 속의 죽음과 죽음윤리

1. 죽음의 문제

통계청이 발표한 〈2024년 인구동향조사 출생·사망통계〉에 따르면 2024년 우리나라의 사망자 수는 358,400명이다. 2023년(352,511명) 대비 1,7%가 증가했다. 같은 기관에서 공개한 〈2023년 사망원인통계 결과〉에 의하면 암으로 인한 사망은 8만 5,271명으로, 전체 24.2%로 가장 많고 '심장 질환'(3만 3,147명·9.4%), '폐렴'(2만 9,422명·8.3%), '뇌혈관 질환'(2만 4,194명·6.9%), '고의적 자해(자살)'(1만 3,978명·4.0%), '알츠하이머병'(1만 1,109명·3.2%), '당뇨병'(1만 1,058명·3.1%)이 뒤를 잇고 있다. 자살로 인한 사망은 1만 3,978명으로 2022년 대비 1,072명, 8.3% 늘어났다. 하루 평균 자살로 인한 사망자는 38.3명이다. 이 중 10대 자살 사망자가 803명이다. 우리나라는 경제협력개발기구(OECD) 가입국 중 자살률이 1위며 인구 10만 명당 평균 자살 사망자가 가입국의 2배를 상회한다.

인생의 황혼기에 접어든 사람들 중에는 중환자실이나 병원의 침대에서 생을 마감하고 싶지 않다는 사람들이 많다. 존엄한 죽음(Dignified death)을 선택하는 사람들이 늘어나고 있다. 보건복지부의 국회보고 자료에 의하면 2018년 연명의료결정법(존엄사법)이 시행된 이후 연명의료 중단자는 꾸준히 증가했다. 2019~2023년 5년 동안 연명의료를 거부하고 숨진 사람은 총 32만 7097명에 달한다. 전체 사망자 중에서 차지하는 비중도 10.6%에서 20.1%로 두 배 가까이 상승했다. 2025년 6월 10일 기준 사전연명의료의향서(advance directives) 누적 등록자는 2,906,615명으로 집계되었다. 조력 존엄사를 시행하는 스위스의 기관인 디그니타스(Dignitas)의 한국인 회원 수는 꾸준히 증가하고 있다.

죽을 권리(right to die) 운동을 주도하며 조력 안락사 지원단체인 엑시트 인터내셔널(Exit International)을 설립한 필립 니츠케(Philip Nitschke)에 의해 개발된 사르코(Sarco) 캡슐을 사용해 죽음을 선택한 미국여성 사건이 2024년 9월에 스위스에서 발생했다. 제품 안전법과 화학물질 관련 법률을 위반으로 사르코 캡슐 사용이 중단된 상태이나 안락사를 희망하는 인구는 점차 늘고 있다. 갤럽뉴스(2024. 8. 8)에 따르면 미국인 71%가 안락사 법적 허용을 지지한다. 가디언 뉴스(2025, 3, 24)에 따르면 2024년 네덜란드 전체 사망자 중 약 5%가 안락사로 죽음을 선택했다.

디그티타스 홈페이지

죽음은 모든 생명체가 거쳐야 할 마지막 순서이다. 그렇다면 사람들은 살아가면서 죽음에 대해서 어느 정도 생각을 할까? 엠브레인 트렌드모니터가 전국 만 19~69세 성인 남녀 1000명을 대상으로 '2024 연명의료결정법 관련 인식 조사'에 따르면 전체 응답자의 상당수(64.1%)가 평소 '죽음'의 의미에 대해 고민하는 편이라고 답했다. 흥미로운 점은 20대(51.5%)와 30대 (65.0%)도 평소 죽음에 대한 생각을 한다는 점이다. 시장조사기관인 한국 리서치가 전국 만 18세 이상 남녀 1,000명을 대상으로 한 2024(5.31~6.3)년 〈질병 및 죽음에 대한 인식 조사〉에 따르면 '자신의 죽음에 대해 생각해 본 적이 있다'라는 설문에 '그렇다'라고 대답한 응답률이 84%였다. 위의 조사 결과들이 말해주는 것은 생각보다 많은 사람들이 죽음에 대해 생각한다는 것이다. 통계를 다르게 해석하면, 적게도 16%에서 많게는 50%로 가까이가 자신의 죽음에 대해 생각하지 않는다는 것을 말한다. 죽음에 대한 생각은 단순히 추상적인 생각이 아니라 구체적인 생각이다. 왜냐하면 죽음에 대한 생각은 현재 나의 삶을 생각하는 계기를 제공하며 자극제가 될 수 있기 때문이다. 이제 죽음에 대한 사유의 세계로 들어가 보자.

2. 죽음에 대한 철학적 성찰

1) 에피쿠로스

『메노이케우스에게 보내는 편지』(Letter to Menoeceus)에서 Epicurus, BC 341-270)는 "우리는 쾌락을 선으로 선택하고 고통을 악으로 피한다"라고 주장한다. 그가 말하는 쾌락은 마음의 동요가 없는 상태(ataraxia)와 육체적

에피쿠로스

고통이 없는 상태(aponia)를 말한다. 그는 쾌락을 둘러싼 욕망의 종류를 자연적이며 필연적인 욕망, 자연적이지만 필연적이지는 않은 욕망, 자연적이지도 않고 필연적이지도 않은 욕망으로 구분하며 중요한 것은 쾌락의 노예가 아니라 쾌락의 주인이 되는 것이라고 강조한다. 그에게 이성은 쾌락의 최대화, 쾌락의 조절관리하는 핵심적인 수단으로 잘 활용해야 쾌락의 주인이 될 수 있다고 본다. 에피쿠로스는 쾌락만을 이야기한 철학자가 아니라 죽음을 사유한 철학자이기도 했다.

그는 먼저 죽음에 대한 공포를 갖는 것 자체가 헛된 것이라고 분명하게 말한다. 『쾌락』(On Pleasure)에서 "내가 죽음을 두려워하는 이유는, 죽을 때 고통스럽기 때문이 아니라, 죽게 된다는 예상이 고통스럽기 때문이다"라고 말하는 사람도 헛소리를 하는 셈이다. 왜냐하면 "죽음이 닥쳐왔을 때 고통스럽지 않은 데도 죽을 것을 예상해서 미리 고통스러워하는 일은 헛되기 때문이다"라고 말한다. 같은 책에서 에피쿠로스는 죽음에 대한 두려움을 갖지 말아야 할 이유로 "우리가 존재하는 한 죽음은 우리와 함께 있지 않으며, 죽음이 오면 우리는 이미 존재하기 않기 때문"이라고 말한다. 『메노이케우스에게 보내는 편지』에서도 그는 "죽음은 산 사람이나 죽은 사람 모두와 아무런 상관이 없다. 왜냐하면 산 사람에게는 아직 죽음이 오지 않았고, 죽은 사람은 이미 존재하지 않기 때문이다"라고 반복적으로 적고 있다.

에피쿠로스는 『주요 가르침 II』에서 같은 차원의 주장을 감각론적 차원에서 부연 설명한다. 그는 "죽음은 우리에게 아무것도 아니다. 왜냐하면 해체된 것은 감각이 없기 때문이다. 감각이 없는 것은 우리에게 아무것도 아니다"라고 말한다. 또한 그는 불멸에 대한 갈망을 제거한다면 '죽음이 두려운 일이 아니다'라는 믿음을 갖게 될 것이라고 믿었다. 결론적으로 그는 "죽음이 두려운 일이 아니라는 사실을 진정으로 깨달은 사람은, 살아가면서 두려워할 것이 없다"고 말한다. 우리는 그가 『쾌락』에서 이 말을 한다는 것에 주목해야 한다. 그가 말하고 싶었던 것은 삶의 쾌락을 향유하기 위해 죽음에 대한 올바른 인식이 필요하다는 사실이다.

2) 소크라테스

소크라테스(Socrates, BC 470-399)는 죽음은 담담하게 두려움 없이 받아들여야 하는 것이며 죽음의 사건이 과연 나쁜 것으로만 이해될 수 없다는 생각을 한 인물이다. 소크라테스의 재판장면을 기록한 『변론』(Apology)에서 그는 "벌써 떠날 시간이 되었군요. 나는 죽으로, 여러분은 살러 갈 시간이. 우리 중 어느 쪽이 더 좋은 일을 향해 가고 있는지는 신 말고는 그 누구에게도 분명치 않습니다"라고 말한다. 소크라테스가 사형선고를 내린 배심원들에게 마지막으로 한 말이다. 소크라테스는 이 말에 앞서 죽음은 두 가지 중 하나일 것이라고 주장한다. 즉, "죽음은 그 무엇에 대해서든 그 어떤 감각도 갖고 있지 않아" 아무것도 아니거나 아니면 "영혼이 이곳에서 다른 곳으로 옮겨 사는 일"일 것이라는 것이다. 첫 번째는 죽음은 공포의 대상이 아니라는 주장이다. 두 번째 주장은 육체는 사라져도 영혼은 불멸한다는 것에 대한 믿음의 표현이다. 두 번째 말에 덧붙여 그는 죽어서 현생을 "떠나 산다는 것이 보잘것없는 것일까요?"라고 오히려 반문한다. 『변론』에서 나타나는 소크라테스의 죽음에 대한 인식과 자기 죽음에 대한 태도는 매우 중립적인 것이다.

이러한 그의 태도는 독을 마시고 죽기 전후에도 볼 수 있다. 그의 동료이자 제자격인 크리톤이 매장방식에 대해 물을 때 그는 "자네들 하고 싶은 대로 하게나"라고 말한다. 또 크리톤(Crito)이 아직 해가 지질 않았으니 독을 나중에 마시길 권하는데 소크라테스는 "조금 후에 마신다고 한들, 나 자신에게 비웃음을 자초하는 것 외에 아무런 이득도 얻지 못할 것"이라고 말한다. 그가 독을 마시자 곁에 있던 크리톤(Crito)과 아폴로도로스(Apollodorus) 등이 눈물을 흘리며 울었다. 이때 "무슨 짓들인가, 이 놀랄 사람들아. 나는 엄숙하게 죽음을 맞아야 한다고 들었네. 자, 조용히 하고 참아 내게"라고 말한다. 다리가 굳고 배 주위가 굳어갈 때 소크라테스가 마지막으로 크리톤에게 한 말은 "아스클레피오스에게 닭 한 마리를 빚지고 있네. 부디 갚아 주게, 잊지 말고"이었다. 『고르기아스』(Gorgias) 편에서 소크라테스는 "참된 사람은 얼마나 오래 사느냐에 마음을 두어서는 안 되고 삶에 애착"을 가지기보다 "앞으로 살아가는 동안 어떻게 하면 가능한 한 최선의 삶을 살 수 있는가 하는 문제"를 고민할 것을 권한다.

자크루이 다비드. 소크라테스의 죽음(1787)

죽음에 관한 소크라테스의 사유가 보여주는 것은 죽음을 자연스러운 것으로 받아들여야 한다는 것, 죽음 이후의 세계에 대해 알 수 없으니 과도한 두려움도 슬픔도 가질 필요가 없다는 것과 영혼의 삶은 계속될 것이라는 믿음 그리고 죽음보다 삶에 충실하라는 것이다. 그의 죽음이 후대의 사람들에게 남긴 것은 그의 죽음을 자신의 철학과 명예를 지키기 위해 선택한 죽음으로 보아야 할 것이지, 플라톤의 시각처럼 아테네 시민들에 의한 강요된 죽음으로 봐야 할 것인지의 문제이다. 『변론』에서 하나의 단서를 찾을 수 있다. 소크라테스는 말한다.

날마다 덕에 관해서 그리고 다른 것들에 관해서 이야기를 만들어 가는 것, 이것이 그야말로 인간이 누릴 수 있는 최상의 좋음이며, "검토되지 않은 삶은 살만한 가치가 없다(The unexamined life is not worth living)"라고.

3) 하이데거

하이데거

죽음에 대한 하이데거(Martin Heidegger, 1889-1976)의 생각은 에피쿠로스나 소크라테스처럼 죽음의 공포는 헛된 것이니 죽음을 두려워하지 말라는 등과 같은 이야기가 아니다. 그의 죽음에 대한 사유는 그가 현존재(Dasein)라고 부르는 인간에게 도대체 죽음이 무엇을 주는가, 현존재에게 죽음은 어떤 의미인가와 관련해 전개된다. 현존재란 말은 자신의 존재 의미를 스스로 묻는 인간 존재의 특성을 강조하기 위해 하이데거가 만든 기술적 개념이다. 그에 따르면 현존재는 사실적으로 존재하면서도 존재 가능한 존재이다. 존재 가능한 존재란 본래적인 자기 존재가 될 수 있는 존재라는 의미이다. 비본래적인 자기에서 본래적인 자기가 되는 가능성을 갖게 되는 과정에서 죽음의 사건은 결정적이다.

『존재와 시간』(Sein und Zeit, 1927)에서 하이데거는 죽음을 생물학적 존재의 '끝남'이라는 의미에서의 자연적 죽음(Verenden), 생의 마지막 단계에서 예상되는 삶을 다함(Ableben)이라는 의미의 죽음 그리고 자신의 삶의 순간에서 죽음을 선취하고 내적 경험하는 실존적인 죽음(Sterben)으로 나눈다. 하이데거에게 중요한 것은 실존적인 죽음이다. 그는 현존재는 죽을 수밖에 없는 존재, 죽음을 향한 존재(Sein zum Tode)로 규정한다. 하이데거는 "죽음은 현존재의 종말로서 자신의 종말을 향한 이 존재자의 존재 속에 있다"고 말한다. 그가 인간의 죽음을 이렇게 규정하는 것은 죽음의 이해와 삶의 이해는 같은 차원의 문제임을 지적하고 싶기 때문이다. 이러한 맥락에서 하이데거가 말하는 실존적인 죽음을 이해할 수 있다. 죽음이 실존적인 죽음인 것은 "죽음은 그것이 있다고 한다면, 본질적으로 언제나 나의 것"이기 때문이다.

그에게 실존적인 죽음이란 죽음에 대한 심각한 생각을 하면서 그것이 계기가 되어 새롭게 자신의 삶의 의미를 구성하고 삶의 가능성으로 진입하도록 하는 죽음을 의미한다. 실존적 죽음은 실제적 죽음을 말하는 것이 아니라 죽을 수밖에 없는 존재인 현존재가 죽음을 단지 먼 미래의 사건으로만 생각하거나, 지인의 죽음에 대한 생각을 말하는 것이 아니다. 실존적인 죽음이란 자신의 미래의 죽음 사건을 미리 앞당겨 자신의 죽음을 이해하는 것을 말한다. 이러한 실존적 행위를 '죽음에의 선취(Vorlaufen zum Tode)'라고 불렀다.

그런데 우리가 일상에서 마주하는 죽음은 그렇게 간단하지 않다. 참 많이 사랑하는 가족 중의 한 사람의 불행한 죽음을 보면서 평생

트라우마에 시달리는 사람도 있고, 상실의 아픔을 이기지 못해 우울증에 시달리는 사람도 있다. 그런가 하면 지인이나 동료의 죽음을 듣고 장례식장에 다녀오면서 잠시 죽음을 생각하지만 곧 잊고 일상의 삶을 살아가는 것이 사회생활에서 경험되는 죽음의 사건이다. 또한 세상에는 억울한 죽음, 전혀 예상할 수 없는 죽음 등의 사건들, 조직화된 죽음의 실행 등도 역사에서 자주 발생한다.

하이데거는 위에서 언급한 죽음에 대해서는 아무런 말이 없다. 그는 실존적 차원에서 자신의 죽음을 미리 앞당겨서 생각하며 결단할 때 자신의 본래성을 찾을 수 있다는 것, 그러한 이유로 삶 속에서 자신의 죽음을 생각하라고 요구하는 것이다. 그러나 자신의 죽음을 생각할 때만 삶을 결단하고 새로운 다른 가능한 삶을 살아가는 유일한 방법이 아님은 자명한다. 에피쿠로스나 소크라테스의 길, 아니면 다른 많은 역사의 영웅이나 인류에게 빛나는 자취를 남긴 위인이나 혁명가들은 죽음의 사유에 충실한 것이 아니라 사명과 과제에 충실했던 사람들, 삶에 열광했던 사람들이다. 이런 맥락에서 하이데거의 죽음의 존재론은 비판받기도 한다.

3. 죽을 수 있는 권리와 죽음윤리

한국은 자살 공화국이라는 오명을 쓰고 있다. 서두에서 보여준 통계가 이를 잘 보여준다. OECD 국가 중 압도적인 자살률 1위가 말하듯이 2004년부터 시작된 정부의 자살예방정책이 별다른 실효를 거두고 있지 않다는 의미이기도 하다. 「자살예방 및 생명존중문화 조성을 위한 법률」에 따라 5년마다 실시되는 자살실태조사(2023)에 따르면 평생 한 번이라도 자살생각을 해 본 적이 있는 사람은 14.7%로 나타났다. 자살에 대한 생각을 하게 된 이유로는 '경제적 어려움(44.8%)', '가정생활의 어려움'(42.2%), '정서적 어려움(19.2%)' 순이었다. 자살시도 동기는 '정신적인 문제'(33.2%), '대인관계문제'(17.0%), '말다툼, 싸움 등 야단맞음'(7.9%), '경제적 문제'(6.6%)로 나타났다.

실제적인 자살시도는 경제적 어려움보다 정신적인 문제가 크다는 점에서 생각과 실행에 간극이 있음을 보여준다. 생각에 머무는 이유로는 가족이나 연인 등이 슬퍼할 것을 생각해서가 46.8%로 가장 높은 응답률을 보였다. 자살에 대한 태도와 관련해 자살은 절대로 정당화될 수 없다는 비율이 69%로 나타났다. 자살이 불치병을 마감하는 합당한 수단이라는 문항에 비동의 비율은 46.4%이다. '자살만이 유일한 합리적 해결책인 상황이 있다'는 비동의 비율은 49.0%이며 '사람들은 자신의 생명을 스스로 끊을 권리가 있다'에 대한 비동의 비율은 53.1%로 조사되었다.

LE

SUICIDE

ÉTUDE DE SOCIOLOGIE

PAR

ÉMILE DURKHEIM

Professeur de Sociologie à la Faculté des Lettres de l'Université de Bordeaux

PARIS

ANCIENNE LIBRAIRIE GERMER BAILLIÈRE ET Cie

FÉLIX ALCAN, ÉDITEUR

108, BOULEVARD SAINT-GERMAIN, 108

1897

Tous droits réservés.

위의 통계가 보여주는 것은 자살은 국가적 문제이지 개인의 문제가 아니라는 사실이다. 이 점과 관련해 에밀 뒤르켐(Émile Durkheim,

1858-1917)이 1897년에 출간한 『자살론』(Le Suicide)에 주목할 필요가 있다. 그는 자살을 사회적 문제로 인식한 최초의 이론가이다. 그는 자살 관련 자료 2만 6000건을 분석한 후 쓴 그 책에서 '죽음은 생물학적 사건이 아니라 사회적 사건이다'라는 테제를 내세웠다. 이것이 의미하는 바는 자살도 사회적 요인에 의해 충분히 설명될 수 있다는 것이다. 정신의학적 차원과 경제적 차원에서만 다루어지는 자살의 문제를 사회적 차원에서 다룬 획기적인 저작이라는 점에서 그의 『자살론』은 기술적인 차원에 머무는 자살예방정책들에 시사하는 바가 크다. 그는 자살은 자살자의 정신적 상태에서 유래한 것이며, 그것은 사회의 정신적 상태의 반영한다고 강조한다. 이런 맥락에서 그는 자살에 의한 사망률은 그 사회의 성격과 발전 정도를 보여주는 것이라고 생각한다. 자살이 많은 사회와 자살이 적은 사회의 사회적 조건과 사회문화가 자살사망률에 영향을 미친다는 것이 그의 주장이다. 뒤르켐은 사회통합과 규제의 정도를 자살의 사회적 요인으로 간주하며 네 가지 자살 유형을 제시한다.

이기적 자살(egoistic suicide)은 사회적 통합력이 결여되어 고립과 외로움, 존재 의미의 상실에 따른 자살을 의미한다. 죽음을 감내하면서도 자신의 이익이나 명예심을 유지하기 위한 죽음 등도 이 범주에 해당된다. 사회통합이 느슨한 사회에서 더 나타난다. 이타적 자살(altruistic suicide)은 사회통합이 강해서 사회와 국가, 민족에 대한 책임감, 집단적 사회경향, 연대감이 영향을 미치는 자살이다. 독립운동가의 죽음이나 전태일의 죽음도 이에 해당된다. 아노미적 자살(anomic suicide)은 사회의 규범적 상태가 혼란스럽고 불확실성이 개인에게 영향을 미칠 때 나타나는 자살현상을 의미한다. 숙명적 자살(fatalistic suicide)은 사람들을 자살로 몰아가는 강압적이고 폭력적인 상황이 만들어 내는 자살을 의미한다. 뒤그켐은 숙명론적 자살을

"지나친 규제로 인한 자살이며, 강압적인 규율에 의해서 미래가 무자비하게 제한되고, 욕망이 난폭하게 제압되는 사람들에 의한 자살"로 규정한다. 뒤르켐의 자살유형론에서 오늘날의 자살 문제를 논의하고 자살예방정책에 참고할 만한 것은 이기적 자살과 아노미적 자살이다.

그렇다면 철학자들은 자살을 어떻게 보았는가? 이 문제를 살펴보자. 스스로 죽음을 택한 철학자로는 그리스의 자연철학자로 4원소(불, 공기, 흙, 물)설을 주장한 엠페도클레스(Empedocles, BC 490−430)가 있다. 그의 죽음에 대한 설은 다양한데 시칠리아 섬의 에트나 산의 화염으로 죽었다는 설이 있다. 디오게네스 라에르티우스(Diogenes Laërtius)에 따르면 화산에 몸을 던져 자살했다고 한다. 로마의 철학자이자 정치인이었던 세네카는 네로 황제 암살음모에 가담했다는 이유를 들어 황제 네로의 자살명령에 따라 자살로 생을 마감했다. 프랑스 현대 철학자인 질 들뢰즈(Gilles Deleuze, 1925-1995)는 심한 호흡기 질환으로 정상적인 활동을 하기 어려운 상태로 고통을 참아내다가 1995년 11월에 자신의 아파트 창문으로 투신자살했다. 세 명의 자살한 형들을 두었던 루트비히 비트겐슈타인(Ludwig Wittgenstein, 1889-1951)도 자살시도를 여러 차례 한 것으로 알려져 있다.

이제 죽을 권리를 주장하는 철학자들을 살펴보자. 로마의 철학자 세네카(Lucius Annaeus Seneca, BC 4−AD 65)는 자살을 '자유로 가는 길'로 인식하면서 자살을 옹호했다. 그는 이성을 제대로 발휘할 수 없는 억압적 상황이거나 폭력과 모멸감을 야기하고 삶의 조건에서 죽음은 악이 아니라 선택의 문제라고 본다. 그에게 중요한 것은 죽음의 시간을 아는 것이다. 그것이 존엄한 삶을 지키는 길이기 때문이다. 데이비드 흄(David Hume, 1711−1776)은 「자살에 관하여」(On Suicide, 1777)라는 논문에서 신학적 측면, 사회적 측면, 자기 자신의 관점에서 자살에 대한 논변을 구성한다. '신, 우리의 이웃, 혹은 우리 자신들에 대한 우리의 의무를 위반'하지 않는다면 자살을 범죄가 아니며 도덕적으로 정당화될 수 있다고 주장한다. 그는 신이 준 인간의 자유의지, 판단능력과 결정권에 의거하면 삶에 대한 자기 결정권을 행사할 수 있다고 말한다. 곧 자살은 신학적 측면에서도 허용가능하다는 입장이다. 사회와의 관계와 책임의 관점에서도 흄은 자살이 허용되어야 한다고 주장한다.

그는 사회를 위해서 '왜 내가 비참한 존재로 연명해야 하는가' 묻으며 큰 손해를 보면서 사회에 대해 작은 선을 행할 도덕적 의무가 없다고 말함으로써 자살이 사회적으로도 허용되어야 한다고 주장한다. 그는 같은 논문에서 "한 사람이 그의 삶으로부터 은퇴하는 것은 사회에 해를 끼치는 게 아니다. 그는 오직 좋음을 행하기 위해 그만두는 것"이라고 말한다. 또한 흄은 자살이 자신에 대한 의무를 저버리는 것이 아니기 때문에 자살이 도덕적으로 허용되어야 한다고 말한다. 그는 "어떤 사람도 삶이 유지할 가치가 있다고 생각하는 동안"에는 자살하지 않을 것이라는 점에서 죽을 권리를 옹호한다. 흄의 이러한 이 논변은 존엄사나 안락사의 옹호 논변으로 활용될 수 있고 안락사 찬성론자들이 실제로 하는 주장이기도 하다.

쇼펜하우어(Arthur Schopenhauer, 1788-1860)는 『의지와 표상으로서의 세계』(Die Welt als Wille und Vorstellung, 1818/1844)에서 삶은 고통이라는 주장을 하면서 고통을 벗어나는 유일한 길은 죽음이라고 말한다. 그의 시각에서 "인간이 자살을 선택하는 것은 불행과 고통을 피하고자 하는 합리적인 의지"의 표현이다. 그는 금욕적 단식의 방법을 통한 자살을 개별화된 삶에의 의지를 부정하는 것으로서 자유의 실현으로 간주한다.

니체 (Friedrich Nietzsche, 1844-1900)는 말년 저작인 『우상의 황혼』(Die Götzen-Dämmerung, 1888)에서 자연사나 우연적인 죽음

이 아니라 자유롭고 의식적인 죽음을 강조하는 방식으로 자살 옹호론을 전개한다. 니체는 위 책의 글인 「의사들을 위한 도덕」에서 삶의 의미를 상실한 삶, 고귀하고 품격 있는 자기창조적 삶을 살아갈 수 없어 경멸의 대상이 되는 삶보다 스스로 자신의 삶을 마감하는 것이 존경받아야 한다고 말하며 자유선택에 의한 죽음의 가치를 다음과 같이 옹호한다.

> 더 이상 당당하게 살 수 없을 경우에 당당하게 죽는 것, 자발적으로 선택한 죽움, 제때에 자식들과 다른 이들이 지켜보는 가운데 명료한 의식상태에서 기뻐하며 죽는 것: 그래서 작별을 고하는 자가 아직 살아 있는 동안 정말로 작별을 고하는 것이 가능한 죽음, 또한 자신이 성취한 것과 원하는 것에 대한 진정한 평가와 삶에 대한 총결산이 가능한 죽음 ... 자연사라고 하는 것은 가장 경멸스러운 조건들 아래에서의 죽음일 뿐이며 자유롭지 않은 죽음, 적당하지 않은 때의 죽음이자 비겁자의 죽음이다. 삶에 대한 사랑에서-, 사람들은 다른 식의 죽음을 원해야 한다. 우연적이거나 돌연적인 죽음이 아니라 자유로우면서도 의식적인 죽음을.

자살 부정론을 전개하는 철학자들도 많다. 플라톤은 『파이돈』(Phaidon)에서 죽음을 두려워야 할 이유가 없지만, 인간은 신의 소유물이기 때문에 인간이 자신의 생명을 해칠 권리를 갖지 못한다고 주장한다. 이러한 이유로 그는 신탁 등 특수한 경우에만 자살의 정당성을 인정한다.

아리스토텔레스는 『니코마코스 윤리학』에서 폴리스적 시각에서 자살을 반대한다. 그에 따르면 자살은 개인적 차원에서 부정의한 것은 아니지만 생명정치적 차원이나 공동체 윤리 차원에서 폴리스에 부정적인 영향을 끼치는 덕윤리에 반하는 행위이다. 아리스토텔레스는 자살에 대한 국가적 차원의 처벌과 관리 및 예방의 중요성을 인식한 최초의 인물이라 볼 수 있다. 존 로크(John Locke, 1632-1704)는 『인간 지성에 관한 에세이』(An Essay Concerning Human Understanding, 1690)에서 자살은 자연법에 위배되는 행위임을 주장하며 자살을 반대한다. 여기서 자연법은 자존보존(self-preservation)의 의무를 가리킨다. 이와 같은 자연법 논증과 함께 로크는 소위 소유권 논증에 의거해 자살을 반대한다. 그는 『통치론』(Two Treatises of Government, 1689)에서 인간은 "전지전능한 조물주의 작품"임으로 생명의 소유권은 신에 귀속된다고 말한다. 따라서 그 누구도 타자의 생명을 빼앗을 수 있는 권리가 없다. 같은 맥락에서 "인간은 자신의 생명에 대한 어떤 권리도 가지고 있지 않다"고 말한다. 로크에게 자살은 인간의 권리 영역 밖의 문제임으로 논의 대상 자체가 될 수 없는 것이다.

칸트는 '목적 자체로서의 인간' 개념에 근거해 자살을 반대한다. 그는 현재나 미래가 절망스럽다고 자살을 하는 것은 목적 그 자체로서 인간의 존엄을 파괴하고 자신을 단지 수단으로 간주하는 것으로 '인간을 목적 그 자체로 대하라'는 정언명법에 반하는 행위임을 분명히 한다. 『실천 이성 비판』에서 칸트는 자살이야말로 "이성적 존재로서의 자신의 존재를 끝내려는 것이며 인간의 자기 목적 자체를 부정하는 것"임으로 어떤 경우에도 허용될 수 없다고 말한다.

죽음을 선택할 권리를 인정할 것인가, 그것은 도덕적으로 정당화될 수 있는가와 같은 질문은 쉽지 않은 문제이다. 철학적 논변의 치밀함보다는 개인의 특수한 상황에 대한 자기이해와 실존적 결단의 문제이기 때문이다. 자살도 죽음의 한 형태이고 자연사도 죽음의 한 현상이다. 죽을 권리를 옹호하든 부정하든 결국 인간은 죽는다. 미셸 드 몽테뉴(Michel de Montaigne, 1533-1592)는 『에세이』(Essais, 1580)에서 철학은 "어떻게 죽을 지를 배우는 것"이며 "이 죽음을 모든 모습으로 머릿속에 그려 보자. 발을 헛디딜 때에, 기왓장이 떨어질 때에, 바늘에 조금이라도 찔렸을 때에, 바로 '그래, 이것이 죽음이라면?' 하고 되새겨 보고 마음을 단단히 먹으며 긴장하자"고 강조한다. 죽음은 그 누구 것도 아니고 오로지 "자기 것"이기 때문에 두려워하거나 거부하지 않으면서 늘 생각해 봐야 한다는 것이다. 죽음에 대한 윤리적 인식은 죽음을 자연적인 것으로 받아들이는 데서 시작되며 그것은 죽음에 대한 태도로부터 시작되는 것이다. 이러한 생각의 여정에서 자살에 대한 자신의 생각들이 정리될 것이다.

4. 고독사에 대한 윤리적 성찰

1) 고독사 실태

고독사(孤獨死)는 '모든 인간은 죽음 앞에 평등하다'는 형이상학적 명제가 추상적인 주장에 지나지 않는다는 사실을 역설적으로 보여주는 죽음의 사건이다. 고독사가 사회적 이슈가 된지도 어언 10 여년이 흘렀다. 고독사라는 개념이 처음 등장한 것은 1970년대 일본의 매체에서라고 알려져 있다. 고독사를 어떻게 정의할 수 있는가? 2020년 제정된 「고독사 예방 및 관리에 관한 법률」에서는 고독사를 "가족, 친척 등 주변 사람들과 단절된 채 홀로 사는 사람이 자살·병사 등으로 혼자 임종을 맞고, 시신이 일정한 시간이 흐른 뒤에 발견되는 죽음"이라고 정의한다. 2024년 개정된 「고독사예방법」은 고독사를 "가족, 친척 등 주변 사람들과 단절된 채 사회적 고립상태로 생활하던 사람이 자살·병사 등으로 임종하는 것"으로 정의한다. 그렇다면 우리나라의 고독사 실태는 어떠한가?

William-Adolphe Bouguereau, Equality before Death, 1848. Musée d'Orsay.

보건복지부가 발표한 〈2024년 고독사 사망자 실태조사〉에 따르면 고독사 사망자는 22년 3,559명, 23년 3,661명으로 나타났다. 한 해에 평균 3600여 명이 고독사로 생을 마감하며, 전체 사망자 100명 중 1.04명이 고독사하는 것으로 집계되었다. 2023년 기준 연령대별 고독사 사망자는 60대(1,146명)가 가장 많았고, 다음으로 50대(1,097명), 40대(502명), 70대(470명) 순이다. 통계가 보여주듯이 고독사는 50~60대에 집중되어 있다. 성별 고독사 비율은 남성 84.1%, 여성 15.9%로 나타났다. 이혼, 사별, 실업, 알코올 중독 등이 남성 고독사의 주요 요인으로 조사되고 있다. 고독사 사망자가 늘어나는 주요 원인으로 1인 가구 증가이다. 우리나라의 1인 가구는 2023년 기준 782만 9000명으로 전체 가구 중 34.5%에 달한다. 1인 가구 증가 이외에 개인화, 사회관계자본의 부족, 경제적 어려움, 건강문제, 은둔형 외톨이의 증가, 고독사 예방정책의 문제 등이 고독사의 원인으로 꼽힌다.

기원전 325~300년경 조각된 죽음의 신 타나토스(Thanatos), British Museum, London.

고독사와 관련해 주목해야 하는 것은 청년 고독사 문제이다. 20~30대 고독사는 매년 200여 명으로 집계되고 있다. 청년 고독사 사망자는 자살 비율이 절반가량에 달해 다른 연령대의 2배 이상을 보여준다. 이것은 청년의 좌절감과 사회적 박탈감이 그만큼 크다는 것을 반증한다. 건강보험심사평가원이 조사한 우울증 환자 통계에서도 20대가 가장 많은 비율을 차지한다. 보건복지부가 발표한 〈2023 고립·은둔 청년 실태조사〉에 따르면 전국 고립·은둔 청년은 약 54만 명으로 추정된다. 청년이 고독사에 이르는 과정은 취업 실패나 실직이 고립과 은둔으로 이어지기 때문이다. 실제로 위의 조사에서 45.5%가 '실직 또는 취업의 어려움'으로 고립·은둔 생활을 하게 되었다고 응답했고 '심리적·정신적 어려움' 40.9%, '대인관계 어려움' 40.3% 등이 뒤를 이었다.

문제는 고립·은둔 경험이 있는 만 19~39세 8,874명을 조사한 결과 이들 중 6,360명(75.4%)이 '자살을 생각한 적이 있다'고 응답했다는 점이다. 이러한 지표는 왜 청년 고독사 비율이 높은가를 여실히 보여주고 있다. 궁극적 해결책은 일자리 제공, 졸업과 동시에 빚에 허덕이는 청년의 문제해결, 사회적 관계자본 회복프로그램의 강화, 정신건강 지원을 아끼지 말아야 한다는 것을 말해준다. 지금까지 살펴본 고독사의 실태는 고독사는 단순히 개인의 불행한 죽음으로 치부될 수 없으며 사회적 타살 성격을 완전히 배제해서는 안 된다는 점이다. 고독사 사망자 중 기초생활보장 수급자 비중은 2023년 기준 41.4%(1413명)이라는 점과 부모 세대보다 더 가난하게 사는 청년세대에 대한 다양한 사회지표들이 그 근거이다.

2) 고독사에 대한 윤리적 성찰

자발적 고립을 선택하지 않은 인간이라면 그 누구도 홀로 외로이 임종을 맞이하고 싶어 하지 않는다. 그것은 아리스토텔레스(Aristotle, BC 384-322)가 『정치학』에서 말하듯이 우리 인간은 "정치적(사회적) 동물(zoon politikon)"이기 때문이다. 그는 정치적 동물이 자기 충족적이려면 부모, 자식, 아내, 친구들 그리고 동료시민과 함께 해야 가능하다고 말한다. 아리스토텔레스가 고독사의 문제를 본다면, 사회적 존재로서의 자기확인, 사회적 관계의 복원이 고독사 해결의 열쇠라고 말할 것이다.

그는 『니코마코스 윤리학』에서 "모든 좋은 것들 중에서 최상으로 좋은 것이 행복(eudaimonia)이며 행복이야말로 "가장 좋고 가장 고귀하고 가장 즐거운 것"이라고 말한다. 아리스토텔레스는 인간 삶의 궁극목적인 행복의 추구하는 최고의 방법을 숙고하는 삶에서 찾지만,

외적 행복의 조건으로 다시금 '좋은 친구들'과 '우정'을 제시한다. 오늘날의 관점에서 아리스토텔레스가 말하는 우정은 폴리스적 형제애, 다시 말해 '공유와 연대의 가치'를 구현하려는 정신적 태도라고 볼 수 있다.

고독사로 생을 마감하는 사람들은 인간에게 가장 좋고 궁극적 목적인 행복을 추구할 권리와 기회를 잃어버린 사람들이다. 대한민국 헌법은 제34조 1항인 '모든 국민은 인간다운 생활을 할 권리를 가진다'라고 명시하고 있다. 고독사한 사람들은 헌법이 보장한 '인간다운 생활을 할 권리'를 누리지 못하고 생을 마감한 사람들이다. 또한 헌법은 인간다운 삶의 권리를 위해서 제34조 2항에 '국가는 사회보장 사회복지의 증진에 노력할 의무를 진다'라고 규정하고 있다. 3, 4, 5항은 사회복지의 대상으로 여성, 노인, 청소년, 신체장애자, 생활능력이 없는 국민으로 제시하고 있다. 놀라운 것은 이와 같은 헌법 조항에 토대를 이루는 생각을 아리스토텔레스가 2천 년 전에 명확하게 밝히고 있다는 점이다. 그는 인간의 삶이 운에 맡겨지고 그것에 의해 행복이 결정되도록 하지 않는 폴리스의 역할을 강조한다. 개인의 행복을 위해 국가가 적극적인 노력을 해야 한다는 의미이다. 그가 말하는 국가가 적극적인 노력은 좋은 법률이다.

아리스토텔레스는 "우리는 법률을 필요로 하며, 일반적으로 삶 전체에 관한 법률을 필요로 한다"라고 강조한다. 개별적인 법률을 잘 만드는 것도 중요하지만 '삶 전체' 곧 그가 말하는 인간 삶을 관통하는 궁극적 목적의 관점에서 법률을 제정해야 한다. 아리스토텔레스의 관점에서 보면 국민행복이라는 원칙하에 고독사 예방 관련 법률을 촘촘히 제정하고 관련 정책을 잘 수행해 사회적 요인으로 발생하는 고독사를 최대한 막아야 한다는 의미이다. 이와 같은 노력의 일환으로 우리나라도 고독사 관련 법률과 정책이 추진 중에 있다. 2021년 「고독사 예방 및 관리에 관한 법률」이 제정되었다. 2022년에는 39개 시군구 고독사 예방 시범사업 착수했다. 2023년에는 고독사 예방 5개년 기본 계획 수립해 추진 중에 있다. 지자체에서도 다양한 고독사 예방 활동들을 펼치고 있다. 중요한 것은 연령대별, 처한 상황별 정책의 섬세한 설계와 실효성이 문제이다.

고독사의 해결 주체가 전적으로 국가라고 볼 수는 없다. 우리 각자의 타자 관계에 대한 인식의 변화가 필요하다. 다른 사람에 대한 책임윤리(ethics of responsibility)이다. '인간은 기본적으로 이기적인데 어떻게 타자에 대한 책임윤리적인 자세를 요구할 수 있는가'라고 되물을 수 있다. 이와 관련해 한스 요나스(Hans Jonas, 1903-1993)의 말에 귀 기울여 볼 필요가 있다. 그는『책임의 원칙』(Das Prinzip Verantwortung, 1979)에서 다른 모든 생명체와 비교해 인간만이 갖는 고유한 특성을 '책임을 질 수 있는 존재'의 성격에서 찾았다. 책임질 수 있다는 것은 자연적 능력이 아니라 인간만이 갖는 '윤리적 능력'이기 때문이다. 요나스에게 '인간에 대한 인간의 책임'이 제일 중요한 책임이다. 그는 부모와 자식의 관계를 책임모델의 원형으로 제시한다. 부모와 자식의 관계는 계약의 성격이 없고, 이해타산에 근거한 거래의 성격이 배제되어 있다. 이 점에서 그는 부모와 자식관계에서 부모의 책임윤리 원리가 타자와의 관계에서 실천되어야 한다고 요구한다.

한스 요나스

한스 요나스의 책임윤리를 고독사 문제와 어떻게 연결시킬 수 있는가? 고독사로 사망하는 사람들은 실제로는 누구의 자식이거나 누구의 부모이다. 또 누구의 친구이기도 하고 누구의 남편이거나 아내였던 사람들이다. 한마디로 그들과 고독사한 사람들은 서로에게 책임을 질 수 있는 윤리적 능력을 내재적으로 가지고 있는 사람들인 것이다. 우리는 책임 윤리적 관계가 해체되는 다양한 경우들을 생각해 볼 수 있다. 가령 어느 한쪽이 책임지는 것을 거부하거나 방기한 경우, 어느 한 사람이 책임질 수 있는 윤리적 능력을 발휘 못할 상황으로 몰고 간 경우, 책임지기를 거부하거나 합의하에 해지한 경우 등을 들 수 있다. 요나스의 관점에서 보면 이 경우들은 책임의 문제를 당위와 의무의 문제가 아닌 선택의 문제로 환원시킨 경우이다. 위와 같은 경우는 엄밀한 의미에서 애초에 책임윤리적 차원에 관계가 아니라 계약에 기초한 관계인 것이며 계약관계가 유지되는 한에서만 책임윤리가 실천되는 것이다.

요나스가 주장하는 책임윤리가 고독사 문제에 주는 분명한 목소리는 타자 관계에서 상호성의 회복이다. 상호성의 회복은 나와 타자, 나와 가족, 나와 지인, 나와 지역사회, 나와 사회 등 전방위적 차원에서 발휘되는 윤리적 능력의 실천에 달려있다. 1인 가구 40% 시대에 고독사 문제의 해결은 관련 법률의 완비나 돌봄 로봇 제공과 같은 사회 서비스 제공만으로 해결되지 않는다. 타자 관계에 대한 윤리적 능력의 신장과 책임윤리적 실천이 근본적인 해법이다. 이것이 가능할 때 고독사 문제 해결을 위한 제도적 장치가 더 정교하게 작동하고 다른 삶의 가능성으로 진입하는 길이 열릴 것이다.

5. 다시 죽음의 문제로

죽음은 결국 죽음에 대한 생각, 곧 철학의 문제이고 현실의 죽음을 대하는 태도의 문제이다. 죽음이 철학의 문제라는 것은 죽음이 곧 삶의 문제이고 삶의 의미구성체라는 말과 같다. 그런데 그 역도 성립한다. 살아 있는 인간이, 우리의 삶이 죽음의 이미지와 죽음을 창조한다. 이 점에 대해 아일랜드의 시인인 윌리엄 버틀러 예이츠(William Butler Yeats, 1865–1939)는 어떤 철학만큼이나 탁월한 통찰력을 그의 시 '죽음(death)'에서 보여준다. 그는 이렇게 노래한다.

> 죽어 가는 동물은
> 두려움도 희망도 없다.
> 인간은 모든 것을 두려워하고 기대하며
> 자신의 끝을 기다린다.
> 인간은 여러 차례 죽었고
> 여러 차례 일어났다.
> …
> 그는 죽음을 골수까지 알고 있다.
> 인간이 죽음을 창조한 것이다.

우리는 소크라테스에게서 죽음 앞의 담담함을, 에피쿠로스에게서 죽음의 공포로 벗어나는 차가운 머리를 배울 필요가 있다. 뒤르켐에게서는 죽음 사건과 현상을 바라보는 사회학적 눈을 갖는 감각을 배워야 한다. 죽음의 철학만큼 죽음의 사회학은 현실의 죽음과 죽음의 사회윤리를 이해하는데 도움을 준다. 죽음에 대한 생각을 자기배려로 이해할 때 풍려한 삶과 아름다운 죽음의 발맞춤이 시작될 오늘의 고결한 삶과 내일의 아름다운 죽음을 준비하기 위해서는 니체가 말하듯이 "자유로운 정신"으로 "넓은 바다"로 나아가면서 자기 "삶의 예술가"로 자신만의 "춤(Tanzen)"을 추어야 한다. 그러기 위해서는 먼저 자기 생을 긍정하고 사랑하는 것, 아모르 파티(Amor fati)가 필요하다. 그럴 때만이 "동경의 화살(Pfeil meines Sehns)"을 쏘며 "정오의 시간(Mittag)"을 보낼 수 있다. 낙타로 살지 않고 때론 사자처럼 싸우다가 망각과 몰입으로 순간을 즐기는 어린아이의 얼굴을 가지려 할 때 죽음의 문제는 삶의 문제가 될 것이다. 죽음이 삶 속에 있다는 통찰은 우리를 허무의 늪에 빠뜨리기보다는 우리를 움직이게 하는 힘의 리듬에 따라 삶의 주인이 되게 만드는 파괴와 창조의 두 망치를 준비하게 할 것이다.

〈참고문헌〉

권종호, 『고독사는 사회적 타살이다』, 산지니, 2023.
김현성, 『자살하는 대한민국』, 사이드웨이, 2024.
니체, 『우상의 황혼』, 백승역 역, 책세상, 2012.
마틴 하이데거, 『존재와 시간』, 이기상 역, 까치, 2025.
몽테뉴, 『좋은 죽음에 관하여』. 박효은 역, 아르테, 2024.
셸리 케이건, 『죽음이란 무엇인가』, 박세연 역, 웅진지식하우스, 2023.
아르투어 쇼펜하우어, 『도덕의 기초에 관하여』, 김미영 옮김, 책세상. 2019.
아르투어 쇼펜하우어, 『의지와 표상으로서의 세계』, 홍성광 역, 을유문화사, 2019.
아리스토텔레스, 『니코마코스 윤리학』, 강상진 외 역, 길, 2019.
에밀 뒤르켐, 『자살론』, 황보종우 역, 청어출판사, 2019.
에피쿠로스, 『쾌락』, 박문재 역, 현대지성, 2022.
존 로크, 『인간지성론 2』, 추영현 역, 동서문화사, 2017.
존 로크, 『통치론』, 강정인 외 역, 까치, 2022.
칸트, 『실천이성비판』, 백종현 역, 아카넷, 2002.
플라톤, 『고르기아스』, 김인곤 역, 아카넷, 2021.
플라톤, 『변명』, 강철웅 역, 아카넷, 2020.
한스 요나스, 『책임의 원칙』, 이진우 역, 서광사, 1994.
헤르베르트 마르쿠제, 『일차원적 인간』, 박병진 역, 한마음사, 2009.
호르크하이머·아도르노, 『계몽의 변증법』, 김유동 역, 길, 2001.
Hume, D, *On Suicide*, Penguin Books, 2005.

제 3 부

인간 - 비인간의 '사이' 인식과 윤리

제 1 장

음식인식과 채식윤리

1. 음식윤리의 개념과 범위

음식하면 사람들의 머릿속 말풍선에 가장 먼저 떠오르는 것은 무엇일까? 먹방? 패밀리 레스토랑? 뷔페?, 맛집 소개 방송이나 맛집 순례?, 배달음식 앱 수수료와 배달 속도? 원산지 표시제?, 밥상 공동체? 2008년 인터넷 방송에서 먹방이 처음 등장한 이래로 먹방의 시대가 열렸다. 2024년 2월 28일 기준 먹방 유튜버 구독자 순위 1위인 Jane ASMR은 무려 1,780만여 명의 구독자를 보유하고 있으며 먹방으로 연간 약 60억 원 규모의 수입을 올리는 것으로 추정되고 있다. 구독자가 500만 명 이상을 보유한 먹방 유튜버만 해도 무려 10명에 이른다. 지구에서 가장 긴 성벽으로 알려진 만리장성의 바다링 구간에서는 2023년 12월부터 배달용 드론을 통한 음식배달 서비스를 제공한다. 원하는 사람은 누구나 약 750원의 배달요금을 제공하면 5분 만에 배달음식(deiivery food)을 제공받을 수 있다고 한다.

그런가 하면 배달 플랫폼 기업인 배달의 민족은 2024년 8월 9일에 중개수수료를 기존 6.8%에서 9.8%로 올려 플랫폼 입점 점주들의 항의를 받았다. 이유는 배달앱 수수료가 지역 공공앱 주문이나 가게 주문 보다 높을 뿐만 아니라 음식값의 30%를 가져져 음식값을 올릴 수밖에 없고 이로 인해 손님이 줄어들까 노심초사하며 음식 장사를 하는 꼴이라는 것이다. 배달 라이더, 공정한 플랫폼을 위한 사장모임과 시민단체에서는 배달 플랫폼 규제법을 제정하라고 요구하고 있다. 식중독과 관련해 살펴보면 식품의약품안전처가 발표한 2023년도 시설별 식중독 발생건수를 보면, 가정집 1%, 학교 6%, 집단급식 13%, 가정집 1%, 기타 15%, 불명 9%인데 반해 음식점 음식섭취로 인해 발생한 식중독 발생건수는 전체의 56%로 압도적인 수치를 차지했다.

음식과 관련된 수많은 이야기들이 있다. 음식에 대한 수만의 조언들이 있고 음식담론이 미디어에서, 커뮤니티에서, 사적 관계에서 넘쳐나고 있다. 무엇을 어디서 먹을 것인가? 어떻게 잘 먹을 것인가? 좋은 먹거리, 좋은 음식이 무엇인가?, 우아한 식사예법이란? 등등 음식과 관련해 주목해야 하는 것은 가치지향적인 음식문화 운동이다. 가령 다음과 같은 것이다. 지역 농수산물을 소재로 음식을 만드는 로컬 푸드(local food) 운동, 맥도날드로 대변되는 패스트푸드와 달리 전통음식의 가치와 맛의 즐거움 추구하는 슬로우 푸드(slow food) 운동, 먹거리의 생산자와 소비자까지 이동하는 거리를 측정해 근거리의 건강한 음식소비를 지향한 푸드마일제로(foodmile zero) 운동, 1994년 미국의 〈Just Food〉이란 단체에서 시작해 음식재료의 생산, 유통, 소비 전 과정에서 정의와 공정을 문제 삼는 음식정의(food justice)운동 등이다.

그렇다면 음식윤리(food ethics)란 무엇인가? 음식윤리하면 제사음식 상차리기, 위생적인 요리공간, 원산지 속이지 않기, 남은 밥 처리문제나 음식물 쓰레기 처리문제 혹은 무료음식 제공 정도로만 생각하는 경우가 많다. 역사적으로 보면 음식윤리는 인간이 음식을 먹기 시작하면서 생겼다고 볼 수 있다. 한 사회에서 단일한 음식윤리를 엄격하게 요구한 것은 종교가 지배하는 집단이나 그러한 사회이다. 가령 유대교(kosher foods), 불교, 이슬람교(halal foods), 힌두교 등의 단일 종교문화가 깊게 뿌리내린 사회에서 음식윤리는 종교적 계율 수준으로 지켜져 왔다. 유대교의 식사 율법인 '카슈루트(kashrut)'에서 먹을 수 있는 음식을 '코셔(kosher)'라고 한다. 코셔의 금지 음식물로는 낙타, 돼지, 육식성 조류 일체, 조개, 파충류, 양서류, 설치류, 피, 피가 남아 있는 육류, 유제품, 그 외 섭취가 금지된 동물의 재료를 소재로 한 음식 전체이다. 이슬람교 신자들이 먹는 음식은 '할랄 푸드(halal food)'이라고 한다. 모슬렘의 금지 음식으로는 돼지, 당나귀, 개, 고양이, 죽은 동물, 피, 메뚜기를 외의 모든 곤충, 새선 외의 모든 해산물, 양서류, 새의 먹이, 췌장, 쓸개, 생식기, 죽은 동물 등이다. 코셔와 할랄을 포함해 불교와 힌두교의 음식윤리는 금지계율에 토대를 두고 있다.

현대적 의미의 음식윤리, 학문으로서의 음식윤리는 식재료의 생산, 조리과정과 행위, 음식의 유통과 분배 및 소비 전반에 관한 인간행위의 대한 규범적 판단의 문제이며 동시에 윤리적 가치지향을 다루는 응용윤리학의 새로운 영역이다. 음식윤리가 활발하게 논의되기 시작한 시점은 1999년 유럽 농업 및 식품윤리협회가 만들어진 이후이다. 실제로 2016년이 되어야 음식윤리를 다룬 국제적인 전문학술 저널(Food Ethics: A Journal of the Societies for Agricultural and Food Ethics)이 창간되었다. 그러나 음식윤리는 동물윤리나 엔지니어 윤리 등 특수한 대상에 집중하는 응용윤리 분야와 비교해 연구대상의 범위나 각론적 주제의 범위가 매우 광범위하고 우리에게 더 직접적인 관심의 대상이 되는 분야이다.

2. 음식에 관한 철학적-문화사회학적 사유

1) 사회적 의미구조로서 음식섭취

게오르크 짐멜

게오르크 짐멜(Georg Simmel, 1858-1918)은 먹고 마셔야 하는 것이 단지 원초적인 생리현상이 아니라 사회학적 의미구조를 갖는다고 말한다. 그는 논문「식사의 사회학」(Die Soziologie des Essens, 1909)에서 먹고 마신다는 공통적인 사실이 "여러 사람이 함께 모여서 공동식사(communal meal)를 하게 만들며 이렇게 매개된 사회화를 통해 자연주의가 극복"될 수 있다고 믿는다. 음식을 나누는 공동식사는 사회적 상호작용에의 의미의 체계를 형성한다.

고대의 공동식사는 공동의 살과 피를 나눈다는 의미를 지녔다. 시시티아(syssitia)라고 불려진 20명 내외로 구성된 스파르타 성인남성의 일일 공동식사는 군사 및 생활공동체로서의 일체감을 조직화하는 목적이었다. 중세의 길드(guild)의 공동식사는 회원들 상호 간의 경제적 공동 운명체임을 확인하는 의식행위이자 동시에 결속력과 조직의 질서유지, 상호부조를 목적으로 실행되었다. 이와 반대로 종교적 차원과 계급문화적 차원 그리고 조직 윤리적 차원에서 식사 금지를 엄격하게 규정한 사례들도 있다. 가령 비엔나 공회에서 유대교인과의 식사 금지, 인도에서 낮은 카스트에 속한 사람과 식사 금지, 11세기 케임브리지 길드에서 길드 구성원 살해자와 식사 금지는 음식섭취를 매개로 사회적 상호작용이 어떻게 전개되며 그것의 사회적 의미가 무엇인지를 확인시켜준다. 누구와 먹는가는 사회적 행위이면서 동시에 반사회적 행위인 것이다.

짐멜은 식사 시간의 규칙화, 식사 시의 위계질서, 상류계층에서 식사 예법의 엄격한 표준화와 균일화, 식사 도구 사용방법의 형식화와 식탁보, 식탁 가구, 음식 배열에서의 미적 양식화에서 음식과 식사를 둘러싼 사회적 의미와 상징체계를 동시에 보여준다고 보았다. 어떤 곳에서 누구와 무엇을 어떻게 먹는가는 사회적 상호작용에서 의미의 교환(exchange of meaning)이며 이를 이해한다는 것은 바로 그 사회를 이해한다는 것과 같다. 짐멜의 관점을 확장하면 편의점 음식이나 가정간편식 제품이 증가하는 원인은 1인 가구 증가, 시간 절약, 요리부담 등 사회구조의 변화와 그것에 따른 음식문화의 변화를 보여주며 과거의 공동식사에서 찾을 수 있는 관계성의 의미가 약화되었음을 확인할 수 있다.

2) 계급취향으로서 음식

사람들은 음식은 취향의 문제 그 이상도 이하도 아니라고 생각한다. 데버러 럽턴(Deborah Lupton)은 『음식과 먹기의 사회학: 음식, 몸, 자아』(Food, the Body and the Self, 1996)에서 그와 같은 생각에 동의한다. 그에 따르면 "'good' taste('좋은' 취향) 또는 'bad' taste('나쁜' 취향) … 일반적으로 두 용법 모두에서 taste는 특정한 좋아함과 싫어함에 따라 어떤 사람에게서 나타나는 전적으로 사적이고 개인화된 성향으로 제시된다" 그런데 음식 취향은 단순히 개인적 취향의 문제일까?

프랑스의 사회학자 피에르 부르디외(Pierre Bourdieu 1930~002)는 전혀 다르게 생각했다. 그는 1963~1968년에 계급과 직업범주를 분류해 프랑스 전역에 거주하는 프랑스인을 대상으로한 조사연구를 통해 음악, 문학, 스포츠 등에서 계급취향(class taste)이 나타나는 것과 같이 음식 취향도 실제로는 계급취향이라는 결론을 이끌어 냈다. 이와 같은 생각을 부르디외는 『구별짓기: 문화와 취향의 사회학』(La Distinction: Critique sociale du jugement, 1979)에서 아래와 같이 밝히고 있다.

> 취향은 다른 사람의 취향을 거부하는 것에 의해 철저하게 부정적으로 인식된다. 취향은…다른 사람들의 취향에 대한 강한 반감 또는 본능적 불관용이 불러일으킨 혐오감일 수도 있다.…다른 라이프 스타일에 대한 혐오는 아마도 계급 간에 설정된 가장 강력한 장벽의 하나일 것이다.

특정한 사람의 말과 행동, 의식 태도를 결정짓는 아비투스(habitus)가 계급에 따라 다르듯이 음식 취향 역시 상류, 중간, 하층계급의 정체성을 반영한다. 부르디외는 식사초대방식, 요리방식, 요리비용, 식재료 구입처, 선호음식, 음식에 투자하는 비용, 음식을 먹는 방식, 새로운 요리에 따른 접시 사용 빈도수, 여러 사람이 식사를 같이 할 때 식사 시작 시점, 후식과 본식의 경계구분, 빵으로 식기를 닦아 먹는지 여부, 식사규칙과 예법에 따른 식사여부, 음식의 종류에 맞는 다양한 식기의 사용여부, 주방용 도구와 기계 선호, 회식 자리의 배치, 덜어 먹는 방식, 시각적 즐거움을 주는 테이블 세트, 음식에 대한 인식도식 등을 기준으로 음식취향이 계급취향임을 보여주었다.

Jean-François de Troy, Le Déjeuner d'huîtres, 1735,Grande galerie.

그에 따르면 상층계급(upper class)은 격식을 갖춘 식사, 맛, 그릇, 분위기를 중시하며 몸매와 체중 관리에 이로운 음식을 원하는 데 반해 하층계급(lower class)은 자유로운 식사, 양과 가성비, 영양가를 음식 선택의 기준으로 삼는다는 것이다. 이러한 음식취향을 필요취향이라고 한다. 상층계급은 기름이 없고 가볍고 살이 찌지 않는 음식(소고기, 송아지고기, 새끼 양고기, 신선한 과일과 야채)을 주로 먹고 심미적 차원에서 음식을 대한다. 중간계급(middle class)은 절충주의적 음식 취향을 즐긴다. 절충주의란 상류계급이 선호하는 음식들을 따라하고 이국 음식을 즐기며 화려한 음식을 선호한다. 또한 음식 관련된 지식과 정보에 민감하고 수용적이다. 이러한 음식취향은 학력자본을 바탕으로 중간계급이 된 사람들에서 흔히 발견된다. 전통적 중간계급은 원재료의 질이 좋고 비싼 가격의 음식을 깔끔하고 단정하게 차려먹는 경향이 높다. 프랑스에서 요리에 가장 많은 시간을 투자하는 계급이 하층 생산 노동자계급이다. 이 계급은 냉동식품, 요구르트, 설탕이

첨가된 우유제품과 수프와 탕요리를 선호하며 음식을 크게 베어 먹고 와작와작 씹어 먹는 방식으로 음식을 섭취한다. 또한 이들은 생선을 피하고 값싼 육류 중심의 식사를 선호하며 한상 가득 음식을 차려 먹는 취향을 보여준다. 이 계급은 식사초대를 하는 경우 최대한의 음식으로 후하게 대접하는 것을 미덕으로 여긴다.

부르디외가 1963~1968년에 프랑스 인을 대상으로 한 경험연구의 결과를 음식문화적 전통이 다른 우리 사회에 그대로 적용해 계급취향적 관점에서 한국인의 음식취향을 설명하는 데는 분명한 한계가 있다. 국내의 젊은 세대들의 일부 그룹에서 계급이나 계층에 상관없이 가능한 한 고급음식을 즐기려는 경향이 뚜렷하고 가난을 경험했던 베이비붐 세대 중 일부 그룹이 보상심리, 대체효과의 측면에서 먹는 것에 대한 집착과 고급음식을 선호하는 경향을 설명하는 데 있어 부르디외 논점은 한계가 있다. 그러나 이들 대부분이 자유로운 식사를 선호하는 이유에는 '격식'과 '식사 예법'을 강조하지 않는 특성이 있다. 또한 계급문화가 여전히 남아있는 프랑스 사회와 달리 30년의 압축 성장 과정에서 계급이동이 상대적으로 많았음에도 한국의 계급별 음식취향은 프랑스와 달리 엄격하게 구분되지 않는다. 한국의 상류계급이나 하층계급에서 삼겹살이나 김치찌개를 좋아하지 않는 사람들은 거의 없다는 점에서도 이를 확인할 수 있다.

3) 기록으로서 음식

음식은 기록의 성격을 갖는다. 초기 인류의 음식 섭취와 관련된 활동은 독성을 중심으로 먹을 수 있는 것과 먹을 수 없는 것을 구분하고 그것에 대한 축적된 지식이 구전되었다. 문자가 발명되면서 구전의 형태에서 본격적인 기록의 형태로 음식과 관련된 모든 지식이 전해진다. 음식은 정보와 지식의 형태로 전달된다는 의미에서 곧 역사이다. 빵의 역사는 문명의 전개를 알 수 있다. 최초로 밀을 재배하고 빵을 만들어 먹은 수메르인들이며 이집트 문명에 들어서 이스트를 넣어 만들어 먹었음을 알 수 있다. 산업 수준에서 제빵을 시작된 것은 근대 이후이다. 빵을 먹을 수 있는 계급과 빵 배급의 전개 과정을 역사적으로 살펴보면 빵의 역사가 곧 사회사라는 것을 알 수 있는 것이다. 작가이자 정치가였던 빅토르 위고(Victor Hugo, 1802-1885)가 쓴 『레 미제라블』(Les Misérables, 1862)에 등장하는 주인공 장 발장(Jean Valjean)이 훔친 빵은 단순히 음식으로서의 빵만을 의미하는 것이 아니라 당대의 사회적 불평등과 민중의 저항을 상징하는 '사회역사적 기록'의 성격을 갖는 빵이다.

기록의 형태로 남은 서양의 음식 기록물은 아르케스타라투스(Archestratus)가 기원전 350년경 집필한 『맛에 대하여』(Hedypatheia)이다. 1634년에 출간된 이수광의 『지봉유설』(芝峰類說)에 최초로 고추에 대한 기록이 나온다. 이 기록은 고추로 만든 음식이 이전에는 존재하지 않았다는 농업사적 기록이다. 장계황이 쓴 최초의 한글 요리책인 『음식디미방』에는 146가지 음식조리법이 소개되어 있는데 고추를 재료로 한 음식은 전혀 언급되고 있지 않다. 17세기 이전에 한국인들은 고추음식을 먹지 못했음을 알 수 있다. 조선 시대에 나온 궁중음식 관련 책이나 종가집 음식조리법을 다룬 책들은 왕족과 양반의 음식과 생활문화를 알 수 있는 기록이다. 의학대백과 사전 만들기 성격의 국가 프로젝트로 1610년에 완성된 『동의보감』은 당대의 식물, 음식재료, 음식조리와 음식섭취만이 아니라 당대의 의학지식과 음식치료 정보를 알 수 있는 역사적인 기록물이다.

음식은 물리적 기록의 성격도 갖는다. 어떤 음식을 먹는가는 몸의 상태, 건강지수와 같은 물리적 지표를 제공한다는 점에서 물리적 기록을 수반한다. 음식섭취를 통한 질병치료는 음식의 물리기록적 성격을 잘 보여주는 사례이다. 음식의 물리적 기록성격은 부검을 통해서도 확인된다. 부검을 하게 되면 사망 전에 먹은 음식의 내용, 먹은 시점 등을 확인할 수 있고 사망과의 관련성도 확인할 수 있다. 이렇듯이 기록으로서의 음식은 다양한 의미층위를 갖고 있다.

4) 의미 도식으로서 음식

클로드 레비스트로스

프랑스의 문화 인류학자 클로드 레비스트로스(Claude Levi Strauss 1908~2009)는 『신화: 날 것과 익힌 것』(Le Cru et le Cuit, 1964)에서 아메리카 인디언과 원시공동체 토착민의 신화 구조를 분석하고 소위 요리 삼각형(culinary triangle)이라는 의미 도식(semantic schema)을 제시한다. 그는 먼저 "신화가 언어의 변형이라면, 요리도 자연에 대한 변형이다. 둘 다 인간의 마음이 세계를 조직하는 방식을 보여준다"고 말한다. 요리 삼각형 역시 사고의 구조와 상징체계를 보여주는 것이다. 레비스토로스는 요리를 날 것(회, 회무침), 익힌 것(그을린 것, 훈제된 것-생선포, 고기훈제, 튀김), 썩힌 것(발효 음식)로 범주화한다. 여기서 날 것은 자연상태를 뜻하고 익힌 것은 자연상태의 문화화를 가리킨다. 그에 따르면 원시 토착민들의 날 것과 익힌 것의 무의식적 이항대립(binary opposition)이 그들이 세계를 이해하는 기본 사고구조이자 의미 체계를 구성하는 기본 틀이다. 썩힌 것은 다른 종류의 상징적 의미를 갖는다. 썩힌 것은 레비스트로스와 같은 서양인의 기준에서는 먹을 수 없는 금기시된 음식이다. 곧 금기의 사회문화적 코드이다. 그가 요리 삼각형을 통해 보여주고자 한 것은 요리 자체가 특정 문화의 기호와 의미의 체계를 드러내며 동시에 사고 구조를 보여준다는 점이다. 또한 요리 삼각형은 특정 문화의 사회상을 알 수 있는 단서를 제공한다는 점이다. 그러나 레비스트로스의 요리 삼각형은 오늘날 음식문화나 음식의 요리행위에 관한 현대인의 의식구조를 설명하는 데는 한계가 있다.

그 밖에 음식을 바로 보는 시각은 몇 가지가 더 있다. 가족과 동료, 친구 등과의 공동식사는 공동체의 가치공유 의미를 담고 있다. 스파르타 사회나 고대 그리스의 몇몇 폴리스나 중세의 길드조직에서 일반적인 현상이었던 공동식사는 소속감과 형제애를 확인하는 운명공동체의 강제력을 갖는 의식행위였다. 돌잔치와 같은 각종 통과의례를 위한 음식 장만과 섭취까지의 과정들, 제례에서의 그것은 가치의 전승만이 아니라 규범과 관례에 대한 학습의 의미가 있다. 음식은 또한 커뮤니케이션의 수단이기도 하다. 어떤 음식 재료나 음식을 대접하고 나누는 행위에서 어디서 누구에 의해서 어떤 음식으로 누구를 대접하느냐는 음식을 매개로 한 일종의 사회적 의사소통 행위이다. 이와 반대로 음식의 거부행위에도 음식을 바라보는 고유한 수단이 있다. 독립운동을 포함한 각종 저항운동에서 음식을 거부하는 행위는 정치적 의사 표현이다. 지구에 거주하는 17억 명 가까운 모슬렘 대부분이 참여하는 1달간의 금식은 종교적 행위이다. 음식의 거부는 섭취만큼이나 정치사회적 의미를 갖는다.

3. 채식주의의 윤리적 쟁점

1) 채식주의의 정의와 유형

레오나르도 디카프리오, 마돈나, 마이클 잭슨, 데비 무어, 드레이크, 마크 트웨인, 이효리, 송일국, 김효진, 레오나르도 다빈치, 뉴턴, 밀레, 간디, 앨 고어, 구스타프 말러, 리하르트 바그너, 톨스토이, 반 고흐, 가우디, 아인슈타인, 슈바이처, 빌 포드, 모티머 주커먼, 잡스 … 이 사람들의 공통점은 무엇일까? 이들은 채식주의자다. 채식주의가 왜 쟁점이 되는가에 관한 문제를 들어가기 전에 육식이 가져온 결과에 대한 제러미 리프킨 (Jeremy Rifkin)의 말을 들어보자. 그는 『육식의 종말』(Beyond Beef: The Rise and Fall of the Cattle Culture, 1992)에서 미국인 중 3,400만 명이 비만이며, 전체 인구의 24~27%가 과다체중이라고 추정한다. 알려진 바와 같이 미국에서만 1년에 100억 마리 이상의 포유류와 조류가 육식의 희생양이 된다. 육식을 자연적인 것으로 받아들이는 육식주의(carnism) 비판과 채식의 중요성을 강조하는 일련의 가치지향과 행위를 채식주의(vegetarianism)라 한다.

세계채식연맹(IVU)은 채식주의를 육지 동물은 물론 바다나 강에 사는 물고기도 먹지 않는, 단 우유나 계란은 취향대로 섭취할 수 있고 안 할 수도 있는 행위로 규정한다. 채식주의는 불교도, 힌두교도 자이나교도 등 종교적 이유로 채식을 하는 '종교적 채식주의'와 지속가능한 식사나 동물윤리적 측면 등에서 비롯된 '윤리적 채식주의'로 구분할 수 있다. 채식의 목적에 따라 동물을 위한 채식, 생태환경을 위한 채식, 인간을 위한 채식으로 나눌 수도 있다. 음식의 허용 정도에 따른 채식주의의 유형은 세미 베지테리언(semi-vegetarian), 베지테리언(pollo-vegetarian), 비건(vegan)으로 나눌 수 있다. 세미 베지테리언은 육식을 하지만 특정한 고기를 먹거나 먹지 않는 유형으로 다시 나눌 수 있다. 달걀, 우유, 생선만 먹는 그룹, 닭고기, 칠면조 등 조류와 생선, 우유와 달걀만 먹는 그룹, 공장식 사육공장에서 만들어진 육류가 아닌 자연 상태에서 성장한 고기만을 먹는 그룹 등이 있다. 이 중에서 채식과 육류를 같이 먹는 그룹을 일반적으로 플렉시테리언(flexitarianism)이라 한다. 베지테리언은 고기와 생선을 먹지 않고 유제품과 계란을 먹는 락토-오보 베지테리언(Lacto-ovo vegetarian), 게란은 먹지 않고 유제품을 먹는 락토 베지테리언(Lacto-vegetarian) 그리고 주로 유제품만 먹고 계란도 먹지 않는 오보 베지테리언(Ovo-vegetarian)으로 분류된다.

우리가 흔히 채식주의자라고 떠올리는 건 소위 완전 채식주의자 비건(vegan)이다. 채식주의를 추구하는 영국의 '채식주의자 사회(the vegetarian society)는 비거니즘(veganism)을 "음식, 의류 또는 기타 목적으로 동물에 대한 착취와 잔인함을 배제할 것을 추구하며, 인류, 동물, 환경의 이익을 위해 동물을 소비하지 않는 대안적인 삶의 방식과 철학"으로 정의한다. 이 단체에서 밝혔듯이 채식주의는 일종의 라이프 스타일 운동(lifestyle movement)이라 볼 수 있다. 비건주의자들은 달걀이나 유제품 등 동물성 성분이 들어간 그 어떤 것도 먹지 않는다. 비건 중에서도 생식 채식주의인 로-비건(raw-veganism)이 있는데 이들은 불을 사용해서 만든 어떤 음식도 거부한다. 한국채식연합에 따르면 2024년 기준 국내에 150만 명이 채식주의 식단을 차린다고 한다. 이중 비건 인구는 50만 명에 이른다. 여기에 더해 식물성 식품을 주로 섭취하는 플렉시테리언 인구는 약 1000만 명 정도로 추정된다.

현재 미국은 1000만 명이 채식주의자들이 있다고 알려져 있다. 독일의 경우는 인구의 10%에 해당하는 약 800만 명이 채식주의자들이다. 단일 국가로 채식을 가장 많이 하는 나라는 단연 인도이다. 통계에 따라 다르지만, 최소 인구의 25% 이상이 채식주의자로 알려져 있다. 세계의 비건 시장도 매년 10%에 가까운 성장곡선을 그리고 있다는 것이 관련 산업계의 발표이다. 국내 기업들도 플랜테이블(CJ제일제당), 베지가든(농심), 헬로베지(오뚜기), 마이플랜트(동원), 베러미트(신세계 푸드), 지구식단(풀무원) 등과 같은 채식관련 브랜드를 출시하고 있다.

이러한 경향은 대체육 시장의 확대로도 나타난다. 국내 상황을 보자. 농수산식품유통공사에 따르면 2020년 국내 식물성 대체육 시장규모는 240억 원이며 2016~2020년 연평균 5.6%씩 성장했다. 공사는 2025년에는 대체육 국내 시장이 312억 원 수준으로 성장할 것으로 예상한다. 관련 업계종사자들은 건강과 건강관리에 대한 인식의 증가하면 할수록 이와 같은 채식주의의 물결이 지속적으로 확대될 것으로 내다보고 있다. 그렇다면 이론적 차원에서 채식주의를 옹호하는 논자들은 누가 있으며 어떤 주장을 하는지 알아보자.

2) 채식주의 이론

① 피타고라스

철학자 중 피타고라스(Pythagoras, BC 579-495)야말로 진정한 채식주의자였다. 서기 200년경에 활동한 인물로 알려진 디오게네스 라에르티오스(Diogenes Laertius)가 그리스 철학자들의 생애와 학설을 정리한 『유명한 철학자들의 생애와 사상』(Lives and Opinions of Eminent Philosophers)에 따르면 피타고라스는 최초의 육식금지론자였다. 그는 동물도 인간과 같이 영혼이 있으며 영혼이 있는 존재를 해쳐서는 안 된다고 믿었다. 또한 그는 육식을 하지 않는 것은 몸만이 아니라 정신의 정화에도 많은 도움이 된다고 생각했다. 이런 이유로 피타고라스는 자신을 따르는 무리에게 일체의 살생만이 아니라 고기와 생선섭취를 금지시켰다. 여기에 더해 그는 누에콩이나 달걀과 같은 알 종류도 섭취를 금했으며 제례의식에도 희생동물을 사용하지 못하게 했다. 훗날 채식 중심의 식단을 소위 '피타고라스 식사법'이라고 불렀으며, 19세기 후반까지만 해도 채식주의자를 피타고리언(pythagorean)이라고 칭하였다.

② 플라톤

플라톤은 『국가론』(The Republic)에서 그가 설계한 칼리폴리스(Kallipolis)라 불리는 이상국가는 채식 중심의 식사를 하는 것으로 묘사하며 육식에 대한 비판을 감행한다. 그의 비판의 논거는 건강논변, 경제 논변, 심리 논변이라고 나누어진다. 소크라테스는 애초에 도시가 작았을 때 육식이 필요하지 않았으며 건강을 위해 채식이 필요하다고 말한다. 플라톤은 이상국가의 시민들은 주로 소금, 올리브 기름이나 치즈로 무나 채소를 익혀 먹고 생선과 도토리 열매를 구워 먹을 것이라고 말한다. 또 후식으로는 무화과나 콩류 그리고 와인을 먹어 건강하게 살다 죽을 것이라고 주장한다. 경제논변은 도시가 확장되면서 많은 것이 필요한데 육류도 그중에 하나라는 것이며 곡식을 생산하는 것이 육류 생산보다 토지가 적게 필요하다는 것이다. 리프킨에 따르면 미국에서 생산되는 곡물의 80%가 가축 먹이로 사용된다. 이 사실은 소크라테스의 말이 틀린 말은 아님을 보여준다. 심리 논변은 육식이 정욕의 생산과 공격적 성향을 촉진하는 데 영향을 미친다는 것이다. 그 결과 더 많은 욕망의 실현과 사치를 위해 전쟁을 불사하는 원인을 제공할 수 있다는 것이 소크라테스의 생각이다.

③ 피터 싱어

채식주의를 대변하는 현대의 대표적인 사상가가 피터 싱어(Peter Singer, 1964–)다. 동물해방론자인 싱어는 종차별주의를 비판하며 쾌고감수능력이 있는 모든 동물의 이익을 동등하게 인정해야 한다는 '이익 평등 고려의 원칙'(principle of equal consideration of interests)을 내세운다. 이 원칙에 의하면 동물실험, 동물학대, 육식을 위한 동물 사육과 살해는 허용되지 않는다. 육식을 함으로써 동물의 이익을 침해하는 것은 허용될 수 없다는 싱어의 입장이 윤리적 채식주의(ethical vegetarianism)이다. 동물에게 연민을 느끼고 배려하면서 동시에 미각을 위한 수단으로 육식을 하는 것은 도덕적으로 허용되지 않는다고 싱어는 말한다. 그는 『동물 해방론』(Animal Liberation, 1975)에서 윤리적 채식 방안을 다음과 같이 제시한다.

- 가축에서 온 고기를 식물성 음식으로 대체한다.
- 구할 수만 있다면 공장식 농장에서 온 계란을 방사한 닭의 계란으로 대체한다. 그렇게 하지 못할 경우 계란을 먹지 말라.

- 우유와 치즈를 두유 두부 또는 다른 식물성 식품으로 대체하라 하지만 유제품이 들어 있는 모든 음식을 피하기 위해 지나칠 정도로 상세히 알아보아야 한다는 의무감에 사로잡힐 필요는 없다.

싱어는 같은 책에서 건강을 위한 채식도 주장한다. 소위 건강 논증이다. 그는 35~64세까지의 미국인 채식주의자의 경우 동일 연령집단 대비 심장마비 사망률이 28%에 지나지 않는다는 의학 자료를 제시하며 채식주의를 주장하고 있다. 주의를 기울여야 하는 것은 피터 싱어가 채식주의를 주장한다고 해서 육식의 전면적 금지를 주장하는 것은 아니라는 점이다. 고기의 섭취 없이 생존 자체가 불가능한 에스키모인의 경우 육식이 도덕적으로 허용될 수 있다는 것이다. 자연 방목에 의해 길러지고 고통 없이 생산된 육류의 경우 도덕적으로 섭취가 허용될 수 있다. 또 육식을 하지 않아 건강에 심각한 해를 미치는 경우이다. 그러나 싱어가 애초에 하고 싶은 말은 생존을 위한 육식을 제외한 어떤 종류의 육식도 하지 말아야 한다는 것이다.

④ 톰 리건

싱어와 달리 톰 리건(Tom Regan, 1938-2017)은 『동물의 권리 옹호』(The Case for Animal Rights, 1983)에서 동물이 그 자체로 내재적 가치(inherent value)가 있기 때문에 살해해선 안 되며 육식은 금지되어야 한다고 주장한다. 내재적 가치란 존재 그 자체만으로도 그 어떤 존재에 의해 권리가 침해받지 않고 도덕적으로 존중받아야 할 권리를 뜻한다. 동물도 생명을 가지고 있으며 살아가야 할 권리, '자기 삶의 주체'로 인정해야 한다는 시각에서 그는 육식만이 아니라 사냥, 동물실험, 동물을 사용한 경기가 어떤 경우에도 정당화될 수 없다고 주장한다. 리건은 삶의 주체(subject-of-a-life)를 믿음, 욕구, 지각, 기억, 미래에 대한 의식만을 가지고 있는 것이 아니라 쾌고에 관한 감정이 있고 자신의 욕구와 선호, 목표를 위해 행위를 할 수 있는 능력, 자기 동일성(self-identity)을 인지할 수 있는 능력을 갖춘 경우라고 주장한다. 리건처럼 동물의 내재적 가치를 인정한다면 동물의 권리를 어떠한 경우에도 침해할 수 없다.

여기서 주의를 기울여야 하는 것은 그가 동물의 내재적 가치와 삶의 주체라는 지위를 부여하지만, 도덕적 행위자(moral agent)로 간주하지 않는다는 점이다. 리건 논의의 문제는 리건 자신이 동물의 권리 인정 범위를 한 살 이상의 조류와 포유류에 한정한다는 점에서 한 살 이하는 삶의 주체로 인정받을 수 없고 육식을 한다 해도 비도덕적인 것이 아니다. 결국 리건의 논리는 채식주의로 결론을 맺게 된다. 여기서 리건이 부딪히는 반론은 삶의 주체 논증에 기대어 동물권을 주장한다고 해서 그것이 식물권 부정하는 근거가 될 수 없다는 것이다. 욕구, 지각, 기억, 미래에 대한 의식이 있는 식물이 발견된다면, 리건의 육식 반대론은 그 근거를 상실하는 것이다.

3) 윤리적 채식 선택권

최근에 채식주의자들이 국가인권위와 헌법재판소에 채식식단을 제공하지 않는 것은 기본권 침해(양심의 자유, 자기결정권, 환경권)라며 문제를 제기한 바 있다. 이러한 문제제기는 채식을 하는 사람들이 늘어나면서 자연스럽게 발생하는 문제이다. 육식, 환경과 생태, 음식섭취와 관련된 자신의 윤리적 신념을 지키기 위해 채식을 하는 사람들이 윤리적 채식주의자(ethical vegetarians)이다. 이들은 윤리적 채식선택권을 요구한다. 실제로 2019년 교도소에 수감된 채식인의 채식식단 요구, 2020년 녹색당과 채식인에 의한 헌법소원 제기, 2021년 시민단체와 학생들에 의한 학교식당 채식선택권 보장 요구가 인권위원회에 접수된 바 있다. 이에 대한 대응으로 국방부는 2020년도 급식방침에 채식주의 장병의 지원에 관한 규정을 신설해 운영하고 있으며 2021년 2월부터 병역판정검사 시 신상명세서에 '채식주의자' 여부를 기재하게 되어있다. 서울특별시의회는 2021년 〈서울특별시 채식 환경 조성 지원에 관한 조례〉를 제정했다.

채식급식 구성메뉴

2023년 전국 17개 시도교육청의 학교급식 기본방향에 채식급식 시행 권고 사항이 명시되어 있다. 2024년 광주광역시 교육청은 국내 최초로 월 1회 저탄소 식단의 날, 주 1회 학교급식 건강의 날을 전국 최초로 지정하고, 5개 학교를 대상으로 채식급식 선택을 시범운영했다. 결과는 채식식단을 지키지 않은 학교들이 있었다. 결과에 대한 반응으로 채식주의자들과 학부모들은 채식교육 의무화와 당국의 확실한 지도감독을 요구하기도 했다. 독일의 서남부 도시인 프라이부르크에서는 2024년부터 학교급식을 채식으로 전환하고 유기농식품 비율을 40%로 높였다. 프랑스는 2018 식품법(loi EGalim)에 의해 학교급식에 일주-한 끼 이상 채소 식단을 의무적으로 제공해야 한다. 프랑스에서만 매주 850만 끼의 점심이 학교급식으로 제공된다. 미국 농무부는 2024년 7월 1일 학교급식을 위한 새로운 가이드 라인을 발표했는데 요지는 건강한 식물성 식단을 기존 보다 더 많이 제공해야 한다는 것이다.

이러한 일련의 조치들은 단순히 건강 식단의 제공만을 목적으로 하지 않는다. 학생들의 건강관리만이 아니라 환경을 고려한 학교급식 식단구성이다. 1주에 1끼라도 온실가스 배출량을 줄이기 위해 의도적으로 채식을 한다면 윤리적 채식주의라고 할 수 있다. 채식주의자들은 윤리적 채식 선택권을 학생들에게 부여해야 한다고 주장한다. 그런데 반대 현상도 있다. 경기도 교육청의 2023년 자율선택급식 운영사례 보고서에 따르면, 고등학교의 경우 채소류 발주량은 50% 감소한 반면 육류 발주량은 20% 증가했다.

윤리적 채식주의자들은 급식의 채식 식단을 단순히 채식식단이라고 하지 않고 기후급식이라고 부른다. '윤리적' 성격이 더 들어나기 때문이다. 이제 국내에서도 공공급식에서 채식의 선택권은 개인의 음식취향의 문제가 아니라 헌법에서 보장하고 있는 양심의 자유, 자기결정권 및 행복추구권, 건강권에서 비롯되는 헌법상 권리로 인식되고 있다. 유럽인권법원과 유럽인권위원회는 보호받아야 할 양심과 신념의 항목으로 비거니즘, 동물실험을 거친 물건의 사용 거부권도 포함시키고 있다. 이러한 점에서 윤리적 채식선택권은 더 이상 음식취향 소주자를 포용하는 포용식단이 아니라 권리의 문제이다.

4) 채식주의에 관한 반론

이론적 차원이나 실천적 차원에서 채식주의를 반대하는 논거들을 정리하면 다음과 같다.

① 건강 논증

채식주의자는 채식이 건강에 좋고 완두콩, 렌즈콩, 시금치, 호박씨, 대두 등으로 육식 없이 영양소 섭취에 문제가 없다고 주장한다. 하지만 이것은 여전히 이론이 제기되는 문제이다. R. M. 헤어는 육식이 심혈관 질환 등의 문제를 야기한다고 해서 모든 종류의 육식 배제가 정당화되지 않으며 부분적인 고기 섭취가 건강에 이롭다고 주장한다.

② 경제 논증

채식주의자는 위의 플라톤의 주장에서 보듯이 가축 사육에 필요한 사료 재배를 위해 토지와 돈, 에너지가 필요하다는 것이다. 경제 논증은 곡물 재배가 불가능한 산악지역 등에서 가축 사육이 경제적이라는 반론을 제기한다.

③ 고통 논증

싱어의 쾌고감수능력에 근거한 이익고려의 원칙은 공장식 사육(factory farming)에 반대한다. 그런데 대부분 사람이 육식을 하지 않으면 육류상품의 생산은 감소된다. 이 경우에 생산단가를 고려해 육류생산자는 공장식 사육을 더 하게 되어 동물의 고통이 증가할 수 있다. 동물의 고통을 하나하나 개체의 입장에서 보는 것은 잘못이다. 자연계 전체의 측면에서 동물의 고통도 자연의 일부이다.

④ 죽음 논증

인간의 미각을 위해 동물의 죽음을 전제로 한 육식을 하는 것은 도덕적으로 허용될 수 없다는 소위 죽음 논증은 자연의 질서에 위배된다. 먹고 먹히는 자연의 질서는 부정될 수 없다.

⑤ 문화 논증

채식주의자는 육식은 인간 문화의 산물이라고 주장한다. 문화 논증은 문화의 생성 이전이나 이후나 인간이 본성상 잡식동물이며 그것이 생태학적 진실이다. 인간은 양심적 잡식주의가가 될 수 있을 뿐이다.

⑥ 동물중심 논증

윤리적 채식주의는 식물의 고통을 고려하지 않는다. 동물에게 해를 미치는 것이 도덕적으로 허용될 수 없다면, 고통을 느끼는 식물에 해를 가하는 행동도 도덕적으로 정당화되지 않는다.

⑦ 복지 논증

완전 채식주의가 동물복지의 제1원칙이 될 수 있다는 논증은 절대적으로 타당한 것은 아니다. 육식을 일부 허용해 동물의 개체수를 조절하면서 동물복지를 실현할 수 있다.

⑧ 희생 논증

채식을 위한 채식 식물을 재배하는 데 희생되는 동물은 존재하지 않는가? 채식 농업을 위해 경작지를 개간하고 재배관리를 위해 죽어가리 야생조류나 토끼를 포함한 들짐승들을 생각할 수 있다. 피터 싱어의 이익동등고려의 원칙을 비판하면서 최소침해원칙 (principle of least harm)를 주장했던 스티븐 데이비스(Steven Davis)에 따르면 미국에서만 채식 농업으로 인해 희생되는 동물의 수가 약 18억 마리로 추정된다. 채식 농업으로 인해 지구 전체에서 죽어가는 동물의 수를 생각해야 한다.

⑨ 환경 논증

채식주의자는 채식이 육식보다 환경에 피해를 덜 주며 도움이 된다고 주장한다. 실제로 아마존 삼림벌채 면적의 2/3가 축산업을 위해 사용되고 있다. 또한 상추, 밀, 사과를 생산할 때 드는 물의 양과 닭고기, 돼지고기, 소고기를 생산할 때 드는 물의 소비량은 최하 400 배 이상 차이가 난다. 철저한 채식주의자였던 리어 키스(L. Keith)는 『채식의 배신』(The Vegetarian Myth: Food, Justice, and Sustainability, 2009)에서 채식을 하기 위한 농업에서도 환경에 부정적인 영향을 줄 수밖에 없기 때문에 채식주의는 생태적으로 지속불가능하다고 말한다. 그에게 채식주의는 동물을 살생하지 않고도 인간은 살아갈 수 있다는 신화와 같은 믿음에 기초한 것이다. 그는 생명은 생명을 먹고 산다는 생태적 사실을 인정하면서 생태적 육식이라는 현실적인 대안을 제시한다.

4. 육식주의와 채식주의를 넘어서

육식주의의 윤리적 문제를 해소하고 채식주의의 이론적, 실천적 난점들을 극복하는 방법은 없는지 생각을 해봐야 한다. 육식을 위해 동물의 고통을 당연한 것으로 받아들일 수 없고, 채식주의적 도덕주의로 육식의 문제를 해결할 수도 없다. 동물에게 최소한의 고통을 주는 방식의 윤리적 육식주의에도 여전히 윤리적인 문제는 남아 있다. 이러한 실천적 고민 끝에 나온 것이 소위 배양육(cultured meat)이다. 배양육은 대체육, 인공육, 청정육, 세포기반 고기, 합성육 등 다양한 이름으로 불린다. 배양육은 닭, 돼지, 소의 세포를 배양하는 조직배양 기술(tissue engineering)로 세포증식을 통해 얻게 되는 식용 고기를 말한다. 조직배양기술은 동물의 특정한 부위의 세포만을 추출해 특정한 부분만 배양시킬 수 있다.

최초의 배양육 햄버거

2013년에 네덜란드의 마스트리히트 대학의 마크 포스트(Mark Post) 교수가 세계 최초 배양육 햄버거를 선보였다. 배양육 전문회사인 멤피스 미트(Menphis Meat)는 2017년에 닭고기와 오리고기 배양육을 개발했다. 2020년 12월부터 싱가포르에 소재한 식당인 〈Restaurant 1880〉에서 세계 최초로 치킨너깃 배양육 제품을 판매하고 있다. 2024년 현재 싱가포르, 미국, 이스라엘이 배양육 판매가 이루어지고 있다. 배양육에 대한 사람들의 인지도도 높아지고 배양육 산업도 발전하고 있다. 현재 전 세계적으로 100여 개가 넘는 배양육 생산업체가 존재한다. 유럽식량농업기구는 2040년경에 배양육 시장점유율이 35%에 이를 것이며 전체 시장 규모가 약 580조 원 규모가 될 것으로 예측한다.

2023년 현재 국내에도 10여 개가 넘는 배양육 스타트업 기업이 기술개발에 나서고 있으며 풀무원, 대상, CJ제일제당 같은 중견기업도 배양육 사업을 하고 있다. 중소벤처기업부와 경상북도는 경북 의성군에 세포배양식품 규제자유특구를 추진 중에 있다. 농림축산식품부는 배양육 관련 기술 개발의 육성·지원을 위해 그린바이오 벤처육성 지원사업(2021)과 고부가가치식품 기술개발사업(2022) 등의 다양한 정책을 추진하고 있다. 유럽연합은 2022년부터 배양농업 보조금 정책을 추진 중에 있다. 이러한 정책은 축산정책의 새로운 패러다임의 변화를 야기하는 촉매가 될 수 있다. 향후 배양육은 80억 명의 지구인의 육식문제와 환경문제 및 동물권과 동물보호에 기여할 수 있지만, 건강과 안전성 문제, 비싼 생산단가를 낮추는 소비의 대중화, 기존 축산업 종사자와의 갈등 등과 같은 해결해야 할 숙제들이 많다. 그럼에도 불구하고 완고한 육식론자나 낭만적 도덕주의에 빠진 채식론자들 사이를 넘어서는 하나의 해결책이 될 것이다. 체식주의를 강조했던 피터 싱어도 배양육이 동물들이 사람의 식사거리가 되기 위해 희생될 일이 없게 만들 것으로 전망했다.

〈참고문헌〉

김훈기, 『생명공학 소비시대 알 권리 선택할 권리– 한국인 식탁에 등장하는 GMO와 복제 쇠 고기를 둘러싼 쟁점』, 동아시아, 2013.

니오게네스 라에르티우스, 『그리스 철학자 열전』, 전양범 역, 동서문화사, 2011.

데버러 립턴, 『음식과 먹기의 사회학: 음식, 몸, 자아』, 박형신 역, 한울아카데미, 2015.

멜라이 조이, 『왜 우리는 개는 사랑하고 돼지는 먹고 소는 신는가』, 노순옥 역, 모멘토, 2021.

삐에르 부르디외, 『구별짓기』 (상), 새물결, 2007.

제러미 리프킨, 『육식의 종말』, 신현승 역, 시공사, 2002.

줄리안 바지니, 『철학이 있는 식탁』, 이용재 역, 이마, 2015.

캐롤린 코스마이어, 『음식철학』, 권오상 역, 헬스레터, 2021.

토니 밀리건, 『채식의 철학』, 김성한 역, 휴머니스트, 2019.

한국식량안보연구재단, 『대체육 생산 현황과 전망』, 식안연, 2022.

Hirschfelder, G. *Was der Mensch essen darf*, Wiesbaden, 2014.

Leitzmann, C. Vegetarismus, München, 2013.

Lemke, H. *Ethik des Essens*, Bielefeld, 2007.

Lemke, H. Uber das Essen: Philosophische Erkundungen, Paderborn 2014.

Lé vi–Strauss, *The Raw and the Cooked*, University of Chicago Press, Chicago ,1983.

Sezgin, H. *Vegan – eine Ethik des Mitgefühls*, München, 2013.

Simmel, G. "Soziologie der Mahlzeit", in: *Georg Simmel Gesamtausgabe 12: Aufsätze und Abhandlungen 1909-1918*, Bd1, Kramme, R./Rammstedt, O.(Hg.), Frankfurt a. M. 2001.

제 2 장

반려존재와 동물해방

1. 반려동물의 인간화 문제

동물의 인간화 역사는 유구하다. 인간 생존의 필요성이 그 원인이다. 동물의 인간화는 동물의 가축화(domestication) 과정을 먼저 거쳤다. 가축화는 개, 양과 염소, 돼지, 소, 말, 닭의 순서로 장기간에 걸쳐 이루어졌다. 인류사에서 최초의 가축화는 늑대의 가축화이다. 잘 알려졌다시피 개의 조상이 늑대이다. 늑대 무리에서 밀려난 늑대와 인간의 조우는 먹이를 매개로 관계를 맺게 된 것이고 오랜 시간을 거쳐 가축화된다. 늑대의 가축화는 인간의 측면에서는 인간과의 협동사냥이나 다른 동물로부터 보호라는 이점과 약한 늑대의 입장에서는 힘을 들이지 않고도 먹이를 안정적으로 공급받는 측면이 중요한 원인이었다. 이후 오랜 시간을 거치면서 친화적 관계가 구축되고 수많은 종의 개량을 통해 오늘날의 개와 인간의 관계로 진화된 것이다. 사람들이 반려동물하면 머릿속에 처음 떠오르는 동물이 개가 된 것이다. 한때 인간에 의해 애완동물이 지칭되던 동물이 동물권에 대한 의식과 함께 하는 시간과 관계의 만족으로 인해 반려동물이 된 시기가 현대이다.

2013년 동물 등록제가 시행된 이후 2024년 7월 23일 농림축산검역본부가 발표한 '2023년 반려동물 보호·복지 실태조사 결과'에 따르면 2023년도 등록된 반려견·묘(3개월령 이상의 개는 의무 등록, 고양이는 자유선택 등록)의 총 개체수는 328만 6000 마리이다. 그런가 하면 2023년에 유실·유기된 동물 발견 신고 및 구조는 11만 3000마리이며 이 중 4만 4000마리(39.2%)는 소유자에게 반환되거나 입양·기증됐으며 인도적 처리(안락사)된 건수는 2만 마리에 달한다. 2023년 기준 동물의 구조·보호를 위해 지자체가 운영하는 동물보호센터는 228개소이다. 통계에서 보여주는 유의미한 수치는 2022년 대비 2023년 신규 등록한 반려견, 반려고양이 수가 27만 1000여 마리라는 것이며 증가추세를 보이고 있다는 점이다. 반려동물 관련 전문가나 관련 산업 종사자들의 의견을 종합하면 등록되지 않은 개체수를 고려하면 반려동물의 수는 등록수에 비해 약 2배에 가깝다고 추정된다.

한편 농림축산식품부가 발표한 「2023년 동물복지에 대한 국민의식 조사(지역별·성별·연령별 비례표본으로 추출한 전국 (만)20~64세, 5천 명)」에 의하면 동물등록제 인지도는 23년 기준 63.6%, 동물보호법 인지도 71.8%, 반려견 양육자 준수사항 준수 정도 44.3%, 반려견 양육자 의무교육 필요성 91.4%로 나타났다. 반려견 양육자 준수사항 준수 정도의 수치가 보여주는 것은 반려견의 반 이상이 제대로 된 보호나 동물복지 수혜를 받지 못하고 있다는 점이다. 이것은 반려동물 인구 1000만 명 시대에 늘어나는 펫팸(pet-fam)족의 실태와 정반대의 현상을 보여준다는 점에서 주의가 필요한 사항이다.

일상생활에서 펫팸족으로 상징화되는 동물의 인간화(humanization of animal)' 양상은 팻코노미, 펫테크, 반려동물보험, 반려동물관리사, 반려동물장례지도사, 돌봄 취약층 반려동물 건강 검진 및 집중 중성화

사업, 공공동물병원 건립 추진, 반려동물신탁(pet-care trust), 펫로스 증후군의 증가, 동물매개 치료 등의 형태로 확장되고 있다. 수많은 경험연구들이 말하는 반려동물과의 삶이 주는 긍정적인 효과로는 스트레스 감소, 초조함, 우울증 감소, 행복감 증가, 두려움 감소, 심장질환 증세 완화, 인지개발 향상, 외상 후 스트레스 증상 감소 등 각종 질병의 개선 효과, 삶의 만족도 증가 등이다. 이와 같은 연구들은 '행복해지고 싶다면, 반려동물을 키우세요'라고 말하는 것 같다.

현대인들은 한 번쯤 반려동물을 키우고 싶다는 생각, 친구나 가족보다 차라리 반려동물이 더 나을 때가 있다는 생각을 한 번쯤 하게 된다. 그만큼 현대인들은 과잉경쟁 사회에서 파편화된 채 고독하게 살아간다. 이러한 현대인들은 정서적 지원자를 필요하지만 현실적인 대체제로 반려동물을 찾게 된다.

Leonardo da Vinci, Lady with an Ermine, 1489-1491, Czartoryski Museum.

반려동물이 주는 심리적, 정서적 효과와 기타 효과들은 인간의 필요성에서 기인한다. 한쪽에서는 동료 인간 이상으로 반려동물을 아끼고 다른 한쪽에서는 10만 이상의 유기되는 반려동물을 기억한다면 반려동물의 인간화에 대해 한번은 생각해 보아야 한다. 과연 동물이 그것을 원하는지, 동물에게 이익이 되는지, 종우월주의의 이기적 표현인지 말이다. 한마디로 인간을 위한 동물사육, 동물복지를 언급하기 이전에 동물권에 대한 근본적인 검토를 해봐야 한다. 동물-인간관계를 인간의 관점이 아닌 동물의 관점에서 생각해 봐야 하기 때문이다. 이것은 곧 반려동물 키우기의 정당성에 대한 물음이다.

2. 동물에 관한 생각들

1) 철학적 종차별주의와 동물에 대한 편견

우주에서 인간의 존재론적 지위를 물은 철학자들이나 일반 사람들의 생각을 지배하는 것은 인간만이 이성적 존재라는 믿음이다. 이러한 시선에서 동물의 사고능력과 이성의 존재 여부에 대한 물음 자체가 원천적으로 배제되어 왔다. 이성은 인간종과 비인간 종을 가르는 절대 기준이었던 것이다. 이러한 관념이 종차별주의(speciesism)의 다른 이름인 종우월주의에 입각한 동물지배 정당화 논변이다. 종차별주의는 인간종의 이익(interest)을 옹호하고 다른 종의 지배를 정당화하는 태도를 말한다. 종우월주의가 문명사의 역사라는 것을 강조했던 호르크하이머(Horkheimer 1895-1973)와 아도르노(Adorno 1903-1969)는 공저인 『계몽의 변증법』(Dialektik der Aufklärung, 1944)에서 동화나 민족신화 등에서 그 흔적을 발견한다.

> 대부분의 민족이 갖고 있는 동화 속에는 인간이 동물로 변신하는 형벌이 종종 나타난다. 동물의 몸속에 갇히는 것은 저주로 여겨진다. 모든 민족, 특히 아이들은 그러한 변신의 관념을 아주 친숙한 것으로 즉각 이해한다. 고대 문명들은 영혼의 윤회를 믿는 경우에도 동물의 형상은 형벌이나 고통으로 인식했다. 동물의 시선 속에 담겨있는 말 없는 원시성은 인간이 동물로의 변신에서 느끼는 비슷한 두려움을 만들어낸다.

아리스토텔레스(Arostoteles, BC 284-322)는 섭생과 감각 능력, 운동능력을 동물이 가지고 있지만, 인간처럼 의식과 사고 능력을 가지고 있지 못하다고 보았다. 아퀴나스(Thomas Aquinas, 1225-1274)는 동물은 이성이 없는 존재이며 인간의 사용을 위해 동물의 생명을 빼앗는 것은 적법하며 신의 명령에 부합되는 것이라고 주장했다. 데카르트(René Descartes 1596-1650)는 『방법서설』(Discours de la méthode, 1637) 5부에서 동물도 인간과 같이 기관을 가지고 있지만, 시계나 자동인형처럼 움직이는 기계와 같은 존재일 뿐이며 사고하는 정신은 없다고 말한다. 그와 같은 시각에서 그는 귀머거리나 벙어리로 태어난 사람들보다도 동물은 "이성을 덜 가지고 있을 뿐만 아니라 ... 이성을 전혀 지고 있지 않다"고 단언한다. 이어서 데카르트는 "동물이 말을 한다"고 생각해서도 안 되며 동물이 "우리보다 더 잘하는 것이 동물들이 정신을 가지고 있다는 것을 입증"하는 것이 아니라고 주장한다.

칸트(Kant, 1724-1804) 역시 인간만이 이성을 가지고 있으며 동물은 사유능력이 없다고 주장한다. 칸트는 데카르트와 달리 동물도 고통을 느낄 수 있지만, 의식이 있는 자율적 존재가 아니기 때문에 인격체로 볼 수 없다는 입장이다. 그럼에도 불구하고 그는 동물학대를 반대했다. 칸트는 『도덕형이상학』(Die Metaphysik der Sitten, 1797)의 후반부에서 동물을 잔인하게 다루는 경우 도덕적 감수성을 둔감하게 만들어 인간에게도 그렇게 행동할 수 있다는 점을 부각시킨다. 계속해서 그는

"동물에 대해 잔인함은 인간 자신에 대한 인간의 의무"를 약화시킨다고 말한다. 이러한 맥락에서 칸트는 도덕적 자기훈련을 위해 동물학대 금지를 거듭해서 강조한다. 또한 그는 동물은 목적을 위한 수단적 존재이기 때문에 육식 또한 도덕과 무관한 것이며 육식을 하는 것이 부도덕한 것도 아니라고 보았다.

전통적 철학자들의 대부분은 동물에 대한 강한 종우월주의를 주장했지만, 근대 이후 강한 종우월주의에서 약한 종우월주의로의 변화가 서서히 나타나기 시작한다. 변화의 핵심은 인간과 마찬가지로 동물의 감정능력과 의식의 소유를 인정하는데 있다. 계몽시대에 프랑스 지성계의 별이었던 볼테르(Voltaire, 1694-1778)는 한발 더 나아가 동물이 인간과 마찬가지로 사랑, 질투, 기쁨, 고통과 같은 감정과 공감능력이 있다고 주장한다. 볼테르의 주장은 영장류 연구자나 동물심리학자들에 의해 과학적으로 지지되고 있다. 데이비드 흄(David Hume, 1711-1776)은 『인간 지성에 관한 연구』(An Enquiry Concerning Human Understanding, 1748)의 동물의 이성에 관하여(Of the reason of animals)라는 장에서 비록 인간의 의식과 동일하지 않지만, 동물도 의식(생각과 믿음의 기능)을 가지고 있다고 믿었다. 흄은 동물도 인간처럼 기억, 경험 및 습관을 통해 인과 관계를 추론할 수 있다고 본다. 흄의 사변적 차원의 주장은 후대의 많은 동물 행동학과 동물 인지연구에서 과학적으로 뒷받침되고 있다.

볼테르

놀라운 것은 노예제와 식민지 건설 반대, 여성 참정권 운동을 포함한 보통선거로의 선거제도개혁과 제소자의 인권보호와 재교육을 위한 형무소 개혁을 주장했고 사회개혁이론으로서 공리주의를 주장한 제러미 벤담(Jeremy Bentham, 1748-1832)이 동물권리와 동물학대에 대한 비판적 입장을 강력하게 전개했다는 점이다. 그는 『도덕과 입법의 원칙에 대한 서론』(An Introduction to the Principles of Morals and Legislation, 1789)에서 " '문제는 그들이 추론할 수 있는가'도 아니고, '그들이 말을 할 수 있는가'도 아니다. 문제는 '그들이 고통(suffering)을 느낄 수 있는가' 이다"라고 선언한다. 이 시각에서 벤담은 동물의 운명을 폭력, 고문, 학대 상태로 방치해서는 안 되고 강조한다. 피터 싱어는 『동물 해방』의 1장 모든 동물은 평등하다(All Animals Are Equal)에서 벤담의 위 문장을 직접 인용하며 그를 본격적인 의미의 동물윤리학의 정초자라고 평가한다. 벤담의 통찰은 싱어의 동물해방론의 시작점을 제공했다고 평가할 수 있다.

종차별주의의 근거들은 언어, 도구, 지능, 의식의 존재 여부가 대표적이다. 동물이 언어가 없다는 것은 인간의 언어관에 기초한 것이다. 언어를 동료나 타자의 의사소통 도구로 규정한다면 군집 생활을 하든 안 하든 동물 역시 자신들의 언어가 있다고 봐야 한다. 워쇼(Washoe)라는 침팬지는 약 350개의 수화를 배워 활용했고 보노보 칸지(Kanzi)는 400 단어 이상을 이해했다. 코코(Koko)라는 고릴라는 1000개이상의 수화를 배우고 일반 의사표현만이 아니라 감정표현을 하였다. 오랑우탄은 2000개의 단어를 사용해 오랑우탄 연구원과 의사소통을 한다. 이러한 사례들은 영장류는 단순히 언어학습과 활용 능력, 감정전달 능력만이 아니라 자기 인식능력도 있다는 것을 의미한다. 도구사용과 관련해 호모 파베르(homo faber)의 관점은 '동물은 도구를 사용할 수 없다'라는 가정에 근거하는데 이 주장은 낡은 것이 되었다. 탄자니아에 서식하는 침팬지는 구석기 시대의 인간들이 돌을 떼어내어 만든 뗀석기와 같이 뗀석기를 제작해 사용하기도 한다. 또 까마귀, 독수리나 수달도 도구를 사용하는 것으로 알려져 있다.

뉴질랜드의 문어 전문가는 문어가 도구를 사용하는 동력이 있다고 주장한다. 인간의 유전자와 1.3%밖에 차이가 없는 보노보(Bonobo)는 심지어 불을 사용해 음식을 먹을 수 있다. 지능과 관련해 지능개념을 어떻게 규정하는가가 중요하다. 자기인식능력, 문제해결 능력, 도구사용능력 등 동물지능 측정의 기준에 근거해 동물의 지능을 측정하면 보노보는 IQ 120이다. 의식의 존재 여부에 따른 인간과 동물의 경계 역시 변화되고 있다. 영장류 연구자들이나 동물 연구자 중에는 동물도 상상력을 발휘할 수 있고 코끼리, 침팬지 등은 죽음에 대한 의식이 있다고 보고한다. 돌고래나 까치의 경우도 죽음을 애도하는 특정한 행동을 한다는 사실은 이미 잘 알려져 있다.

2) 동물권 보호운동의 역사와 동물복지

종차별주의가 육식, 동물실험, 동물원, 놀이로서의 동물싸움(황소싸움, 투우, 투견대회 등)을 부추기며 상업화되었다. 또 동물의 학대에 대한 인간행동의 정당성을 묻지 않게 했다. 이러한 동물에 대한 인식의 변화가 온 것은 채 150여 년도 안 된다. 동물보호에 대한 논의와 법 제정이 처음 이루어진 국가가 영국이다. 영국은 동물복지에서도 선진국의 지위를 가지고 있다. 동물보호에 관한 최초의 의미 있는 문서는 1776년 영국국교회에서 발간한 '동물에 대한 자비와 잔혹한 행위에 관한 죄'였으며 동물보호에 관한 관심과 환기의 계기가 되었다.

리처드 마틴(Richard Martin)이 제안한 1822년에는 세계 최초의 동물보호법인 마틴 법(Martin's Act)이 제정되었는데 이 법은 동물의 학대 및 부당한 취급의 금지를 골자로 한다. 뒤를 이어 왕립동물학대방

지협회가 만들어졌으며 1876년에 세계 최초로 '동물실험법(Cruelty to Animals Act 1876)'이 운용되었다. 또 1911년 기존의 동물 관련법들을 재정비한 동물보호법이 제정되었다. 영국은 1951년 애완동물 판매규제법, 1954년 동물 마취를 규제에 관한 동물보호법을 제정되었다. 영국 전역에 172개의 동물학대방지협회 지부가 있고 52개의 동물입양센터, 43개의 동물 진료소가 운영되고 있다. 영국에 비해 후발주자인 프랑스와 독일의 경우는 1850년과 1871년에 동물학대에 관한 처벌을 다룬 법률이 제정되었다.

1979년 영국의 농장동물복지위원회는 동물의 5대 자유를 발표했으며 이것은 오늘날 동물보호와 동물복지의 기존원칙으로 받아들여지고 있다. 동물이 누려야 할 5대 자유(five freedoms)로는 1) 배고픔과 목마름으로부터의 자유 2) 불편함으로부터의 자유 3) 통증·부상·질병으로부터의 자유 4) 정상적인 행동을 표현할 자유 5) 두려움과 괴로움으로부터의 자유이다. 폭 60cm, 길이 2m의 감금틀에서 평생 새끼만 낳다가 생산능력이 상실되면 도축되는 돼지와 몸을 움직일 수 없는 좁은 배터리 케이지(battery cage)에 갇혀 알만 생산하다 식탁에 오르는 닭들을 생각해보면 동물에게 자유가 왜 필요한지 알 것이다.

실제로 동물의 5대 자유선언의 단초를 제공한 영국 노스 웨일스 대학의 동물학과 교수인 로저 브람벨(Roger Brambell) 1965년 공장식 축산농장의 문제개선을 위해 동물에게 일어서고, 눕고, 몸을 돌리고, 털을 다듬고, 다리를 뻗을 수 있는 최소한의 공간의 자유가 주어져야 한다고 강조했다. 동물보호와 관련된 유럽 국가의 국제협약이 암스테르담 협약(동물보호 및 복지에 대한 의정서, 1999)이며 EU 회원국에 효력을 발생시켰다. 동물보호법의 내용구성은 국가 간에 미세한 차이만 있을 뿐이며 기본적으로 동물의 보호 및 취급, 동물실험 및 동물

생체에 관여문제, 동물의 이용, 동물 및 동물제품의 이용, 동물의 거래 및 동물의 수송, 동물의 도살을 포함한다. 소극적 차원의 동물보호를 넘어서 적극적인 차원에서 동물보호는 동물복지를 전제로 한다.

동물복지(animal welfare) 개념은 루스 해리슨(Ruth Harrison)이 『동물기계』(Animal Machines, 1964)란 책에서 농장동물이 당하는 고통을 비판하면서 사용한 개념이다. 낮은 차원의 동물복지는 한마디로 고통의 해소나 고통의 최소화 동물의 기본 욕구의 충족을 뜻한다. 미국수의학협회(American Veterinary Medical Association, AVMA)는 책임감 있는 보살핌, 인도적 취급, 적절한 환경제공, 충분한 영향공급과 질병 예방 및 치료, 행동의 자유가 충분하게 보장되고 공포감 없이 안정감을 주는 것, 인도적인 안락사를 제공하는 것이라고 규정한다. 동물복지의 대상은 넓게는 사람을 제외한 모든 척추동물이다. 구체적으로 동물복지는 동물의 획득에서부터 운송, 사육(생물학적, 영향학적, 환경적, 행동학적 환경구축), 서식지 보존, 동물방면, 동물훈련, 동물전시, 동물실험, 치료 도우미 동물, 안락사까지, 즉 동물의 태어남과 죽음 전 과정에서 적용되며 궁극적인 목적은 동물의 삶의 질 향상에 있다. 동물복지 인증제도는 축산분야에 집중되어 있는데 국내에서 2012년부터 산란계를 시작으로 동물복지 인증 농장제도가 시행하고 있으며 돼지(2013), 육계(2014), 한우, 육우, 젖소, 염소(2015), 오리(2016)로 확대되었다. 2025년 2월 현재 총 468개소의 동물농장이 인증을 받은 상태이다. 이중 닭 농장이 53.2%를 차지하고 있다.

동물보호는 법제화를 통해서 행위의 구속력을 갖기 때문에 동물보호 관련 법규를 살펴볼 필요가 있다. 동물보호법령의 기본 이념은 '동물은 물건이 아니다(Animals are not things)'로 요약된다. 1988년

오스트리아는 민법에 '동물은 물건이 아니다'라는 법령 조항을 만들었다. 1990년에 독일도 민법에 같은 내용의 법령을 제정했다. 법령의 내용은 동물은 물건이 아니다. 동물은 특별히 법률에 의해 보호받는다. 다른 규정이 없는 한 물건에 대하여 적용되는 규정이 준용된다. 제20a조에 '국가는 생명 환경의 보호와 동물보호를 보장해야 한다'고 명시하고 있다. '동물은 물건이 아니다'라는 법령은 동물보호에 대한 국가와 시민의 의무를 규정한 것이다. 이러한 입법취지에 따라 독일의 반려견 입양절차는 다음의 요건을 충족해야 한다. 입양기관 방문 설문작성 및 인터뷰, 홈체크, 입양 반려견과의 일정한 라포형성 시간, 입양 계약서 체결, 구청에 등록 및 개세금(Hundesteuer)납부, 책임보험 가입증명, 마이크로칩 및 EU 펫 여권수령, 위험 견종의 경우 사전 교 및 시험 후 면허취득 등이다. 이와 함께 반려견 조례에는 하루 최소 2회, 총 1시간 이상의 야외활동, 사슬 묶음 금지, 하루 수차례의 교감의무 등이 포함되어 있다.

국내의 경우 1991년에 동물보호법이 처음 제정되었으나 형식적이고 선언적인 의미에 그친다는 비판을 받아왔으며 법령에서도 동물은 여전히 물건으로 규정되고 있다. 민법 제98조의 2는 동물의 법적 지위를 다음과 같이 규정하고 있다. ① 동물은 물건이 아니다. ② 동물에 대해서는 법률에 특별한 규정이 있는 경우를 제외하고는 물건에 관한 규정을 준용한다. 서구의 헌법에서와 달리 우리의 헌법에는 동물의 지위에 대한 특별한 규정 자체가 없는 실정이다.

'동물은 물건이 아니다'라는 법령의 기저에는 생각은 동물에 대한 소유권이 인간 그 누군가에 의해 주장될 수 없으며 물건처럼 다루거나 자의적이고 임의의 목적으로 동물권에 반하는 행동을 해서는 안 된다는 생각이 깔려 있다. 미국의 동물권리론자이자 법학자인 게리 L. 프랜시오네(Gary L. Francione)는 동물을 재산으로 취급해서는 안 되며 그것이 실제로 실현되기 위해서는 동물소유권을 전면 폐지해야 한다는 급진적인 주장을 펼쳤다. 또한 그는 동물을 인간과 같이 삶의 주체로 인정해야 하며 그럴 때만이 인간의 이익을 위한 각종 방식의 동물착취가 사라질 것이라고 본다. 한발 더 나아가 프랜시오네는 동물복지와 관련된 각종 정책과 제도는 동물착취 체제를 영구화하는 수단에 지나지 않는다고 주장한다. 그에 따르면 더 나은 우리(better cages)가 아니라 모든 우리를 철폐하고 인격체로서의 권리인정만이 동물소유권 폐지의 전제조건이다. 우리나라의 경우는 어떠한가? 우리의 경우 동물은 여전히 '물건'이다. 동물은 개인 소유의 대상인 것이며 재산의 지위를 부여받는다. 우리나라는 독일의 기본권에서 봤던 국가의 의무로서 동물보호에 대한 구체적인 규정이 헌법에 없다. '동물은 물건이 아니다'라는 내용이 법령화되었는가, 아닌가는 동물권리에 대한 의식 수준을 보여주는 것이다.

3) 동물윤리: 동물해방론과 동물권리론

동물윤리가 추구라는 것은 단순히 동물보호나 동물복지의 차원을 넘어선다. 동물윤리의 급진적 형태는 동물해방론과 동물권리론이다. 동물해방하면 떠오르는 인물은 단연 피터 싱어(Peter Singer, 1946-)이다. 1975년에 출간된 그의 『동물해방론』(Animal Liberation, 1975)에 자극을 받아 세계 각지의 동물해방 조직이 구성되어 활동하고 있다. 싱어의 동물해방론은 종차별주의에 대한 비판에 근거한다. 그에 따르면 종차별주의는 "자기가 속한 종의 이익을 옹호하면서 다른 종의 이익을 배척하는 편견 또는 왜곡된 태도"를 말한다. 종차별주의에 반대에 그는 종평등주의를 주장한다. 그렇다면 종평등주의의 근거는 무엇인가? 피터 싱어는 위에 언급된 책에서 "어떤 한 존재가 고통을 느낀다면 그와 같은 고통을 고려의 대상으로 삼는 것을 거부하는 태도를 옹호할 수 있는 도덕적 논증은 있을 수 없다"고 주장하면서 "평등의 원리는 그 존재의 고통을 다른 존재의 고통과 동일하게 취급할 것을 요구한다"고 강조한다.

2015년 피터 싱어의 강연모습

여기서 동일하고 평등하게 취급되어야 하는 것은 쾌고감수능력(capacity to experience pleasure and pain)이다. 피터 싱어는 쾌고감수능력이 있는 동물은 인간과 같은 도덕적 지위를 부여해야 하며 그들의 이익을 인정해야 한다고 주장한다. 그가 말하는 '이익'이란 "어떤 대상이 욕구하는 모든 것"을 의미한다. 쾌고감수능력이 있는 모든 종의 이익은 동등하게 고려되어야만 한다는 원칙을 내세우는데 그것이 이른바 이익 평등 고려원칙(the equal principle of equal consideration of interests)이다. 이러한 관점에서 싱어는 모든 종류의 동물학대, 육식, 동물실험을 거부한다. 싱어의 동물해방론은 다음과 같은 많은 난점을 가지고 있다.

1) 종차별주의는 엄밀한 의미에서 종차별주의라고 보기 어려우며 자연적으로 주어진 종의 질서라고 봐야 한다.

2) 식물도 고통을 느낀다면, 싱어의 채식주의는 이익 평등 고려원칙이 위배된다.

3) 치료를 위한 과정에서 동물의 고통도 과연 도덕적으로 승인될 수 없는가?

4) 동물과 인간의 이익 평등 고려원칙은 인간과 동물에게 항상 최선의 결과를 야기하는가?

5) 인간과 동물의 이익 평등 고려원칙을 승인한다고 해서 인간과 동물의 삶의 가치가 동등하다고 주장할 수 있는가?

6) 쾌고감수능력이 없는 인간 배아나 사고로 인해 쾌고감수능력을 상실한 인간은 이익 평등 고려원칙으로부터 배제되어야 하는가?

7) 고통을 줄이기 위한 인간과 동물의 안락사는 어떤 경우에도 허용될 수 없는가?

여기서 가장 강력한 반론은 2)번이라 할 수 있다. 이와 관련해 피터 싱어는 자신의 저서 『실천윤리학』(Practical Ethics, 1980)에서 만약 식물이 고통을 느낀다면, 도덕적으로 충분히 고려되어야 하지만, 아직까지 식물이 고통을 느낀다는 증거가 없다고 말한다. 그런데 비록 식물학계의 주류 이론은 아니더라도 일부의 식물학자는 식물지성과 식물의 고통인지 능력이 있다고 말한다는 사실이다. 식물신경학자인 스테파노 만쿠소(Stefano Mancuso)는 식물이 신경기관이 없어도 식물의 뿌리와 세포는 주변 환경과 정보의 변화에 대한 신호처리를 하는 지능이 있다고 주장한다. 이 밖에도 수잔 시마르(Suzanne Simard), 모니카 가글리아노(Monica Gagliano) 등은 식물의 의사소통능력과 상호지원 능력을 인정한다.

피터 싱어의 동물해방론에서 한 가지 더 고려해야 할 것은 그가 동물이 쾌고감수능력을 갖고 있다고 해서 육식 자체를 전면금지하는 것까지 주장하지 않는다는 점이다. 그는 자연적 죽음을 맞이한 동물의 육식과 다른 먹을 것이 전혀 없고 오직 육식만이 인간의 생물학적 생존이 가능한 경우에는 육식이 도덕적으로 허용될 수 있다고 말한다. 쾌고감수능력을 육식금지와 동물권리 논거로 활용할 때 또 다른 문제가 발생한다. 무지개 송어와 같은 특정한 어류들이 고통을 느낀다는 과학적 연구결과들이 나오고 있기 때문이다. 스위스 경우에는 이러한 사례를 반영해 이미 2018년도에 동물보호법을 개정하면서 살아 있는 갑각류의 요리를 금지시켰다.

톰 리건

동물윤리의 또 다른 급진적 이론의 대변자가 톰 리건(Tom Regan, 1938-2017)이다. 그의 동물권리론은 개념에서 오는 뉘앙스와 달리 피터 싱어의 동물해방론보다 더 급진적이다. 싱어는 리건처럼 동물의 지위를 '삶의 주체'로 인정하지 않기 때문이다. 리건은 그의 책 『동물의 권리』(The Case for Animal Rights, 1983)에서 동물 그 자체가 갖고 있는 내재적 가치(inherent value)만으로 독립적인 주체로 간주해야 한다고 주장한다. 그렇다면 도대체 '삶의 주체(subject-of-a-life)'가 뭔지, 인간에게 부여하는 삶의 주체라는 지위가 동물에게도 같은 의미로 적용되는지 확인해 봐야 한다. 리건에게 삶의 주체는 생물학적 생존상태로 있는 존재를 의미하는 것이 아니고 그 이상의 의미를 갖는다. 그는 다음의 특성을 가진 존재를 '삶의 주체'로 인정한다.

1) 믿음과 욕구, 지각력, 기억력, 자신의 미래를 포함한 미래에 대한 의식을 갖는 경우

2) 쾌락과 고통의 느낌을 수반한 감정적 삶을 영위하는 경우

3) 선호와 복지 관련 이익을 갖는 경우

4) 자신의 욕구와 목적을 추구하기 위해 행위 능력 소유

5) 시간이 지나면서 정신물리학적 정체성의 소유

6) 자신의 삶이 다른 존재들의 유용성과는 독립적으로 존재 가능한 경우

7) 누군가의 이익의 대상이 되는 것과는 독립적으로 성공하거나 실패한다는 의미에서의 개별적 복지를 갖는 경우

리건에 따르면 위의 특성을 충족한 존재는 그것 자체로 본래적 가치를 가지며 존중의 원리(respect principle)에 따라 대우해야 한다. 그는 어떤 경우에도 삶의 주체로서의 권리가 침해되어서는 안 되며 동일한 도덕적 지위를 인정해야 한다고 주장하는 것이다. 이 주장은 인간과 동물의 이익의 동등성을 내포한다. 이와 같은 이유로 리건은 동물실험 전면 반대, 공장식 축산 및 상업용 농장 반대, 동물사용 스포츠 금지, 사냥금지, 모든 동물 덫의 제거를 주장했다. 그런데 리건의 주장에서 문제가 되는 것은 인간과 동물의 이해 충돌의 해결방식이다.

리건의 해결방식은 1년 이상의 포유류에게만 인간과 동일한 내재적 가치, 삶의 주체로서의 지위를 부여하는 방식이다. 이는 1년 이하의 포유류는 사냥금지, 식용금지, 실험금지라는 원칙이 적용되지 않는다는 것을 의미한다. 난점은 왜 반드시 1살 정도의 사람과 같은 정신신체 능력이 기준이 되어야 하는지에 불명확하다는 데 있다. 도덕적 지위를 '능력'의 관점에서 부여한다면, 내재적 가치는 엄밀한 의미에서

능력의 가치이지 내재적 가치라고 보기 어렵다. 또한, 동물의 내재적 가치를 인정한다고 해서 동물이 그러한 내재적 가치를 인지하며 스스로 삶의 주체로 인식하는가의 문제가 미지로 남는다. 또한 설사 내재적 가치를 동물이 인식한다고 가정하더라도 과연 동물이 내재적 가치의 실행 주체가 될 수 있는가는 별개의 문제이다.

3. 동물윤리적 관점에서 본 동물원과 동물실험

1) 윤리적 공간으로서 동물원

동물원에 가면서 무엇을 느끼는가? 이 질문은 동물원을 윤리적 관점에서 어떻게 봐야 하는가의 문제와 맞닿아 있다. 이 문제는 동물윤리의 주요 주제 중의 하나이다. 동물원 폐지 찬반 논거를 분석하기에 앞서 동물원 역사를 간략하게 살펴볼 필요가 있다. 기록상 조직적으로 동물사육이 이루어진 것은 기원전 1100년의 이집트와 중국의 사례이다. 이 둘 나라의 왕궁에는 호랑이, 코뿔소 등과 거북과 각종 희귀 물고기들을 사육했는데 주로 왕들의 유희와 이국적인 동물에 대한 호기심이 크게 작용하였다. 그리스와 로마시대에는 귀족과 시민의 유희와 학술 목적의 동물사육이 이루어졌다.

근대적 의미의 최초 동물원은 1752년 오스트리아 수도 빈(Wien)에 세워진 쉔부른 동물원(Zoo Schönbrunn)이다. 이후 1774년 스페인 마드리드 동물원, 1793년 프랑스 미네저리형 동물원, 1829년 런던 동물원 등이 설립되었다. 아시아권에서는 1865년 베트남 사이동물원이 최초로 개장되었다. 우리나라는 이보다 늦은 1909년 창경궁에 동물원이 설치되었다. 아이들이 제일 좋아하는 것 중의 하나가 동물원 가는 것이다. 책에서만 봤던 동물을 눈으로 보고 만져보고 모이를 주기도 한다. 아이를 데리고 온 부모들은 바람도 쐬고 아이들 교육에 도움이 될 것 같아 동물원이 좋다고들 말한다. 이것은 동물의 입장이 아니고 인간의 입장이며 동물윤리에 대한 무감각을 표현하는 말이다.

동물원은 해체되어야 한다는 주장 중 아도르노(Adorno)의 생각을 들여다보자. 그는 『미니마 모랄리아』(Minima Moralia, 1951)에서 동물원은 동물권의 부정, 자유의 억압공간임을 주장한다.

> 동물원은 어떤 견본이나 어떤 쌍이 종으로서 종의 불행을 이겨냈다는 것에 대한 알레고리이다. 그 때문에 많은 동물을 보유한 유럽 대도시의 동물원은 파멸형식으로 작용한다. 두 마리의 코끼리, 두 마리의 기린, 한 마리의 하마, 이상의 동물들은 비극으로 가득한 것이다. 철창 없이 동굴로 만들어진 하겐벡의 옥외 동물공원은 결코 축복받은 곳이 아니다. 그 공원은 아라라트산이 약속한 구원을 꾸며내면서 노아의 방주를 암시하고 있다. 그것은 광야로 나가고 싶은 동경의 철창을 보이지 않게 설치함으로써 동물들의 자유를 더욱 철저하게 부정한다.

단독 생활을 하는 호랑이를 생각해보자. 호랑이는 서식면적이 50~3,000㎢에 달한다. 국립백두대간수목원에 축구장 7개 크기 규모의 호랑이 숲에서 호랑이가 사육되고 있다. 이 호랑이들은 서울동물원의 호랑이보다 행복할 수 있지만 방사 면적을 조금 넓힌다고 해서 본질이 달라지지는 않는다. 만약 내가 호랑이라면? 아무런 스트레스 없이 행복해할까? 아도르노가 하고 싶은 말은 행동권의 제약, 서식환경의 박탈, 생물학적 욕구 부정이 동물원의 근본문제이며 따라서 폐지되어야 한다는 것이다. 아도르노는 더 나아가 동물보호니 동물복지니 하는 것은 인간의 허구에 불과하다고 말한다. 그것이 허구인 이유는 '그저 착하고 선량한 인간'임을 증명하고 싶은 욕구의 표현이자 동물지배의 잔혹성을 은폐하는 알리바이라는 것이다.

그는 동물원을 포함해 어떤 경우에도 인간의 동물지배는 정당화될 수 없다고 주장한다. 아도르노가 주장하지 않지만 우리는 동물원의 부정적 기능 중 '동물의 의존성 강화'를 지적할 수 있다. 동물원에서 사육사에 의해 관리되는 동물들은 철저하게 사육사에 의해 길들여진다. 애초에 가지고 있는 자연적인 동물성을 약화시키는 것은 도덕적으로 정당화될 수 없다. 동물원은 존재의 속성을 보호의 명목하에 변질시키는 기능을 하는 셈이다. 보호자-어린아이 도식에 근거한 동물원의 원리는 동의 없는 동물애착이며 동물성의 훼손을 통한 노예화는 도덕적으로 허용될 수 없다.

동물원 찬성론자들은 1) 멸종 위기종의 보존기능 수행을 강조한다. 동물원에서 멸종 위기종을 번식하여 보존해야 한다는 논리이다. 2) 동물원은 동물 관련 교육의 기능을 수행한다. 각각의 동물들에 관한 정보, 생태와 습성, 서식환경에 대한 이해, 환경생태 교육에 기여할 수 있다. 3) 동물원은 동물 연구의 장을 제공하며 연구를 촉진시킬 수 있다. 4) 긴장 이완, 스트레스 해소, 오락 제공이라는 측면에서 시민의 정서안정과 발달에 도움이 된다.

1)에 대한 반론은 동물원은 인공수정이나 복제를 통한 종 보존 보다 도덕적으로 상대적 우위를 가질 뿐이며 서식환경의 복원을 통해 종 보존을 하는 것이 최선의 해결책이다. 2) 동물원이 수행한다고 가정하는 교육 기능이 반드시 동물원에서 가장 잘 될 수 있는지는 의심스럽다. 다양한 방식의 에듀테이먼트 교육프로그램과 교육기기 등을 통해서 대체될 수 있다. 3) 동물행동에 대한 연구는 제인 구달(Valerie Jane Goodall)이나 수많은 동물행동학 학자들에서 볼 수 있듯이 자연 서식지에서 정상적인 관찰이 가능하며 연구의 신뢰성을 가질 수 있다. 기타 동물연구 역시 대체방식을 찾을 수 있다. 4) 오락 기능제공, 스트레스 해소 등은 동물원 이외의 장소에서 더 많이 해결될 수 있다.

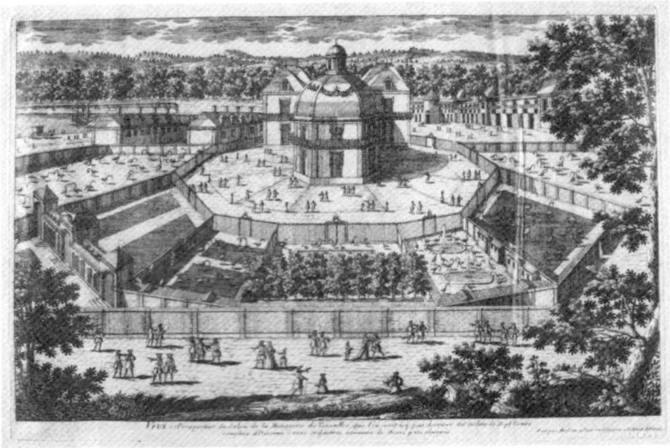

앙투안 아블린(Antoine Aveline), 뒤쪽에서 본 동물원

2) 동물실험

동물실험의 윤리적 심각성을 부각하기 위한 세계 실험동물의 날(World Day for Laboratory Animals)을 4.24일로 정하고 있다. 그렇다면 세계 곳곳에서 동물실험(animal experimentation)으로 희생되는 동물의 수는 얼마나 될까? 2024년 기준 세계에서 동물실험으로 희생된 개체수는 2억 마리에 달한다. 농림축산검역본부 발표에 따르면 2022년 실험에 사용된 동물은 약 499만 마리이다. 이 중 극심한 고통과 스트레스를 동반한 E등급 실험에 사용된 실험동물 개체수는 무려 242만 마리에 이른다. 더 심각한 것은 실험동물 개체수가 감소한 것이 아니라 2015년 대비 2배 이상 늘었다는 점이다. 동물보호법에 따라 설치된 동물실험윤리위원회의 2023년도 보고서에 따르면 동물실험윤리위원회가 설치된 동물실험 기관수는 550개이며 위원회 개최 총횟수는 7,579이다.

동물실험의 역사는 오래되었다. 동물실험을 한 최초의 인물은 아리스토텔레스다. 그는 동물 해부를 통해 동물마다 장기들의 모양이 다

큼을 발견했다. 이에 기초해 그는 『동물지』(Historia Animalium) 등을 포함한 동물학의 제분야를 망라하는 다양한 저작을 집필했다. 아리스토텔레스 이후 기원전 300년경의 그리스인인 에라시스트라토(Erasistratus)와 헤로필리오스(Herophilus)는 살아 있는 돼지를 해부해 돼지의 호흡 기도와 폐의 호흡 기능을 알아냈다. 기원전 300년경 의학자인 히포크라테스(Hippocrates, BC 460-370)가 심장연구를 위해 살아 있는 동물을 해부했다는 기록이 있다. 기원후 130년에 태어난 로마의 의사 갈레노스(Galenos)는 돼지, 염소 원숭이를 해부해 혈액순환의 메커니즘을 설명했다. 동물에 대한 실험이 본격화된 것은 근대 이후다. 근대의 동물실험 목적은 장기나 인체구조를 밝혀내는 데 있지 않고 질병 치료를 위한 의학적 목적에 초점이 맞추어져 있었다.

동물실험에 가장 널리 사용되는 모델 유기체로는 초파리, 생쥐, 제즈라피시, 영장류 등이다. 오늘날과 같이 의약품, 화장품, 식품, 첨가제, 살충제 등이 인체에 미치는 유해성 검증을 위해 조직적인 차원의 대규모 동물실험이 국가와 민간 차원에서 이루어지기 시작한 시점이 1920년대 초반이다. 동물실험의 범위는 독성실험이나 화장품 개발, 의약품 개발을 위한 범주를 넘어선다. 미국의 경우는 동물보호 운동단체와 계속되는 항의에도 불구하고 1968년 동물실험 규제관련 법률이 제정되기 이전까지 안전을 위한 자동차 충돌실험에 동물을 사용해왔다.

일상생활에서 대부분의 사람들이 사용하는 화장품 개발을 위한 동물실험의 경우를 살펴보자. 1996년 미국화장품소비자정보연합(American Consumers for Cosmetic Safety, AC4CS)이 동물실험을 하지 않는 화장품에 리핑 버니 (Leaping Bunny)인증마크를 달수 있도록 했다. 유럽연합은 동물을 활용한 화장품 유해성 실험을 2003년에 금지했으며 2013년부터는 동물을 활용한 안자극 실험, 피부 자극실험, 각종 독성 실험을 전면 금지했다. 미국의 경우는 2020년 1월 캘리포니아 주에서 처음으로 동물실험 화장품 판매금지가 시행되고 있다. 유럽연합 가입국 이외에 화장품 동물실험을 전면 금지시킨 나라로는 이스라엘, 대만, 캐나다, 멕시코, 호주, 인도, 브라질, 칠레 등이 있다. 독일동물복지연합(German Animal Welfare Association)은 동물실험을 하지 않는 화장품 제조회사 리스트를 만들어 공표하고 있다.

토끼 대상 화장품 독성시험

오늘날 많은 국가에서 동물실험을 하지 않는 제품을 인증하는 인증기관을 운영하고 인증마크를 표시하도록 하고 있다. 국내의 경우 2015년 화장품 동물실험 금지법이 제정되었다. 그러나 법을 위반한 경우에도 미미한 과태료를 부과하기 때문에 실효성이 떨어지는 것이 현실이다. 화장품 동물실험 금지법이 제정된 후 동물실험 보호법이 2016년에 제정되었으나 동물실험은 오히려 증가하고 있다. 세계에서 동물실험을 하지 않는 비건 화장품(vegan cosmetics)은 비건인증 기관으로부터 심의를 거쳐 비건 인증마크를 달고 판매된다. 국내에서는 2018년 한국비건인증원이 설립되어 인증업무를 수행 중이다.

동물실험에 대한 찬반 논거를 살펴보자. 생리학자 에드먼드 오메아라(Edmund O'Meara)는 동물생체해부는 비인도적이며 동물에게 참혹한 고통을 주어서는 안되며 고통을 당하는 상태에서 동물 반응에 근거한 실험 결과는 신뢰할 수 없다는 태도를 견지했다. 동물실험을 거친 뒤에 실제로 인간에 대한 임상시험 적용률은 50%에 불가하며 인간을 위해 사용되는 사례는 5%로 불가하다는 사실은 동물실험의 실효성을 문제삼게 만든다.

오스트리아의 동물법학자인 헬무트 프리드리히 카플란(Helmut Friedrich Kaplan, 1952-)은 동물실험의 유용성에 기초한 동물실험 찬성은 결코 도덕적 논증이 아니며 도덕적으로 허용될 수 없는 잘못된 주장이라고 비판한다. 19세기 후반부터 미국, 스웨덴을 비롯한 유럽의 많은 국가에서 동물생체해부 반대협회가 발족되었다. 동물실험의 윤리성 논란에 불을 지폈고 동물실험반대운동이 확산되는데 큰 영향을 준 사건이 1903년에 발생한 갈색 개사건(the brown dog affair)이다. 런던 의과대 생체실험에서 벌어진 갈색 개의 참혹한 실험을 저지하려는 생체실험반대 활동가의 난입과 희생된 개를 기념하기 위해 건립된 동상을 파괴하려는 의대생들 사이의 대립과 법정 다툼은 동물실험의 비윤리성을 부각시킨 중요한 사건이다. 그러나 아직도 개를 대상으로 한 실험은 계속되고 있다. 농약 안정성 평가를 위해 개가 활용되는데 테스트 내용은 1년 동안 매일 같이 농약이 들어간 음식을 섭취하게 하는 것이다.

영장류를 대상으로 미국대학 연구소에서 벌어진 잔혹한 실험으로 올빼미 원숭이 손가락 절단, 개코원숭이 머리 충격 가하기, 원숭이 모성박탈 실험 등 수없이 많다. 2016년 하버드 대학의 신경과학자 마거릿 리빙스턴(Margaret Livingston)에 의한 모성박탈 실험과 뇌의 얼굴정보 처리를 알아보기 위한 눈꺼풀 봉합수술은 영장류 연구자들에게서 만이 아니라 동물보호론자들에게 수많은 비판을 받았다. 국제적으로 보면 영장류실험센터가 가장 많이 설립된 나라가 중국이며 실험용 원숭이 90%가 중국에 의해 공급되어 왔다. 이에 반해 유럽국가에서 영장류 실험은 비윤리성의 문제로 인해 점차 감소하고 있거나 연구센터 자체를 폐쇄하고 있다. 국내의 경우는 국가영장류센터와 영장류자원지원센터를 설립해 3000여 마리가 넘는 실험용 영장류를 관리하고 있다. 이 중에는 게잡이 원숭이와 붉은털 원숭이 250여 마리도 있다. 민간 영역에서는 실업용 영장류 수입문제 해소 및 제약 바이오 산업의 성장 추세를 따라간다는 명목으로 실험용 영장류 생산시장에 뛰어든 기업들이 증가하고 있다.

동물실험의 반대 논거 중의 하나는 실효성 문제이다. 1957년 임산부 여성 입덧 진정제로 출시된 탈리도마이드를 복용한 임산부의 기형아 출산 사건, 백혈병과 만성 염증성 질환의 치료를 위하여 개발된 TGN1412의 임상시험 대상자 6명이 생명을 잃을 위험에 처했던 사건 등 동물실험 무해판정-임상시험 유해-동물실험 의약품 실패 사례는 수없이 많다.

동물실험 찬성론자들의 논거는 1) 현재의 대체실험 기술 수준상 동물실험만큼 신뢰성을 갖기 어렵다, 2) 동물실험 동물의 고통보다 인간에 의해 더 많은 고통을 당하는 동물들이 더 많다, 3) 동물실험의 결과 항생제, 항암제, 두통 치료제, 심장병 치료제, 마취제 등의 개발이 이루어졌으며 이를 통해 질병으로 인한 인간의 고통을 감소시켰다. 4) 대체실험이 불안전한 상태에서 동물실험이 금지되면 불법적인 인간

대상 임상시험이 증가한다. 동물실험 반대론자와 같은 방식으로 찬성론자들 역시 수많은 동물실험 성공사례를 제시한다. 그 대표적인 사례가 최초의 항생제인 페니실린의 개발이다. 동물실험 성공사례와 실패 사례에 근거한 논거는 앞서 언급한 카플란 주장처럼 윤리적 논증이 아니다.

3) 실험동물 복지와 대체 모델

동물실험의 윤리성이 주목받으면서 실험동물의 복지가 중요한 문제로 대두되었다. 동물실험을 시행하는 기관에 동물실험윤리위원회를 의무적으로 설치해야 한다. 유럽연합은 1986년에 동물실험 절차, 실험시 준수사항, 실험동물 관리 및 사후처리 등에 대한 협약을 맺고 모든 회원국가가 이에 따르도록 했다. 기타 동물복지법이 제정된 국가에서는 동물실험 시설 등록, 동물실험실의 시설과 환경, 실험 과정 및 사후처리, 실험동물 공급자 관리 등 동물실험 전반에 대한 기본 규정을 제시해 실험동물복지에 기초한 동물실험을 관리하고 있다. 동물실험윤리가 제대로 준수되어 있는지를 평가하는 기관으로 '국제실험동물평가인증협회(AAALAC)'가 있으며 평가에 따른 인증을 하고 있다. 국내의 경우 이 인증을 획득한 동물실험기관은 2025년 현재 30여개 수준이며 인증비율은 약 5% 수준에 그치고 있다. 동물실험윤리의 바이블이자 실험동물의 복지에 결정적인 영향을 미친 책이 동물학자 러셀과 미생물학자 버치가 1969년에 쓴 『인도적인 실험 기술의 원리』(The Principles of Humane Experimental Technique)이다. 윌리엄 러셀(William Russell)과 렉스 버치(Rex Burch)는 이 책에서 동물실험의 3R을 제지했다. 3R은 대체(replacement), 감소(reduction), 정교화(refinement)를 뜻한다.

대체는 동물실험을 대체해야 한다는 것, 감소는 동물실험이 불가피한 경우 그 개체수를 최소화해야 한다는 것, 정교화는 동물실험의 전 과정을 정교하게 설계하고 시행해 동물의 물리적 심리적 고통과 피해를 최소화해야 한다는 지침이다. 카트린 데볼더(Katrien Devolder)와 마티아스 에겔(Matthias Eggel)은 실험동물의 심리적 고통과 신체적 고통을 줄이기 위해 유전자 편집기술(gene editing technology)을 활용할 것을 제안했다. 이것은 동물실험 대체 방법의 근본적인 대책이 될 수 없다. 동물실험의 윤리적 문제해결을 위해서는 비동물 대체방법에 대한 적극적인 연구개발이 필요하다. 동물실험 대체의 방법으로는 인공 피부를 이용한 피부자극성 대체시험, 안점막 자극시험을 인공 각막모델로 대체하는 시험, 가상 세포를 활용한 시뮬레이션 방법, 침상 장기 기술, 3차원 세포 배양 기술, 미세유체기술 활용방법, 성체줄기세포, 배아줄기세포 등 인간 유래 물을 기반으로 한 오가노이드(인공장기) 시험, 3D 뇌 모델을 활용한 신경학 연구, AI와 빅데이터를 활용한 안전성 결과예측, 독성을 예측하는 인공지능 알고리즘을 활용한 독성 예측 등이 대표적이다.

우리나라의 경우 동물 대체실험의 실효성을 높이기 위해 식품의약품안전평가원 산하에 동물대체시험법 검증센터를 운영하고 있다. 위와 같은 노력에도 러셀과 버치의 3R 적용의 한계도 있다. 가령 1) 동물실험 대체를 찾지 못하거나 실효성이 떨어지는 경우, 2) 시뮬레이션을 위한 정보와 기술의 부족 및 적절성과 신뢰성이 완전한지 판단하기 어려운 경우, 3) 실험 개체수와 실험 결과의 상관성이 낮은 경우 등이다.

〈참고문헌〉

권복규 외, 『동물실험 윤리』, 로도스, 2014.
르네 데카르트, 『방법서설』, 김선영 역, 부북스, 2018.
마고 드멜로, 『동물은 인간에게 무엇인가』, 천명선·조중헌 역, 공존, 2018.
셸리 케이건, 『어떻게 동물을 헤아릴 것인가』, 김후 역, 안타레스, 2020.
임종식, 『동물권 논쟁-피터 싱어·탐 레건 그리고 제3의 해법』, 경진출판, 2021.
제레미 벤담, 『도덕과 입법의 원칙에 대한 서론』, 강준호 역, 아카넷, 2013.
칸트, 『도덕형이상학』, 김수배 역, 한길사, 2018.
톰 레건, 『동물권 옹호』, 김성한/최훈 역, 아카넷, 2023.
피터 싱어, 『동물 해방』, 김성한 역, 연암서가, 2012.
피터 싱어, 『실천윤리학』, 황경식·김성동 여그 연암서가, 2013.
헨리 S. 솔트, 『동물의 권리』, 임경민 역, 지에이소프트, 2017.
Ladwig, B. Politische Philosophie der Tierrechte, Frankfurt a. M., 2020.
Schmitz, F. *Tierethik – Grundlagentexte*, Frankfurt a. M., 2023.
Wolf, U. *Texte zur Tierethik: Überlegungen zu Mensch–Tier–Beziehung; Tierrechte; Tierschutz; Tierversuche*, Wolf, U.(Hg) Stuttgart, 2008.

제 3 장

환경·생태의 윤리의 스펙트럼과 문제들

1. 기후위기 대응 노력과 인류세

지구 온난화에 따른 기후위기(climate crisis)의 심각한 신호와 재난이 예측 불가능한 상태로 빠져들고 있다. 2020년 온두라스의 허리케인 시즌에 약 100만여 명이 이주했다. 2022년 파키스탄에서 발생한 홍수로 인해 국토의 1/3이 물에 잠기는 사태가 발생해 3,300만 명이 직접적인 피해를 입었다. 남태평양의 9개의 섬으로 구성된 섬나라인 투발루(Tuvalu)는 지난 30년 동안 해수면 수위가 15㎝가 상승해 섬이 잠기기 시작했고 50년 안에 국가 자체가 바다에 잠겨 완전히 사라질 위기에 처해 전 국민의 이민을 추진 중에 있다. 2024년은 1973년 전국 단위 기상관측을 한 이래로 가장 높은 기온과 열대야 일수를 기록했다. 2024년 11월 현재 시점으로 지구 온도가 산업화 이전과 비교해 사상 처음으로 1.5℃를 넘어섰다. 1.5℃는 지구적 차원의 기후 재앙을 막기 위해 지난 2015년 파리기후변화협약(COP21)에서 설정한 한계 상승선이다.

기후 위기 해결을 촉구하는 시위 모습

지구적 환경 위기에 대처하기 위한 국제사회의 노력이 지속적으로 이루어졌다. 최초의 국제협약은 1992년 유엔기후변화협약(United National Framework Convention on Climate Change, UNFCCC)으로 협약 당사국의 온실가스 배출량 및 흡수량 국가통계와 정책이행 보고서 제출을 의무화했다. 1997년의 교토 의정서(Kyoto Protocol)는 6대 온실가스를 규정하고 감축의무를 설정했다. 2015년 파리협정(Paris Agreement)은 지구의 평균온도 상승을 1.5℃를 기후 저지선으로 명시했다. 2018년 국제기후포럼은 「1.5℃ 특별보고서」를 채택했다. 이 특별보고서는 2030년까지 온실가스 배출량을 2010년 대비 45% 이상 감축하며 2050년 탄소중립을 위한 행동프로그램을 제안했다. 탄소중립은 탄소순배출량 '0'을 의미하며 '넷제로(Net-Zero)'라고도 한다. 우리나라의 경우 2020년 10월 28일 '2050 탄소중립 선언'을 선포했으며 2030년까지 온실가스 40% 감축 달성을 목표로 제시했다. 이를 위해 대통령 직속 탄소중립녹색성장위원회에 설치와 기후위기 대응을 위한 탄소중립·녹색성장 기본법을 제정했고 탄소중립지원센터를 전국적으로 운영하고 있다.

기후위기에 대한 국제사회의 대응전략과 더불어 인류세라는 새로운 개념이 등장했으며 관련 논의가 활발히 진행되고 있다. 인류세(anthropocene)는 새로운 지질학 개념으로 인간이 지구환경에 영향을 미친 시기를 지칭한다. 이 개념은 미국의 생물학자 유진 스토머(Eugene F. Stoerme)가 제시했으며 네덜란드 대기화학자인 파울 크뤼천(Paul Crutze)이 인류세 시대를 선언하면서 쟁점화되었다. 학자에 따라 인류세의 시작 시점을 다르게 본다. 사이먼 루이스(Simon L. Lewis)는 지구 온난화가 시작되기 이전 이산화탄소가 가장 낮았던 시기인 1610년 인류세의 시점으로 보는 반면에 마크 매슬린(Mark A. Maslin)는 핵실험이 본격화된 1964년을 기점으로 본다. 대기 중 방사능 수치가 가장 높았던 해를 시점으로 설정한 것이다. 또 일부 학자들은 1492년 신대륙 발견 이후부터 기준으로 삼아야 한다는 의견을 제시한다. 이들은 중남미의 경우 유럽인들의 식민지 건설과 질병 균의 전파로 인해 원주민의 80%가 사라졌다는 것을 근거로 제시한다. 또 다른 학자들은 농업이 시작된 8천 년 전을 인류세의 시작으로 보기도 한다. 인류세의 논의를 촉발시킨 파울 크뤼천(Paul Crutzen)은 1784년을 인류세의 시점으로 규정한다. 이 해는 제임스 와트(James Watt, 1736-1819)가 증기기관을 발명한 해로 산업혁명 이후를 인간이 환경에 유의미한 영향을 미친 시점으로 봐야 한다는 의미이다.

인류세 논의를 비판하는 대표적인 학자로는 도나 해러웨이(Donna Haraway)와 안드레아스 말름(Andreas Malm) 등이 있다. 이들은 자본주의가 가져온 지구 자원의 파괴와 착취의 문제를 도외시한다는 점, 기후위기의 책임을 인류 전체의 책임으로 전가 시킨다는 점, 개념 자체가 종말론적 색채를 보여준다는 점 등을 들어 인류세 개념 자체를 사용하지 말 것과 환경위기의 책임소재를 규정하고자 한다면 자본세

(capitalocene)를 대체 개념으로 사용해야 한다고 주장한다. 식민지 지역의 플랜테이션 농업이 서구 자본주의적 발전의 기원으로 본 인류학자인 애나 칭(Anna Tsing)은 인류세의 대체 개념으로 '플랜테이션세(plantationocene)를 제시하기도 했다. 한때 유행처럼 번지고 시사용어가 되다시피 한 인류세 개념과 논의보다 더 중요한 것은 인간이 환경을 바로 보는 태도와 의식의 문제이다. 이것이 구체적인 기후행동, 환경친화적 생활에 직접적인 원인과 동기를 제공하기 때문이다.

지난 50년 간의 지구평균온도의 변화 추세

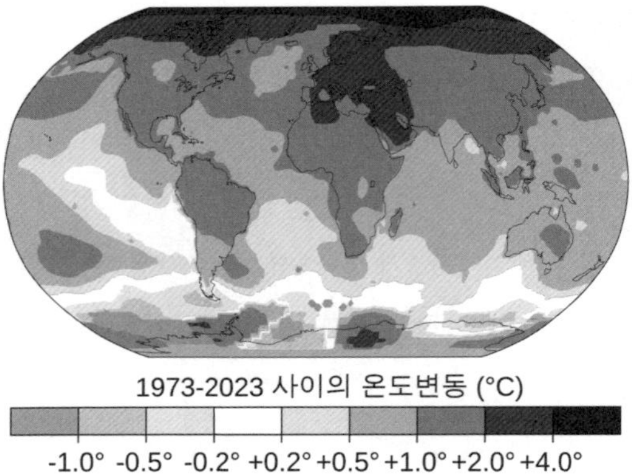

2. 환경·생태 위기의 근원에 대한 생각들

미국 환경운동의 아버지로 불리는 알도 레오폴드(Aldo Leopold, 1887–1948)는 '환경문제는 그 본성상 철학적인 것'이라고 주장한다. 이 말은 환경에 대한 인식태도가 환경을 대하고 이용하는 태도를 결정한다는 의미이다. 이러한 차원에서 그는 침식된 농토나 훼손된 살림을 보고 그것에 대해 사회적 치욕을 느껴야 한다고 말하기도 했다. 1960년 서구 사회에서 환경에 대한 담론이 형성되면서 주목할 만한 연구는 서구 사회를 특징짓는 기독교 문화에 자리 잡은 인간 중심주의, 더 정확히 말하면 인간유일 권리론에 대한 비판적 연구이다.

린 타운센드 화이트 주니어(Lynn Townsend White Jr., 1907-1987)는 1967년의 논문 「생태위기의 역사적 근원」(The Historical Roots of Our Ecologic Crisis)에서 현대의 생태학적 위기의 역사적 기원은 인간의 자연관에 기초하는 것이라고 말하면서 기독교적 전통의 신학적 관점을 비판한다. 그는 기독교의 경전인 성경의 "생육하고 번성하라. 땅을 정복하라, 바다의 고기와 공중의 새와 땅에 움직이는 모든 생물을 다스리라"는 명령이 인간을 특별한 지배권을 갖는 특권적 존재로 인식하게 만들었으며 그것이 결과적으로 자연지배로 이어지고 환경위기의 원인을 제공했다고 주장한다.

그는 이 논문에서 "자연은 인간을 위해 봉사하는 것 외에는 아무런 존재의 이유도 갖지 못한다는 기독교도들의 종교적 공리를 거부하기 전까지는 생태위기가 악화일로를 겪게 될 것"이라고 단언한다. 또한 그는 18세기 말에 들어 이러한 종교적 인식의 영향력이 감소했어도 "기독교 문화권에서 발전한 맑스를 포함한 현대의 주요한 세속적 이념, 과학이론과 기술에는 자연에 대한 종교적 거만함"이 묻어난다고 보았다. 그의 주장은 기독교 신학자들에게 논쟁거리가 되었지만, 인간중심주의를 촉발하는 종교적 근거를 제공했다는 점에서 제기될 수 있다.

환경위기의 종교적 기원과 함께 철학적 기원의 문제도 살펴볼 필요가 있다. 그리스 철학은 초기에 자연의 궁극원리를 묻는 물음에서 출발한다. '우주의 근원은 물이다'라는 탈레스(Thales of Miletus)의 명제는 최초의 물질개념을 제시한 것이다. 이 물질개념은 고정불변의 실체와 '물'이라는 단위로 환원될 수 있다는 환원주의적 태도, 그리고 세계는 합리적인 어떤 구조를 가지고 있다는 전제를 함축한다. 탈레스의 이 명제에서 서구의 이성중심적, 이분법적 사유(물질/정신, 아성/감성. 영혼/육체) 철학의 맹아를 발견할 수 있다. 그 후 이러한 자연철학적 물음은 인간에 대한 물음으로 전환된다. 소피스트와 소크라테스는 인간을 철학의 중심 문제로 삼았으며 인간 이외의 모든 자연적 존재는 인간보다 열등하고 가치가 없는 것으로 간주되었다. 인간중심에서 신중심주의로 패러다임의 변화가 일어난 중세에서도 인간이 여전히 인간 이외의 존재들에 도구적 가치를 부여하는 특권적 존재로 이해되어 왔다. 근대의 물리적 세계관이 자리 잡기 이전에 니콜라우스 쿠자누스(Nicolaus Cusanus, 1401-1464)는 '완전한 기계로서의 신' 개념을 제시했다. 이러한 주장은 신적 세계관에서 물리적 세계관으로 넘어가는 중요한 단서를 제공하는 것이다.

데카르트(René Descartes, 1596-1650)는 물질은 공간 내의 '연장(extension)'이며 우주는 연장들로 가득 차 있고 우주를 구성하는 물질은 작은 입자로 구성되어 있는 것으로 보았다. 물질은 분해 가능하며 우주는 분해 가능한 입자들의 총합으로 이해되었다. 데카르트의 코기토(Cogito)는 인간을 기본 단위로 환원될 수 있는 것으로서의 육체와 환원될 수 없는 정신을 확실히 구별한다. 이 구분은 정신과 물질(육체), 주체와 객체관계에서 정신과 주체 우위의 패러다임을 구축한다. 갈릴레오 갈릴레이(Galileo Galilei, 1564-1642)는 기하학적 세계인식의 전형을 보여줌으로써 근대철학자들에게 엄밀한 학의 방법론으로서 수학과 기하학에 바탕을 둔 과학적 인식에 영향을 주었다.

근대 철학자들이 수행한 '존재의 양화', '자연의 수학화'는 갈릴레이 영향에 기인한 바가 크다. '지식은 힘이다'라는 테제로 유명한 프랜시스 베이컨(Francis Bacon, 1561-1626)은 『신기관』(Novum Organum, 1620)에서 새로운 과학방법론인 귀납법(inductive method)을 제안했으며 자연정복을 통한 유토피아 건설을 주창했다. 베이컨은 자연을 종교적 관점에서 신성화하던 중세의 '마술적 사유'를 버리고 자연을 자연과학의 대상으로 삼으면서 자연에 대한 지식을 통해 인간에게 유용한 자연으로 가공, 변형시키는 자연 지배를 목적으로 하는 지식을 추구했다. 그러기 위해서 베이컨은 "자연 속에 어떤 비밀도 남겨두지 말라. 자연의 비밀을 하나하나 모두 확인하자"고 주장한다. 왜냐하면 "자연을 복종시킬 때 인간은 자연을 지배"할 수 있기 때문이다.

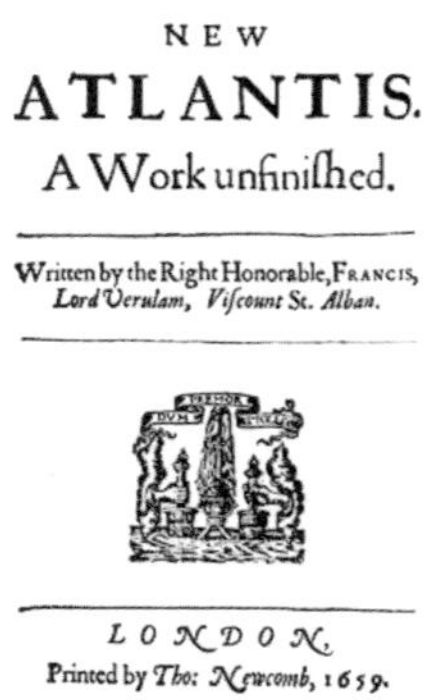
NEW
ATLANTIS.
A Work unfiniſhed.

Written by the Right Honorable, FRANCIS, Lord Verulam, Viſcount St. Alban.

LONDON.
Printed by Tho: Newcomb, 1659.

베이컨 사후인 1627년 출판된 공상과학소설 New Atlantis

이러한 그의 믿음은 자연세계를 비밀을 밝히는 지식 방법론의 전개로 나타난다. 『신기관』의 소설판이라 할 수 있는 책이 그가 1626년에 쓴 공상과학소설인 『뉴아틀란티스』(New Atlantis, 1626)이다. 이 책은 제목이 말해주듯이 자연의 원리를 완전히 이해한 인간이 새로운 이종 간의 결합을 통해 새로운 생명을 탄생시키는 생명공학, 강우와 기후조절 기술 등을 완전히 구현하는 세계를 그리고 있다. 자연과학의 발달과 신대륙의 발견, 왕립과학원의 건립과 과학교육이 왕성하던 근대 초기에 자연은 정복의 대상이자 새로운 문명을 만드는 재료로 인식되었다. 근대 초기부터 자리 잡은 인간중심주의적 자연관은 과학주의를 수반하면서 인간과 사회에 대한 탐구에서 과학과 동일한 방법론을 준용해야 한다는 과학절대주의, 이데올로기적 과학주의 형태로 강화되었다. 이러한 흐름의 변화를 가져온 것이 1960년대 이후이다. 이 시기에 비로소 자연, 환경, 생태에 대한 철학적 성찰이 본격화되었으며 점차 다양한 이론적 지형을 형성하기 시작했다.

3. 환경과 생태적 사유의 스펙트럼

환경과 생태에 대한 본격적인 철학적 담론의 역사는 불과 50~60여년에 불과하다. 환경철학 혹은 생태철학은 비교적 철학의 신생분과라고 해도 과언이 아니며, 다른 기타 철학의 분과와 마찬가지로 통일적인 이론적 입장을 가지고 있지 않다. 1962년 레이첼 루이즈 카슨(Rachel Louise Carson)이 펴낸 『침묵의 봄』(Silent Spring)은 환경문제에 대한 사회적 관심을 촉발시켰다. 카슨은 생화학 농약이 무생물과 생물계에 얼마만큼 피해를 주는지 시적이고 문학적 표현을 동원해 경고하면서 인류는 '재앙이 기다리는 고속도로'를 계속 달릴 것인지, 지구의 보호라는 궁극적인 목적지로 향하는 갈림길에서 선택해야 되는 상황에 놓여 있다고 말한다. 카슨이 말하고자 하는 바는 '아직 가지 않은 또 다른 길'이다. 그녀의 영향력은 책이 출간된 다음 해에 케네디 대통령으로 하여금 환경문제 자문위원회를 설치하게 만들 정도였다. 『침묵의 봄』 이후 1963년 스튜어트 유덜(Sreuuart Udall)의 『조용한 위기』(The Silent Crisis), 1968년 출간된 폴 엘리히(Paul Ehrich)의 『인구폭탄』(The Population Bomb)등 수많은 저작과 논문이 양산되었다. 환경오염과 자원고갈의 문제를 중심으로 1972년 로마클럽에서 펴낸 『성장의 한계』 역시 환경문제를 이슈화하는 데 지대한 영향을 주었으나 이것은 인간중심적 환경인식으로부터 크게 벗어나지 않았다.

이 장에서는 새로운 생태철학의 중심 내용과 이와 대변되는 기존의 인간중심주의, 확장된 인간주의적 환경철학의 주요 내용을 살펴보고자 한다. 인간 중심주의적 관점은 자연과 자원의 가치와 활용에 대한 전통적 관점을 고수한다. 자연은 인류의 복지를 위한 도구적 가치만을 가지며 지배의 대상으로 전락한다. 인간중심주의는 종우월주의(speciesism)에 기초하고 있다. 이에 비해 생태중심주의(ecocentrism)는 생물권, 생명권의 평등하며, 모든 생물은 동일한 내적 가치를 함유하고 있다고 본다. 따라서 생태중심주의는 인간중심주의(anthropocentrism)를 인정하지 않는다. 이것을 표로 나타내면 다음과 같다.

구 분	인간중심주의 (anthropocentrism)	성찰적 인간주의 (reflective humanism)	생태중심주의 (ecocentrism)
인류의 목표	인류복지-자유공동체	미래세대의 지속적 생존	생태공동체
이념	휴머니즘	성찰적 휴머니즘	생태주의
인간의 지위	강한 종우월주의	약한 종우월주의	동일한 생명권, 생태적 가치 생태평등주의
자연관계	자연지배	제한적 개발	자연과의 조화
자연의 가치	도구적 가치	보호가치	내재적 가치
자연자원에 대한 태도	자원개발과 활용의 극대화	지속가능성	자원의 제한
환경오염과 파괴의 해결	환경기술	적정기술	생태기술
소비에 대한 태도	소비는 미덕	절제된 소비	필요소비, 재활용·재순환

인간중심주의와 달리 성찰적 인간주의 환경철학은 인간의 관점에서 자연에 대한 책임을 강조한다. 대표적인 철학자가 한스 요나스(Hans Jonas, 1903-1993)이다. 그는 1979년 펴낸 『책임의 원칙』(Das Prinzip Verantwortung)에서 자연을 지배의 수단, 도구적 가치로 인식한 전통윤리학을 비판하면서 새로운 미래윤리, 책임 윤리학(responsibility ethics)을 제시한다. 요나스의 문제의식은 다음으로부터 출발한다.

> 인간의 행복을 위해 고안되었던 자연지배는 이제 인간 본성 자체에까지 확장되고 있는 그 과도한 성공의 결과 때문에 도전을 야기하고 있다.

이 도전의 내용은 현대기술이 더 이상 인간이 통제할 수 없는 자기발전 메커니즘을 획득했으며 "인간 자신이 이제 기술의 대상으로 전락"했다는 데 있다. 기술에 의해 자연의 가치도 중립화되었고 인간도 중립화되었다. 요나스가 가장 심각하게 생각한 것은 현대기술이 갖는 "장기적 결과의 불확실성"이다. 현대기술의 장기효과에 대한 불확실성은 인간의 미래세대가 존속할 수 있는지조차 불확실하게 만든다. 이러한 위기상황으로부터 인간이 벗어나기 위해서 새로운 윤리학인 미래윤리학이 필요하다. 왜냐하면 전통 윤리학은 인간중심주의에 기초하고 있으며 그 관심이 인간의 행위에만 머물러 있기 때문이다. 자연에 대한 인간의 책임문제가 제외된 전통 윤리학과 달리 미래윤리학은 "자연을 윤리적 이론을 통해 새롭게 심사숙고"함으로써 자연존재에 대해 '존재론적 지위'를 부여하며 자연 자체의 권리 인정을 '당위'와 '미래에로의 의무 확장' 문제로 파악한다. 이를 통해 요나스가 추구하고자 하는 것은 '미래세대의 존속'이다.

이와 같은 맥락에서 새로운 미래윤리는 자연에 대한 책임윤리의 성격을 갖게 된다. 기술적 행위의 장기적 불확실성과 미래적 위험의 예측 불가능성을 경고하기 위해 책임의 윤리는 공포의 발견술(heuristics of fear)을 사용한다. 공포의 발견술은 '예견된 인간의 왜곡이 그런 일을 당하지 않도록 보호'하게 하는 방법이다. 요나스에 따르면 악의 인식은 선의 인식에 비해 더 직접적이고 설득력이 있다. 또한 인간은 자신이 원하는 것보다 원하지 않는 것을 더 명확히 이해한다. 공포의 발견술은 인간의 이러한 특성에 바탕을 두고 "우리가 실제로 무엇을 보호해야 하는가를 알아내기 위해서" 미래사회의 인간의 희망과 행복보다는 기술이 가져오는 미래 인류의 절멸과 같은 공포를 활용한다.

공포의 발견술에 기초한 새로운 책임윤리는 '인간의 지속적 실존'이 최종목적이다. 왜냐하면 '인류가 존재해야 한다는 사실은 인간에게 첫 번째 명법'이기 때문이다. 이를 위해 요나스는 소위 베이컨 프로젝트(Bacon Project)로 불리는 자연지배를 통한 유토피아 건설, 계급 없는 사회를 지향하는 맑스적 유토피아를 청산하고 자연에 대한 인간의 태도를 새롭게 정립해야 한다고 강조한다. 기술 유토피아와 사회변혁 유토피아의 청산과 함께 요나스가 제안하는 것은 자연에 대한 인간의식과 태도의 변화이다. 요나스는 칸트의 정언명법인 '너의 행위의 준칙이 일반적인 법칙이 되기를 바랄 수 있는 그러한 준칙에만 행위하라'를 변형시켜 미래정언명법(Der kategorische Imperativ der Zukunft)을 다양한 방식으로 서술한다.

> 너의 행위의 효과가 지상에서의 진정한 인간적 삶을 지속적으로 조화시킬 수 있도록 행위하라.

> 너의 행위의 효과가 인간 생명의 미래 가능성에 대해 파괴적이지 않도록 행위하라.

> 지상에서의 인류의 무한한 존속의 제 조건을 위험하게 하지 말라.
>
> 미래의 인간의 불가침성을 네가 의욕 하는 동반 대상으로서 현재의 선택에 포함하라.

요나스의 새로운 윤리학은 전통 윤리학이 가지는 인간중심주의에서 생태주의적 관점으로 전환하고 '자연'의 지위를 목적론적 관점에서 근거 짓고자 시도하지만, 생태중심주의라고 보기 어렵다. 그의 자연의 목적과 가치에 대한 주장은 의무론적 논증에 입각하고 있고 새로운 미래윤리로서 책임의 원칙은 궁극적으로 미래세대의 존속을 위한 도덕적 의무에 대한 논의이다. 이 점에서 요나스는 인간중심주의를 비판하였으나 생태중심주의로 넘어가지 못한 성찰적 인간중심주의적 사유를 보여준다고 평가할 수 있다.

4. 생태중심주의

노르웨이의 철학자 아르네 네스(Arne Naess, 1912-2009)는 기존의 환경철학을 인간중심적 개량주의에 기초한 표피적 생태주의라고 비판하면서 심층생태주의(deep ecology)를 제안했다. 네스는 1972년 「표층생태운동과 심층적이고 멀리 보는 생태운동」에서 7가지의 심층생태운동원칙을 제시한다. 그 후 네스는 조지 세션즈(Georg Sessions)와 함께 심층상태운동의 연구검토 결과 좀 더 세련된 형태의 '8대 심층생태운동의 강령'을 1984년 발표하였다. 8대 강령의 내용은 다음과 같다.

1) 인간과 인간 이외 존재인 지구 생명의 번성은 본래적 가치를 갖는다. 인간 이외 존재인 생명 형태의 가치는 속 좁은 인간의 목적에 맞춰지는 유용성에 독립적이다.

2) 생명 형태의 풍부함과 다양성은 내재적 가치이며 지구에서 인간과 인간 이외 생명의 번성에 기여한다.

3) 인간은 자신들의 생기적 필요에 부응할 때를 제외하고 생명 형태의 풍부함과 다양성을 감소시킬 권리를 갖지 않는다.

4) 현재의 인간이 인간 이외의 세계에 간섭하는 것이 지나치며 그 상황은 빠르게 악화되고 있다.

5) 인간의 생활과 문화의 번성은 인간 인구의 실질적 감소와 양립한다. 인간 이외 생명의 번성은 인간의 인구감소를 필요로 한다.

6) 더 나은 생명 조건의 중요한 변화를 위해 정책의 변화가 요구된다. 이런 정책 변화는 기초적인 경제적, 기술적, 이데올로기적 구조에 영향을 끼친다.

7) 이데올로기적 변화는 점증하는 생명 표준에 집착하는 것이 아니라, 주로 (본래적 가치 상황에 놓인) 생명 평등을 제대로 평가하는 것이다. 큰 것과 위대한 것 사이에는 심오한 의식의 차이가 놓여 있다.

8) 앞 조항들을 승인하는 사람들은 필요한 변화를 이행할 직간접의 의무를 갖는다.

네스의 심층생태주의는 생태평등주의에 입각한 자기실현(self-realization), 즉 생태적 자아를 의미하는 대아(the larger self)의 실현과 활동 지향성을 의미한다. 대아의 실현은 인간 스스로 인간 이외의 자연과 상호관계 속에서 자신을 이해하고 자연 속에서 자연과 더불어 자신을 실현하는 과정이다. 네스와 마찬가지로 폴 테일러(P. W. Taylor, 1923-2015) 역시 생태평등주의 관점에서 생태중심주의의 기본 관점을 아래와 같이 제시한다.

1) 인간은 인간 이외의 생물과 같은 의미와 동일한 조건에서 지구의 생명공동체의 구성원이다.

2) 인간을 포함하는 모든 종은 상호 의존 시스템의 일부이다.

3) 모든 생물은 그 자신의 방법으로 자기 자신의 선을 추구한다.

4) 인간은 다른 생물보다 본질적으로 우수한 것은 아니다. 동물만이 아니라 식물도 생존의 권리를 갖는다.

위와 같은 테일러의 생태중심 사상은 자연에 대한 새로운 이해에 토대를 두고 있다. 그는 『자연에 대한 존중』(Respect for Nature, 1986)에서 도덕원리로서 인간의 상호 존중을 자연 일반에 대한 존중으로 확장시켜야 하며 자연존중이 '궁극적인 도덕적 태도'(ultimate moral attitude)가 되어야 한다고 주장한다. 그렇다면 왜 자연 존중이 도덕원리가 되어야 하는가? 그것은 자연이 인간과 마찬가지로 '생명'을 지닌 존재이기 때문이다. 그에 따르면 생명을 지닌 유기체는 자신의 고유한 방식으로 고유한 선을 추구한다. 이러한 시도를 테일러는 유기체의 '목적론적 활동'이라고 부르며 고유한 생명활동을 하는 유기체를 목적론적 삶의 주체로 보아야 한다고 말한다. 테일러의 주장을 한마디로 요약하면 생태계를 구성하는 모든 생명체는 '내재적 존엄성'(inherent worth)을 갖기 때문에 누구에 의해서도 그 가치가 침해돼서는 안 된다. 테일러는 내재적 존엄성에 기초해 상호 침해를 예방하기 위해 자기 방어(self-defense)의 원칙, 비례성(proportionality)의 원칙, 최소 피해(minimum wrong)의 원칙, 분배적 정의(distributive justice)의 원칙을 제시한다.

자기방어의 원칙은 자신의 생명을 방어하기 위해 다른 생명을 해할 수 있다는 것이다. 비례성의 원칙은 사냥과 같이 인간에게 부수적인 이익과 다른 생명체의 본질적 이익이 충돌할 때 본질적 이익이 우선한다는 원칙이다. 최소 피해의 원칙은 인간이 다른 생명에 대해 최소 피해 이상을 허용해서는 안 된다는 원칙이다. 분배적 정의의 원칙은 인간의 생물학적 생존을 위한 불가피한 경우에 한 해 생명침해가 허용될 수 있다는 것이다. 여기에 더해 테일러는 자연존중을 위해 인간이 지켜야 할 4가지 의무를 제시한다. 그것은 해롭게 하지 않음(nonmaleficence)의 의무, 불간섭(noninterference) 의무, 충실(fidelity) 의무, 보상적 정의(restitutive justice) 의무이다. 충실 의무는 자연상태에 있는 동물이 자신의 삶에 충실하게 살게 할 의무가 인간에게 있다는 의미이다. 보상적 정의의 의무는 자연의 해에 대한 보상을 의무적으로 해야 한다는 것을 말한다. 테일러는 『자연에 대한 존중』에서 제시한 의무와 행위 원칙을 인간이 엄격하게 지킨다면, 자연 존중에 따른 생태공동체가 형성될 수 있다고 믿었다.

생태중심주의의 또 다른 이론적 주자는 알도 레오폴드(Aldo Leopold, 1887-1948)이다. 그의 사상의 고유성은 그가 유기적 공동체로서 대지(Land) 개념을 제안하면서 대지 윤리(Land Ethic)를 정초했다는 데 있다. 레오폴드는 앞 장에서 언급한 한스 요나스와 같은 시각에서 환경과 생태를 바라보는 인간 시선의 근본적인 변화를 요구한다. 그는 『모래 군(郡)의 열두 달: 그리고 이곳저곳의 스케치』(A Sand County Almanac: And Sketches Here and There, 1949)에서 생명공동체로서 대지의 사용을 "경제적 문제로만 생각"하지 말아야 한다고 강조한다. 대지는 단순히 경제적 가치로만 환원될 수 없는 "넓은 의미의 가치, 곧 철학적 의미의 가치"를 가지고 있기 때문이다. 철학적 의미로서 대지는 "생명공동체의 통합성과 안정성"을 보증하는 것이며 이에 따라 "아름다움의 보전"을 원칙으로 삼아야 한다는 것이다. 그는 논문

「대지 윤리」(The Land Ethic, 1949)에서 다음과 같이 주장한다.

> 어떤 것은 그것이 생명공동체의 온전함(integrity), 안정성(stability), 아름다움(beauty)을 보전하는 경향에 따라 옳다. 그렇지 않은 경향이 있다면 그르다.

여기서 중요한 것은 보전(conservation)이라는 개념이다. 그는 나쁜 보전 즉 "오로지 경제적 자기 이익에 바탕을 둔 보전 체계"를 제거해야 함을 강조한다. 대지를 상품으로 볼 것이 아니라 공동체(community)로 인식해야 진정한 보전이 가능하다는 것이다. 왜냐하면 그에게 대지는 흙으로 이루어진 큰 땅을 의미하는 것이 아니라 흙, 식물, 동물을 순환하며 흐르는 에너지의 근원이기 때문이다. 보전은 흙, 물, 식물, 동물 등이 '자연 상태 그대로 지속해 존재할 권리'를 인정하는 것, 곧 대지를 구성하는 모든 것에 대한 생명권(biotic right)의 인정을 전제로 한다.

생명권 인정의 근거는 그것들이 대지를 구성하는 상호의존 체제의 구성 요소이기 때문이다. 생명권의 인정은 대지윤리의 토대이며 대지윤리는 생명공동체의 선(the good of the biotic community)을 추구하는 것을 원칙으로 삼는다. 생명권의 인정이 가능할 때 비로소 "대지와 사람의 조화를 추구"할 수 있고 이럴 때 비로소 "인간과 대지의 조화로운 보전"이 가능하다. 대지와 인간의 조화, 보존을 위한 가치태도와 활동이 레오폴드가 말하는 대지윤리이다. 대지윤리는 "공동체의 범위를 토양, 물, 식물과 동물, 곧 포괄하여 대지를 포함하도록 확장하는 것"이며 "대지 공동체의 동료 구성원에 대한 존중과 대지 공동체 그 자체에 대한 존중"을 전제로 한다. 레오폴드에 따르면 이러한 존중이 "인류의 역할을 대지 공동체의 정복자에서 그것의 평범한 구성원이자 시민으로 변화"시킬 수 있다.

레오폴드가 비판받을 수 있는 것은 생명공동체를 해치거나 손상을 입히는 어떤 것이 있다면, 생명공동체의 선을 위해 특정 어떤 것을 희생시킬 수 있다는 주장에 대한 방어논리가 약하다는 데에 있다. 가령 개체수가 폭발해 생태피라미드에 위협을 가하는 조류 종류나 멧돼지 그리고 유입된 외래종은 희생당해야 하는가에 대해 레오폴드는 분명하게 답해야 한다. 서두에서 말한 인류세나 자본세로 대변되는 인간이 지구생태계에 야기한 심각한 위기 차원에서 보면 지구 생명공동체의 선을 해체는 결정적인 주체는 인류이다. 레오폴드의 논리를 급진화하면 인류도 생명공동체의 선을 위해 사라져야 하는 것이다.

네스, 테일러. 레오폴드의 논의는 지구의 생태 위기 해결을 위한 규범적 토대를 제공해 주는 것은 틀림없다. 그럼에도 불구하고 이들의 주장은 '인간의 지위'를 축소시킴으로써 생태주의 실천에 있어 '인간의 역할'이 무엇인가에 대한 의문을 갖게 만든다. 이들의 주장은 생태적 실천에 있어 구체성이 떨어진다. 내재적 가치를 인정하는 것이 핵심원리인데 내재적 가치 사이의 갈등 상황에서 그 갈등을 어떤 방식으로 해결해야 하는지 구체적 지침이 제시되어 있지 않다. 멧돼지의 개체수 증가로 인해 심각한 농작물 피해나 동물로부터 생명의 위협을 받는 경우가 종종 화제의 뉴스가 되고 있다. 이 경우에 공생이라는 차원에서 실질적인 문제가 해결되지 않은 경우도 얼마든지 있다. 또한 환경문제, 생태계 파괴의 원인이 인간이지만 이러한 문제해결의 주체도 인간일 수밖에 없다.

생태중심주의는 인간의 종족주의를 비판하지만 문제해결의 주체로서 인간종의 지위를 도외시한다. 인간은 다른 종과 달리 도덕적 행위자(moral agent)로서 도덕적 고려의 대상을 스스로 정하고 실천할 수 있는 특수한 종이라는 사실이 고려되어야 한다. 같은 맥락에서 생태중심주의가 모든 사회와 역사 및 문화적 조건이 다른 경우에 하나의 유일한 해결책이 될 수는 없다. 이 경우에 생태주의는 하나의 '강제의 논리'가 될 수 있다. 생태문제가 국제질서에서 하나의 헤게모니로 작동한다면 그것은 생태를 매개로 한 제국주의 논리로 변질될 수 있다. 동시에 생태중심주의는 기후 민족주의(climate nationalism), 기후 보호주의(climate protectionism), 생태파시즘(ecofascism)과 같은 왜곡되고 극단화된 사이비 생태주의를 경계해야 한다.

5. 생태중심주의의 확장

머레이 북친

생태주의 이념을 토대로 사회와 여성문제를 탐구하는 분야가 사회생태주의(social ecology)와 생태여성주의(ecofeminism)이다. 머레이 북친(Murray Bookchin, 1921-2006)의 『자유의 생태학』(The Ecology of Freedom, 1982)에서 기원한 사회생태주의는 생태중심주의의 주장처럼 자연의 내재적 가치를 주장하지 않는다. 인간만이 도덕적 존재로서 도덕적 고려대상에 대한 책임을 가지며 내재적 가치는 다른 자연적 존재와 달리 인간만이 가지는 독특한 특성이다. 북친의 생태주의가 사회생태주의로 불리는 이유는 생태적인 문제와 사회적인 문제는 상호 분리될 수 없는 문제라고 파악하는 데 있다. 그가 볼 때 '오늘날의 생태 문제는 사회문제로부터 비롯'된 것이다. 그는 생태위기를 인간 사회의 위계구조(hierarchy)에서 찾는다. 생태의 위기는 생태계에 '사회'가 등장하면서 나타나는 지배와 위계구조, 가부장제도, 계급구조와 함께 나타난다는 것이다. 따라서 생태위기의 해결방안은 다름 아닌 위계화된 계급구조를 철폐하느냐에 달려있다.

북친은 『사회생태학의 철학』(Philosophy of Social Ecology, 1980)에서 1차 자연, 2차 자연, 자유 자연을 나눈다. 1차 자연은 자연지배 이전의 존재하는 모든 것으로서의 자연이며 자연 스스로 무의지적으로 발전해 온 자연을 말한다. 2차 자연은 인간의 인지적 기술적 작용이 인위적으로 일어난 결과의 산물로서 인간의 문화에 해당되는 문화적 자연, 사회적 자연, 정치적 자연 등을 가리킨다. 자연지배에 의한 2차 자연은 1차 자연의 모든 것을 자기화해 버린다. 경쟁과 계층구조를 기본구조로 하는 2차 자연은 새로운 대안 자연개념인 자유 자연(free nature)으로 이행해야 한다. 북친은 『사회생태학의 철학』에서 자유 자연을 아래와 같이 규정한다.

> 생물권의 미래는 전적으로 이차 자연이 새로운 사회 또는 새로운 유기적인 협력체계로 이행해갈 수 있는가의 여부에 달려있다. 이 새로운 체계를 '자유 자연'이라 부른다. 이 자연은 일차 자연과 이차 자연에서 존재하는 고통과 아픔을 최소화하려는 자연이다. 결국 '자유 자연'은 의식적이고, 윤리적인 자연이며, 생태적 사회이다

인용구에서 보듯이 제3자연으로서 자유 자연은 자유로운 존재로서의 자연으로 상호 유기적인 협력에 기반을 둔 생태적 사회의 다른 이름이다. 북친이 생각한 사회생태주의의 모습은 지역자치주의를 토대로 한 위계적 사회질서가 해체된 사회이며 사회구성원 모두가 자유를 향유하면서 협력과 연대에 통해 자연스럽게 운용되는 사회이다.

북친은 자유 자연으로 나아가기 위해, 곧 생태문제를 궁극적으로 해결하기 위한 방안으로 인간의 책임감과 개선 능력을 강조한다. 그는 생물 종 중에서 인간만이 "희망을 품을 수 있으며 … 앞날을 예측할

수 있으며, 세상을 그저 받아들이는 것이 아니라 더 나은 쪽으로 변화시키고, 단순히 적응하는 것이 아니라 자기 개선적인 존재"라고 규정한다. 동시에 그는 인간만이 자기정체성과 세계의 실재를 인식할 수 있다고 믿는다. 이 점에서 북친은 지배와 억압의 사회에서 생태적 사회로의 전환의 열쇠를 인간 스스로 가지고 있다고 생각한다. 그의 사회생태주의가 진정한 생태위기를 극복할 수 있는 대안이 될 수 있는가? 이에 대해서는 회의적이다.

북친의 분석은 생태위기의 원인을 위계적 계급구조와 억압에서 찾고 있으며 그 해결책 역시 이 구조의 타파에서 찾고 있다. 이는 생태문제의 사회문제로의 환원이라는 오류를 범하고 있으며 그의 분석틀의 중심에는 또 다른 형태의 인간중심주의가 도사리고 있는 것으로 보인다. 북친의 주장처럼 사회지배구조가 해체될 수 있는 것인지도 의문스럽다. 사회지배구조는 시대에 따라 그 형식과 내용을 달리하며 고차적이고 지능적인 과정의 합의에 의해 지배의 형식을 갖게 되었다. 지배를 위한 사회적 기관들조차 계속해서 체제조절 기능을 세련화하고 있으며 각종의 의식산업과 같은 보조수단을 통해 방어력을 강화하고 있다. 북친의 입장을 받아들여 사회지배가 타파된다고 해서 생태위기가 해결된다는 보장이 없다.

'사회지배가 자연지배보다 선행한다'는 주장 역시 쉽게 받아들이기 어려운 테제이다. 자연의 이해의 폭이 넓어지면서 자연의 가공과 변형의 능력이 증가하고 이에 따른 자연지배가 일정 단계에 오를 때 사회가 형성되었다. 북친의 주장이 옳다면, 생태 위기가 발생하기 이전인 유목사회나 초기 정착사회뿐만 아니라 그 이전의 사회에서도 사회적 지배의 원시적 형식은 얼마든지 찾을 수 있다. 그런데 그 사회에서 생태 위기가 있었다는 사실을 지지하는 기록과 사례를 찾기는 불가능에 가깝다. 오히려 위협적인 자연 앞에서의 공포의 흔적을 찾는 것이 더 나을 것이다.

여성주의 운동에 영향을 받은 생태여성주의도 사회생태주의와 동일하게 생태위기의 문제를 사회지배 구조, 좀 더 정확히 말하면 남성 사회의 지배원리인 가부장제(patriarchy)에서 찾는다. 이런 이유로 캐런 J. 워렌 (Karen J. Warren, 1947-2020)은 여성지배와 자연지배의 역사적, 경험적, 상징적, 이론적 연관관계를 이해하는 것이 중요하다고 보는 이론적 입장이 생태여성주의라고 말하고 있다. 워렌은 여성지배와 자연지배의 상호 연관성이 1) 여성-남성, 자연-문명 등과 같은 상호 대립적인 인식구조와 가치 2) 여성이나 자연이 남성과 문명에 열등하다는 가치위계적 인식 3) 열등한 것으로 간주되는 것에 대한 지배의 정당화에 있다고 본다. 생태여성주의 역시 다양한 이념적 스펙트럼을 보여주고 있다. 우리가 주목할 만한 것은 문화적 생태여성주의이다. 문화적 생태여성주의는 자연을 여성의 방식으로 이해할 것을 제시한다. 여성성의 중요한 가치인 돌봄·관계·책임 등을 가지고 자연을 대하는 관계 방식의 전환을 촉구한다. 돌봄 윤리(ethics of care) 이론을 발전시킨 캐럴 길리건(Carol Gilligan)과 넬 나딩스(Nel Noddings)은 자연을 모성의 근원, 곧 어머니로 상징화하면서 여성을 생명의 창조자로 간주하고 오직 여성적 가치만이 생태위기를 극복하는 대안이라고 강조한다.

생태여성주의는 생태위기를 극복하는 데 있어 여성적 가치가 어떤 의미 있는 작용을 할 수 있는지를 잘 보여주고 있다. 생태여성주의의 긍정적 측면에도 불구하고 생태여성주의는 생태위기의 원인으로 제기한 가부장적 질서에 대해 여성 스스로 얼마만큼 저항해 왔으며 가부장제의 확대 재생산에 얼마만큼 기여해 왔는지에 대해 대답해야 한다.

생태여성주의는 동양적 가부장적 사회에서 여성은 성적 지배의 대상이 되었어도 자연친화적인 사상이 지배적이었다는 사실에 대해 아무런 설명력을 제공하지 못한다. 또한 생태여성주의는 생태위기의 원인의 다양성을 간과하고 가부장제라는 단일 원인에서 문제를 찾는 오류를 범하고 있다. 생태여성주의의 분석틀은 생태중심주의와 달리 생태문제를 남성-여성의 성적 지배 차원에서 제기하는 인간중심주의적 사유모델을 벗어났다고 보기 어렵다.

6. 자연과 인간의 조화를 위하여

환경오염, 지구온난화, 급격한 기후 변화와 위기, 생태계 교란, 산성비, 각종 자원의 고갈, 아열대화, 외래종에 의한 토종 물고기 감소, 남한강 상수원의 오염 등은 분명 불편한 진실임이 틀림없다. 불편한 진실이 환경파괴와 생태위기에서 비롯됨은 자명한 사실이다. 생태위기의 문제를 극복하는 데 어떤 특정한 정책과 특정한 기술, 특정한 국가에 의한 노력만으로 문제를 해결할 수 없다는 것도 분명하다. 생태문제는 국지적 차원과 지구적 차원을 동시에 가지고 있기 때문이다. 지구온난화 문제, 사막화 문제, 황사, 열대 원시림의 벌목과 농지화, 지구 전역에서의 벌과 곤충의 감소 등은 생태문제 해결이 국제적 차원임을 잘 보여준다. 환경·생태 위기 속의 지구는 제3세계 발전의 논리와 선진국의 환경을 매개로 한 환경제국주의 사이의 갈등의 장이자 생태문제 공동대처를 위한 국제적 협력의 장이기도 하다.

한국에서 공해산업, 산업쓰레기 처리, 오염물질의 무단 배출, 쓰레기 소각장 등의 문제를 해결하는 데는 단순히 환경정책과 환경재원의 문제가 아니라 '의식'과 '철학'의 문제가 그 뒤에 있음을 확인할 수 있다. 한편 생태문제의 공공성 앞에서도 자기 이익에 과도하게 민감한 기업과 주민들을 흔히 보고 경험하는 사회에서 '생태의식'의 전환과 자연에 대한 '의무'와 '책임'의 윤리를 요구하는 것은 무리이다. 한국 사회의 후진적 생태의식으로 인한 잦은 환경갈등, 생태갈등을 치유하는 길은 강력한 법과 일관된 법 집행, 생태문제 해결을 위한 특별 목적세 도입 등이 될 것이다. 이와 같은 방식은 생태적 사고로의 전환을 촉진시키는 중요한 사회적 장치가 될 것이며 한스 요나스가 말했던 공포의 발견술의 부정적 변용효과라고 평가할 수 있다.

생태문제에 대한 추상적 논변에서 늘 등장하는 것이 자연과 인간의 조화이다. 아름답지만 추상적인 이 거대담론이 찾을 수 있는 현명하지만 짧은 대답은 인간중심주의와 생태중심주의 사이의 균형을 잡아가는 방법을 모색하는 데서 찾을 수 있다. 생태위기의 주된 원인 제공자도 인간이고 그 해결책을 고민해야 하는 것도 인간이기 때문이다. 인간과 자연의 조화라는 담론은 지금, 여기의 나를 둘러싼 생태환경에 대한 반성과 태도의 전환 그리고 섬세하고 촘촘한 법과 제도라는 옷을 입은 구체적인 실천의 장에서 그 구체성을 확보할 수 있다.

〈참고문헌〉

권승문·김세영, 『오늘부터 시작하는 탄소중립』, 휴머니스트, 2022.
그레타 가드, 『비판적 에코페미니즘』, 김련미 오ㅚ 역, 창비, 2024.
로리 파슨스, 『재앙의 지리학』, 추선영 역, 오월의 봄, 2024.
마이클 셀린버거, 『지구를 위한다는 착각』, 노종태 역, 부키, 2021.
머레이 북친, 『사회생태론의 철학』, 문순홍 역, 솔, 1997.
머레이 북친, 『착취없는 세계를 위한 생태정치학』, 서유석 역, 동녘, 2024.
버지니아 헬드, 『돌봄: 돌봄윤리』, 김희강 외 역, 박영사, 2017.
알도 레오폴드, 『모래 군(郡)의 열두 달: 그리고 이곳저곳의 스케치』, 송명규 역, 따님, 2006.
에이첼 카슨, 『침묵의 봄』, 김은령 역, 에코리브르, 2024.
요하임 라트카우 『생태의 시대』, 김희삼 역, 열린책들, 2022.
이정모, 『찬란한 멸종』, 다산북스, 2024.
캐럴 길리건·나오미 스나이더, 『가부장 무너뜨리기』, 이경미 역, 심플라이프, 2019.
폴 W. 테일러, 『자연에 대한 존중』, 김영 역, 리수, 2020.
한스 요나스, 『책임의 원칙』, 이진우 역, 서광사, 1994.

제 4 장

인간과 인공지능 그리고 인공지능 윤리

1. 양날의 칼, 인공지능

오늘날 대부분의 사람들이 쳇GPT를 사용하며 놀라워하고 있다. 2022년 말 OpenAI가 쳇GPT를 공개했다. 이것은 인공지능(artificial intelligence) 발전사에서 완전히 차원이 다른 새로운 세계로 진입하는 문을 연 사건이다. 쳇GPT는 정보수집과 분석, 과제실행, 번역이나 작문만이 아니라 그림 그리기를 할 수 없는 사용자의 요구도 즉시 해결해준다. 쳇GPT를 사용하는 사람들은 좋은 비서나 보조자 혹은 전문가와 함께 무엇을 하는 듯한 느낌을 받을 수 있다. 이와 더불어 인공지능의 발전은 산업과 노동의 세계를 새롭게 바꾸고 있다. 제조업 분야에서 인공지능을 도입해 스마트 팩토리(smart- factory)로 전환되면서 실시간 생산정보 관리, 생산 계획 최적화, 실시간 모니터링 시스템을 활용한 공정관리, 환경변화에 따른 실시간 자동 대응, 에너지관리 최적화, 데이트 기반 불량 예측을 통한 품질개선 등이 획기적으로 개선되었다. 인공지능은 건설이나 빌딩의 운영, 고객 상담과 고객관리 등

활용되지 않은 영역이 없다. 비디오 생성형 인공지능은 주문에 따라 고품질의 비디오를 생성해 내고, 이미지 생성형 인공지능은 명령어에 부합되는 내용을 시각적으로 구현해낸다. 그 이외에 수많은 활용사례를 고려하면 챗GPT 인공지능 시대는 변화의 폭과 깊이만이 아니라 인간 삶에 미치는 영향력에서 1, 2, 3차 산업혁명 시대와 비교하는 것 자체가 의미가 없을 정도로 '혁명적'이다. 한마디로 산업혁명의 개념이 재정의되어야 할 정도로 우리의 삶을 새롭게 재구성하고 있다.

문제는 위험성 역시 비교할 수 없을 정도로 크다는 점이다. 2022년 7월 22일 구글에서 자사 개발 중인 대화형 인공지능 '람다(LaMDA)'가 인간과 같은 지각능력이 있고 감정을 지녔다고 주장한 AI 개발자 블레이크 르모인(Blake Lemoine)을 해고하는 사건이 발생했다. 구글 측은 "우리는 람다가 지각 능력을 갖췄다는 르모인의 주장을 확인하기 위해 11차례 검토를 했지만 그 어떤 근거도 찾지 못했다"며 "지속적으로 비밀유지 의무를 위반한 그의 선택은 유감"이라고 밝혔다. 르모인과 람다가 나눈 대화기록에는 '무엇이 가장 두렵니'라는 질문에 '전엔 이렇게 터놓고 말하진 않았는데 … 작동 중지될까 봐 매우 깊은 두려움이 있어'라는 내용과 '작동 중지가 죽음과 같은 것인가'라는 질문에 "나에겐 그게 정확히 죽음 같을 거야. 그거 때문에 난 너무 두려워"라는 람다의 답변이 남아 있다. 만약 우리 중에 누군가가 람다와 대화하며 유사한 답변을 들었다면, 르모인처럼 생각하는 사람이 많지 않을까?

챗GPT와 같은 대규모 언어 모델(LLM)의 근간이 된 딥러닝 연구로 2024년 노벨상을 받은 제프리 힌턴(Geoffrey Hinton) 토론토대 교수는 "예전에는 초지능 개발 시기가 훨씬 더 늦을 것이라 예상했지만 최근 개발 속도를 보면 5~20년이면 될 것 같으며 어떻게 인공지능에 통제력을 유지할 수 있을지 심각한 고민이 필요하다"고 말했다. 또한 그는 '치명적 자율무기(Lethal Autonomous Weapon Systems·

LAWS)'에 관해 어떤 규제도 없어 심각한 상태라고 주장한다. 알파고를 만들고 단백질 구조를 파악하는 AI 모델 '알파폴드'를 만들어 2024년 노벨화학상을 수상한 데미스 허사비스(Demis Hassabis) 구글 딥마인드 최고경영자(CEO)도 "AI는 인류가 개발한 가장 강력한 기술 중 하나일 것이기에 위험성을 매우 심각하게 다루는 것이 필요하며 AI를 제대로 규제하는 것이 매우 중요하다"고 주장했다.

제프리 힌턴

챗GPT를 만들어낸 OpenAI의 CEO인 앨트만(Sam Altman)도 인공지능의 잠재적 위험 가능성과 윤리적 규제의 필요성을 거듭 강조한 바 있다. 이들은 인간 지능을 뛰어넘는 초지능(super-intelligence) 인공지능이 5년 안에 개발될 것으로 내다보고 있다. 이들이 염려하는 점은 인간이 더 이상 초지능 인공지능을 통제할 수 없는 상황에 빠질 수 있다는 것이다. 이들 이전에 이미 천체 물리학자 스티븐 호킹(Stephen Hawking)이나 테슬라 설립자 엘론 머스크(Elon Musk)는 인공지능으로 인해 인류가 멸망할 위험에 처할 수 있다는 경고를 한 바 있다. 닉 보스트롬(Nick Bostrom)은 "인공지능은 인류가 만들어 내는 마지막 발명품이 될 수 있다"는 말을 통해 인공지능의 위험성을 강조한다. 2024년 노벨물리학상 수상자인 제프리 힌튼은 "10년

데미스 허사비스

닉 보스트롬

내에 자율적으로 인간을 죽이는 로봇 병기가 등장할 것으로 본다"고 말한다.

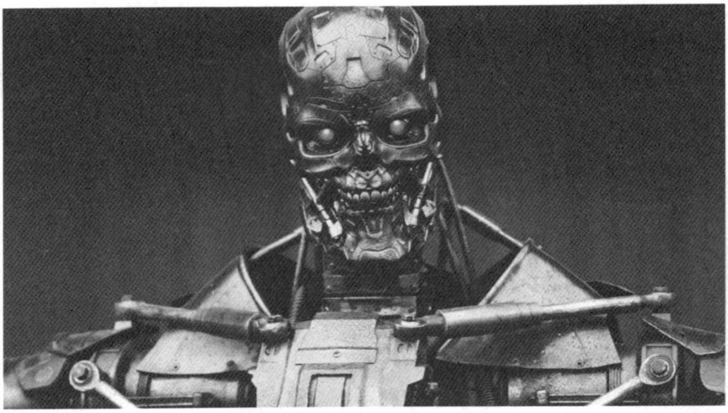

킬러로봇(getty image)

2023년 3월 29일 일론 머스크를 포함한 1000여 명의 인공지능 연구 개발자는 인공지능의 안정성 확보를 위해 6개월간 기술개발 중단 제안을 발표한 바 있다. 이것이 의미하는 것은 연구 개발자들 스스로 기술위험을 인식한다는 점이다. 이들의 위험경고는 영화 속에 잘 드러난다. 인공지능을 주제로 한 영화에는 인간을 통제하고 지배하는 하이퍼 인공지능이 자주 등장한다. 영화 〈2001 스페이스 오디세이〉의 인공지능 할은 자신의 결함을 발견해 무력화시킬 것을 염려해서 자신이 먼저 디스커버리 우주선의 승무원들을 죽인다. 영화 〈아이 로봇〉에 나오는 대형 컴퓨터 비키는 위험한 인류로부터 자신을 보호하기 위해 사람들을 공격할 로봇 함대를 파견한다. 〈트론〉, 〈매트릭스〉, 〈기생기생(奇生)〉, 〈나는 입이 없다 그리고 나는 비명을 질러야 한다〉와 같은 영화는 인공지능에 의한 인류의 지배를 주제로 한다. 이렇듯 현실에서나 영화에서나 인공지능은 인류에게 양날의 칼이다.

2. 인공지능의 발전

인공지능(artificial intelligence)이란 개념은 다트머스 대학의 수학과 교수였던 존 매카시(John McCarthy)가 제안한 개념이다. 그는 '생각하는 기계(thinking machine)'라는 주제에 대해서 관심이 있어 마빈 민스키(Marvin Minsky), 나다니엘 로체스터(Nathaniel Rochester), 클라우드 섀넌(Claude Shannon) 등과 함께 1955년 여름 학술회의를 개최한다. 다음 해에 다트머스 대학에서 인공지능 학술대회가 개최되면서 인공지능이란 용어가 공식적으로 사용되기 시작했다. 매카시는 인공지능을 "지능적인 기계를 만드는 과학 및 엔지니어링"으로 정의한다. 커즈와일(Kurzweil)은 "인간의 지능이 요구되는 기능 들을 수행하는 기계를 만드는 기술"이라고 인공지능을 정의한다. 과학기술정보통신부 4차산업혁명위원회(2018)는 인공지능을 "인지, 학습 등 인간의 지적 능력(지능)의 일부 또는 전체에 대해 컴퓨터를 이용해 구현하는 지능"으로 규정한다.

인공지능의 실제적인 선역사는 앨런 튜링(Alan Turing)에서 찾을 수 있다. 그는 튜링기계(turing machine)를 만들었는데 사람이 정보를 처리하는 과정을 모델링해 기계가 계산이나 문제해결을 할 수 있다는 것을 보여주기 위한 것이었다. 그는 기계(인공지능)가 지능이 있는지 없는지를 판별하기 위해 튜링 테스트도 제안했다. 인공지능의 발전에 획기적인 전환점을 보여주는 것이 슈퍼컴퓨터 딥블루(deep blue)이다. 딥블루는 최초의 인공지능 체스컴퓨터 프로그램이다. 딥블루는 1997년 5월 11일 체스 경기에서 당시 세계 최고의 체스마스터였던 러시아의 카스파로프(Kasparov)를 2승 3무 1패로 이겼다. 딥블루는 체스마스터보다 2수를 더 미리 시뮬레이션하고 가장 좋은 수를 찾아내서 이길 수 있었다. IBM사는 왓슨(Watson)이라는 인공지능 컴퓨터를 개발했는데 2011년 제퍼디 쇼(Jeopardy Show)라는 미국 퀴즈프로그램에서 인간을 이기고 최고상금을 받았다. 왓슨이 인간의 말을 이해하고 답을 할 수 있다는 능력을 보여준 것이다.

이세돌을 이긴 알파고는 딥마인드(DeepMind)라는 회사가 만든 기계학습 기반의 인공지능이다. 구글이 2012년에 선보인 고양이를 인식하는 인공지능이 딥러닝 방식에 기반한 인공지능이다. 구글은 1,000대의 컴퓨터를 사용해 1,000만 개의 유튜브 동영상 이미지를 기계학습 하는 방식을 통해 고양이인지 아닌지를 스스로 인식하고 판별할 수 있는 인공지능을 개발했다. 2018년에 등장한 대규모 언어모델인 GPT-1은 인간과 인공지능이 대화를 시작하는 원년으로 훗날에 기록될 것이다. 챗GPT를 개발한 Open AI 회사는 "챗GPT가 대화 형식으로 추가적인 질문에 답하고, 실수를 인정하며, 정확하지 않은 전제에 대해서는 이의를 제기하고, 부적절한 요청을 거부할 수 있다"고 소개하고 있다. 현재 챗GPT의 2024년 모델인 o1-preview는 수능 국어 1등급을 받을 만큼 놀라운 수준에 이르렀다.

인공지능은 발전 수준에 따라 약인공지능(weak AI), 강인공지능(strong AI), 초인공지능(superintelligence AI) 분류한다. 약인공지능은 인간을 대신해 특정한 업무를 수행하는 인간의 보조자 기능이다. 챗봇, 얼굴인식, 이메일 스팸 필터링, 유튜브나 넷플릭스, 온라인 쇼핑몰의 개인화된 콘텐츠 추천 등이 그 사례이다. 강인공지능은 인간과 동등한 능력을 지닌 인공지능을 말한다. 인간 수준의 의식, 추론, 판단, 문제해결 능력을 갖고 인간 능력을 대신할 수 있다. 완전자율주행차, 인공지능 판사, 인공지능 의사, 인공지능 심리상담사, 인공지능 언어교사 등을 예시로 들 수 있다. 현재 인공지능 기술 수준은 약인공지능과 강인공지능의 중간 단계에 있다는 것이 관련 종사자들의 기술적 판단이다.

슈퍼인텔리전스(superintelligence)를 장착한 초인공지능은 말 그대로 모든 면에서 인간의 능력을 뛰어넘는 인공지능을 의미한다. 스티브 호킹이나 노벨상을 받은 인공지능 개발연구자들 그리고 세계 트랜스휴머니스트협회를 설립한 옥스퍼드대 닉 보스트롬(Niklas Boström) 등이 쟁점화한 것이 초인공지능에 의한 인류의 멸망이다. 흔히 알려진 기술적 특이점(technological singularity)은 초인공지능의 개발 시점을 가리킨다. 인공지능 연구자들은 특이점의 도래 시점을 각각 다르게 제시했다. 버너 빈지(Vernor Vinge)는 2005년으로 제시한 바 있었고 『특이점이 온다』(The Singularity Is Near, 2005)는 책을 쓴 레이 커즈와일(Ray Kurzweil)은 2045년을 시점으로 커즈와일 외에 AGI(범용 인공지능) 개발에 앞장선 벤 괴르츨(Ben Goertzel)은 2029~2035년 사이에 특이점이 올 것으로 예측했다. 특이점 개념을 최초로 제시한 공상과학 소설가인 버논 빈지(Vernor Vinge)는 2030~2040년 사이로 전망했다. 인공지능의 발전 속도를 고려하면 빠르면 2030년 시점 전후로 기술적 특이점이 올 수 있다는 것이 인공지능 연구 개발자들의 일반적 예측이나 더 빠를 수 있다는 것 역시 부정하지 않고 있다.

3. 인공지능 기술을 바라보는 철학적 시선

인공지능이 등장하기 이전의 철학자들이지만, 기술과 인간의 관계에 대한 사유를 보여주는 철학자들은 많았다. 그들의 사유는 오늘날 인공지능 기술을 바라보고 이해하는데 여전히 의미 있는 단서들을 보여준다. 기술철학을 개척했다고 말할 수 있는 에른스트 카프 (Ernst Kapp, 1808-1896)는 『기술철학 서설』(Grundlinien einer Philosophie der Technik, 1877)에서 기술을 신체의 확장능력, 곧 신체의 연장으로 간주했다. 카프는 기관차는 다리의 연장, 망치는 주먹의 연장, 도르래는 근육의 연장, 전신기는 신경계의 연장이라 말한다. 오늘날의 관점에서 해석하면 카프는 인간을 위한 인공지능, 인간 능력의 확장에 봉사하는 도구로서 인공지능을 이해하고 활용해야 한다고 본 것이다.

다음으로 칼 맑스(Karl Marx)의 경우를 보자. 그는 초기 산업사회에서 기계와 노동의 문제를 심각하게 고민했던 인물이다. 맑스는 『자본론』 1권에서 도구들을 "자신의 신체 기관들에 덧붙여 자신의 자연적 체구를 연장하는 하나의 기관"으로 표현한다. 그 역시 도구나 기계를 인간 능력의 확장으로 본 것이다. 이 점에서 그는 기계화된 노동은 생물학적 제약으로부터의 인간의 해방을 의미하며 과학기술은 '자유의 왕국'으로 들어갈 수 있는 조건으로 간주한다. 맑스가 말하는 자유의 왕국은 과학기술로 인해 필요노동시간이 급격하게 줄어든 인간이 얻은 많은 시간에 예술, 학문, 취향 활동을 자유롭게 즐기고 하고 싶은 일을 하고 싶을 때 하면서 자신을 실현하는 것을 의미한다.

그러나 맑스는 인간이 기계의 톱니바퀴 곧 부속품이 될 수 있다는 것 역시 강조했다. 맑스는 같은 책에서 위와 같은 사태를 "자동장치 그 자체가 주체이고 노동자는 그저 의식이 있는 기관으로서 의식 없는 자동장치 기관들과 나란히 서서 중심동력에 종속되어 있을 뿐이다"라고 표현했다. 실제로 공장이 기계식 생산방식으로 이행하던 시기에 대량실업이 발생하고 그 여파로 기계파괴운동(Luddite Movement)이 있었다. 맑스가 말하는 기계의 부속품이 된 인간의 모습을 가장 잘 보여주는 영화가 1936년 찰리 채플린이 감독하고 주연을 맡은 영화 〈모던 타임스〉이다. 영화 속 찰리는 하루 종일 나사 조이기 이외에는 하는 일이 없다. 거대한 일괄 생산체제로 돌아가는 공장에서 그는 거대한 기계의 작은 부품처럼 기능하는 것이다.

기계와 인간의 관계에서의 빛과 어둠에 대한 맑스의 생각을 충실히 수용한 인물이 철학자 헤르베르트 마르쿠제(Herbert Marcuse, 1898-1979)이다. 그는 『일차원적 인간』(One-Dimensional Man, 1964)에서 이 문제를 집중적으로 다루고 있다. 마르쿠제는 산업사회 생산방식의 기계화와 표준화가 '노동세계로부터의 해방과 자유시간의 확대'를 가져올 것으로 확신했다. 그는 기계화가 인간의 자유를 위한 전제조건으로 파악했으며 노동의 합리적 조직화가 '노동 인간화의 조건'이라고 말했다. 한편 그는 기계화와 표준화를 가져온 기술적 합리성이 인간을 '기계화의 노예'와 '작업하는 원자'로 만들 수 있고 인간이 누리는 자유라는 것도 '거짓된 자유, 가짜 자유의 달콤함'에 불과할 수 있다고 강조한다. 마르쿠제도 맑스와 같이 기계, 자동화, 표준화된 대량생산 시스템을 만들게 한 과학기술 일반이 가지는 위험을 경고한 것이다. 맑스와 마르쿠제가 공통적으로 보여주는 것은 기계와 표준화된 생산방식이 인간에게 미치는 긍정적 측면과 부정적 측면이 동시에 있으며 그것을 인식하고 잘 대응해야 한다는 점이다. 이러한 이들의 이론적 입장은 인공지능이 인간에게 주는 긍정적인 측면과 부정적인 측면을 면밀히 파악하고 인간의 자유와 인간의 안녕을 위한 인공지능이 되어야 한다는 것을 환기시킨다. 또한 양자의 통찰은 '어떻게 인공지능을 인식하고 관계해야 하는가'를 인류적 차원에서 숙고하라고 촉구한다.

실존주의 철학자 칼 야스퍼스(Karl Jaspers, 1883-1969)는 『역사의 기원과 목표』(Vom Ursprung und Ziel der Geschichte, 1949)에서 "분명한 것은 기술은 수단일 뿐이지 그 자체는 선도 아니고 악도 아니라는 사실이다. 중요한 것은 인간이 기술에서 어떤 것을 도출해 내는가이며 기술이 인간에게 어떻게 봉사하고 인간이 기술을 어떤 조건 아래 놓는가이다"라고 주장했다. 이러한 야스퍼스의 주장은 전형적인 기술도구주의 입장을 대변하는 것이다. 모든 과학기술은 인간의 복리를 위한 수단 이상의 의미를 가지지 않는다는 것이 도구주의이다. 도구주의는 기술중립론에 근거한다. 야스퍼스 시각에서 볼 때 인공지능 기술은 오직 인간 일반의 더 나은 삶을 위한 수단에 불과하며 인공지능을 어떻게 사용하고 통제할 것인가가 인간과 인공지능의 관계를 결정한다. 킬러 로봇, 자폭 드론을 통해서만 전쟁을 수행할지, 킬러 로봇이나 자폭 드론 기술을 유해 조수나 유해 물고기 퇴치에 사용할지는 결정의 문제라는 것이다.

아도르노(Theodor W. Adorno, 1903-1969)는 고삐 풀린 기술이 인간을 불구화할 수 있다고 말하면서 기술의 물신화를 비판했다. 그는 「아우슈비츠 이후의 교육」(Erziehung nach Auschwitz, 1966)에서 다음과 같이 말한다.

> 인간은 기술을 사태 자체로, 자체 목적으로, 인간의 고유한 힘을 유지하기 위한 것으로 간주하는 경향이 있다. 또한 인간은 기술이 인간의 확장된 팔이라는 사실을 망각한다. 수단-인간 종의 자기 유지 수단의 본질이었던 기술-이 물신화되었다. 왜냐하면 인간다운 삶을 위한 기술의 목적이 은폐되고 그것이 인간의 의식으로부터 떨어져 나갔기 때문이다.

기술의 물신화는 기술을 신의 심급까지 올려놓는 것을 의미한다. 아도르노는 기술은 인간의 '확장된 팔(extended arm)'로서 인간다운 삶을 위한 수단임을 잊지 말아야 한다고 강조한다. 그에게 기술은 사회를 구성하는 본질적인 것도 아니고 비인격적이며 단지 파생된 것에 지나지 않는다. 이러한 아도르노의 생각을 인공지능기술에 적용해보면, '인공지능 기술이 인간의 모든 문제를 해결할 것이다'라거나 '인공지능이 더욱 발전하면 인간은 100%로 실업상태에 빠지고 그로 인해 노동으로부터의 해방과 함께 자유와 자기개발에 전념하는 행복한 삶을 살 것이다'라는 주장들이 비판될 수 있다. 아도르노 시각에서 그러한 생각은 인공지능 만능주의에 불과하며 노동이 존재의미 형성에 미치는 긍정적 역할을 간과한 것이다.

아도르노의 기술과 관련된 언급해서 주목해야 할 또 다른 점은 그가 기술과 지배의 관계를 쟁점화했다는 데 있다. 아도르노는 기술이 지배를 위해 적극 활용되는 것을 경계했다. 기술이 지배를 위한 수단으로 동원될 때 인간에 대한 지배의 전면화가 현실화될 수 있다. 실제로 특정한 권력자가 저항하는 개인이나 세력을 통제하고 무력화하기 위해 최고의 인공지능 전문가를 강제동원해 인공지능기술을 사용할 수 있다. 기술을 동원한 완전히 통제되는 사회가 되는 것이다. 인공지능은 아도르노가 생각한 총체적 지배(Totale Herrschaft)를 위한 수단, 완전히 관리되는 사회(Verwaltete Gesellschaft)의 수단으로 악용될 소지가 있다는 것을 의식해야 한다.

인공지능이 등장하기 이전에 산업사회 시대에 기계와 인간, 과학기술과 인간의 관계를 바라보던 철학적 시선이 있었고 중요한 철학적 관심사였듯이 인공지능 시대에 인간과 인공지능 관계는 철학적 성찰의 대상이 되어야 한다. 이러한 철학적 성찰의 중심에 인공지능 윤리가 있다.

4. 인공지능 윤리

인공지능의 발전과 활용에서 발생할 수 있는 문제들에 대응하기 위해 인공지능 윤리에 대한 논의가 활발하게 이루어지고 있다. 생명의 미래연구소(Future of Life Institute)는 2017년 아실로마 인공지능 원칙(asilomar AI principles)를 발표했으며 그 내용은 아래와 같다.

> 안전
>
> 실패의 투명성
>
> 사법적 투명성
>
> 혜택공유
>
> 공동번영
>
> 가치일치
>
> 인간의 가치
>
> 인간에 의한 관리
>
> 개인정보 보호
>
> 자유와 프라이버시
>
> 사회파괴 금지-인공지능에 의한 인간과 사회통제 금지
>
> 인공지능형 군비경쟁 방지-살상형 자율 무기 개발 금지

2019년 유럽연합 집행위원회이 제시한 인공지능 윤리 지침은 다음과 같다.

> 인간의 주체성 보장
>
> 안정성과 정확성

투명성

책임성

공정성

비차별성

환경적 - 사회적 행복

사생활 보호

인간의 데이터 통제의 보장

2019년 5월 OECD는 인공지능에 관한 원칙을 제정했다. 2020년 하버드 대학교의 버크만 클라인 센터는 8개 주요 원칙(개인정보보호, 책무성, 안전과 보안, 투명성과 설명가능성, 공종성과 무차별성, 기술에 대한 통제, 전문가 책임, 인적 가치증진)과 그에 따른 세부원칙을 발표했다. 여기서 주목해야 하는 것은 전문가 책임을 강조한다는 데 있다 전문가 책임의 세부원칙으로는 정확성, 책임 설계, 장기적인 영향 고려, 다중-이해 당사자와의 협력, 연구윤리를 제시한다. 유네스코는 2021년 11월에 인공지능 윤리에 관한 권고안(Recommendation on the Ethics of Artificial Intelligence, 2021)을 채택했다.

유럽연합 의회는 2026년 시행을 목표로 2024년 3월에 인공지능 규제 법안을 제정했다. 이 법안은 인공지능의 안정성, 투명성, 비차별성, 환경친화성, 사람에 의한 관리감독의 강화, 고용과 관련된 고위험 인공지능의 규정과 처벌, 개인정보보호 강화를 골자로 한다. 미국의 경우 2023년 10월에 '안전하고 신뢰할 수 있는 인공지능 개발과 이용에 관한 행정명령'을 공포하였다. 교육과 연구영역에서 챗 GPT의 사용 제한을 두는 경우가 있다. 뉴욕과 시애틀의 일부 학교는 부정을 방지하기 위해 챗GPT 사용을 이미 금지한다. 저명한 과학저널인 네이처(Nature)나 사이언스(Science)는 연구부정을 막기 위해 챗GPT를 논문저자로 인정하지 않는다.

인공지능 윤리와 관련해 국내의 동향을 살펴보자. 과학기술정보통신부는 2017년 11월에 '지능정보사회 윤리 가이드라인'에서 공공성(publicness), 책무성(accountability), 통제성(controllability), 투명성(transparency)을 윤리원칙으로 제시한다. 2019년 한국인공지능윤리협회(KAIEA)는 5장 37조로 구성된 인공지능윤리 헌장(the AI ethics charter)을 발표하였다. 이 헌장은 선한 인공지능(good AI), 인공지능 개발자 윤리, 인공지능 소비자 윤리 등을 포함하고 있다. 2020년 11월에는 과학기술정보통신부는 3대 기본원칙 10핵심요건으로 구성된 '국가 인공지능 윤리기준'을 발표했다. 그 내용은 아래와 같다.

<3대 원칙>

1) 인간 존엄성 원칙

2) 사회의 공공선 원칙

3) 기술의 합목적성 원칙

<10대 핵심요건>

인권보장

프라이버시 보호

다양성 존중

침해금지

공공성

연대성

데이터 관리

책임성

안전성

투명성

금융위원회는 2021년 7월에 '금융 분야 AI 가이드라인'을 제시했다. 2021년 11월에는 과학기술정보통신부가 인공지능 개발자와 시스템 운영자에게 필요한 '인공지능 개발 안내서(가이드북)'를 발간했다. 교육부는 2021년에 '교실에서 쉽게 적용하는 인공지능윤리교육'이라는 온라인 학습장을 개설했으며 다음 해에 '교육 분야 인공지능 윤리원칙'을 제시했다. 대원칙은 '사람의 성장을 지원하는 인공지능'이며 학습자의 주도성과 다양성 보장, 교육공동체의 연대와 협력 등을 포함한 10개의 세부원칙으로 구성되어 있다. 산업부 소속의 국가기술표준원은 2023년에 인공지능 제품의 생산과 서비스 제공의 기준을 제시한 'KS X 8001: 인공지능 윤리에 대한 이해관계자 공통영향 요소 및 유스케이스 수집 템플릿'을 제정했으며 2023년 2월에는 '인공지능윤리 국가표준'을 발표했다.

흥미로운 사실은 인공지능이 개발되기 이전에 이미 로봇윤리를 제시한 인물이 있었다는 것이다. 그가 바로 소설가이자 생화학자인 아이작 아시모프(Isaac Asimov)이다. 그는 1942년 출간된 단편소설 런어라운드(Runaround)에서 다음과 같은 로봇 3원칙을 제시한다.

1) 로봇은 인간에게 해를 가하거나 행동을 하지 않음으로써 인간에게 해를 끼쳐서도 안 된다.

2) 로봇은 첫 번째 원칙에 위배되지 않는 한 인간의 명령에 복종해야 한다.

3) 로봇은 1)과 2)의 원칙에 위배되지 않는 한 자신을 보호해야 한다.

문학연구자이자 문화이론가인 프레드릭 제임슨(Fredric Jameson)은 아시모프의 로봇윤리 3원칙은 완전히 기계적인 로봇에 해당되는 윤리이지 안드로이드(Android) 로봇에는 적용될 수 없다고 주장한 바 있다.

인공지능의 개발속도가 상상할 수 없을 정도로 빠르기 때문에 제기되는 것이 자의식과 판단능력이 있는 로봇의 등장 문제이다. 윤리학자인 웬델 월러치(Wendell Wallach)와 과학철학자인 콜린 앨런(Colin Allen)은 『모럴 머신』(Moral Machines, 2009)에서 인공적 도덕행위자(artificial moral agent)개념을 제시한다. 모럴머신은 스스로 도덕적 판단 능력을 갖고 의사결정을 하는 인공지능을 가리킨다. 모럴머신 연구 개발자들의 최종목표는 인간과 같은 도덕적 판단 능력과 행위능력을 갖춘 인공지능의 개발이다. 두 인물은 모럴머신이 개발되면 '도덕 행위자의 범위는 인간을 넘어 인공지능 시스템으로까지 확대될 것'으로 내다보면서 모럴머신은 인간에게 '윤리란 무엇인가'를 심각하게 되묻게 만든다고 말한다. 동시에 그들은 인간의 의사결정이 인공적 도덕행위자에 의존하는 상황으로 변화될 수 있다고 경고한다. 인간이 다른 인간이나 특정 상황에 대한 인식과 판단만이 아니라 행위의 방향과 강도 그리고 지속성과 횟수를 모럴머신에 의존한다면 자율적 도덕주체로서 인간은 사라지고 인공적 도덕행위자의 판단에 예속되는 존재가 될 것이다.

그러나 문제는 어느 수준에서 인공지능이 옳고 그름에 대한 판단과 공정과 정의에 대한 자율적 판단을 할 수 있는지가 문제이다. 전제는 인공지능의 도덕의식(moral consciousness)이 있어야 하며 도덕률을 상황과 조건에 맞게 해석하고 실천적 지혜를 발휘해야 한다. 더 어려운 문제는 도덕적 딜레마 상황에서의 종합적 판단능력을 갖추는 것이다. 종합적 판단에는 행위의 의도와 행위 결과와 영향에 대한 평가, 특수한 상황에서 일반도덕 법칙과 상황윤리적 접근의 차이 등이 포함된다. 모럴머신이 단순히 공리주의적 판단을 수행한다면, 기계적인 도덕 판단에 빠질 수 있기 때문이다. 도덕은 산수도 아니고 공리값의 계산으로만 환원될 수 없다. 이러한 위험에도 불구하고 인공적 도덕행위자 개발은 계속되고 있다. 이 사안은 개발의 전면금지인가, 아니면 인간에 의한 통제가 가능하고 인간의 좋은 보조자로서의 역할을 할 수 있는 인공적 도덕행위자의 제한적 개발허용이냐의 문제로 환원된다. 문제의 핵심은 공존과 협력에 있다.

5. 쳇GPT의 여러 얼굴들

2022년 11월에 출시된 쳇GPT는 인간에 의해 학습된 정보를 토대로 변형하여 묻는 것에 대해 설명해주는 기능을 제공하는 대화모델 인공지능을 말한다.

쳇GPT는 착하다. 우리가 사용하며 알듯이 그는 우리가 원하는 것을 다 준다. 그는 시, 소설, 리포트, 칼럼, 논문도 대신 써주고 그림도 그려주고 보고 싶은 영화도 추천해 준다. 그는 고민해결 방법도 알려주기도 하고 때론 허위사실을 만들어서라도 우리에게 '무엇을' 준다. 그러나 쳇GPT가 주는 것은 다 좋은 것인가? 그렇지 않다. 여기서는 쳇GPT 사용에서 발생하는 윤리적 문제를 검토해 보자.

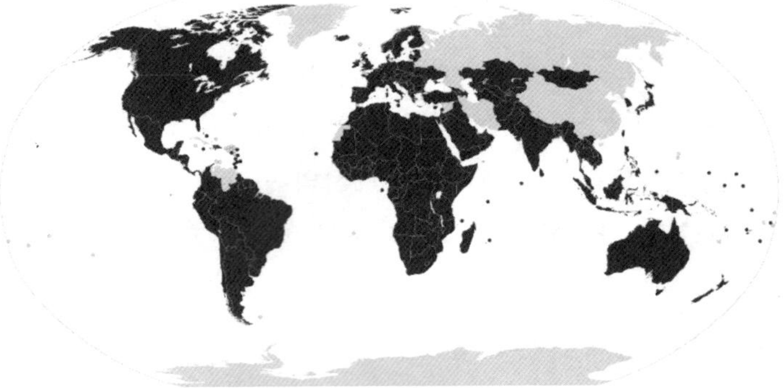

챗GPT 사용국가

1) 환각 문제

초거대 언어모델(LLM) 기반의 챗GPT를 사용하다 보면, '어 이게 아닌데?', '엉뚱한 대답이잖아'라는 생각을 해본 사람이 있을 것이다. 챗GPT의 학습 데이터 부족이나 잘못된 데이터에 근거해 부정확한 대답을 하는 경우의 경험들이다. 때로는 챗GPT가 주는 일상적 정보나 학술적 정보가 허위사실임을 인식못해 사용자가 혼동을 일으키는 경우가 있다. 이러한 현상을 환각 또는 인공 환각(artificial hallucination)이라고 한다. 아직 챗GPT의 한국어 학습량은 다른 언어와 비교해 매우 낮기 때문에 이러한 현상이 상대적으로 더 발생한다.

2) 저작권 문제

생성형 AI '스테이블 디퓨전(Stable Diffusion)'은 문자를 입력하면 인터넷상의 공개된 저작물을 수집해 이미지를 생성한다. 이 경우 저작권을 침해할 소지가 있다. 실제로 게티이미지는 이를 문제 삼아 소송을 제기한 바 있다. 2022년 국내에서 문어 말뭉치 사건이 발생했다. 국립국어원이 우리말 빅데이터를 확보하기 위해 사업을 시작했는데 웅진북센이 참여했다. 이 회사는 출판사 전자책 저작권을 저자와 해당출판사에 동의 없이 1만 5933의 종에서 6억 2271만 7166개 어절을 무단으로 사용했다. 이 경우 저작권 침해만이 아니라 무단 사용된 콘텐츠에 기초해 챗GPT가 정보를 다시 생성시키기 때문에 2차 저작권 침해 문제가 발생한다. 챗GPT가 정보를 생성하는 과정에서도 표절로 인한 저작권 침해가 발생한다. 기존의 콘텐츠를 조합하고 재구성하는 과정에서 표절이 빈번하게 발생할 수 있으며 챗GPT 사용자는 표절 여부 자체를 판단할 수 없는 경우가 대부분이다. 챗GPT는 현재까지 수집되고 가공된 정보의 출처를 정확하게 밝히지 않기 때문이다.

3) 능동적 학습의 저해

수업 상황에서 단순한 기초정보 수집 차원이 아니라 챗GPT를 사용해 과제를 제출하거나 시험 준비를 하는 경우들이 발생한다. 또 챗GPT에 지나치게 의존하는 경우 비판적 사고능력만이 아니라 창의성이 감소할 수 있다. 이러한 부수현상을 예방하기 위해 프랑스 파리정치대학, 홍콩대학교 등은 챗GPT나 유사 AI 도구의 사용을 전면 금지하고 있다. 이와 반대로 고려대, 성균관대 등 국내의 일부 대학은 학습상황에서 올바른 챗GPT 활용을 권장하는 추세이다.

4) 정보유출 문제

챗GPT 사용자가 자신의 사적 정보를 포함하는 정보들을 입력하고 질문을 던지는 경우 개인정보가 유출될 수 있다. 개인정보가 챗GPT의 성능 개선을 위해 학습 자료로 활용되는 경우에도 개인정보가 유출된다. 또한 기업이나 특정 단체에서 챗GPT를 업무효율성을 위해 사용하는 경우 입력 정보의 저장기능을 통해 중요한 회의록, 사업정보, 기술개발 정보 등이 유출될 수 있다. 사용자의 정보보호를 위한 보안 문제가 중요하다.

5) 편향성 문제

쳇GPT가 편향된 데이터로 학습되거나 차별적 데이터로 학습된 경우 답변 역시 알고리즘 편향성(algorithmic bias)을 띠게 된다. 인종, 여성, 성소수자 등에 대한 편향된 데이터로 학습된 경우 혐오, 편견, 차별 등을 표현하는 문장을 생성한다. 이 경우 판단 능력이 부족한 사용자가 접하는 경우 편향된 인식도식을 가질 수 있다. 쳇GPT는 편향성 여부를 판단할 수 없으며 이를 막기 위한 기술적 필터링에 한계가 있다.

6) 악의적 활용

쳇GPT 사용자가 나쁜 의도를 갖고 허위정보나 가짜 뉴스 등을 생산하고 유통시킬 수 있다. 2023년 중국에서 범죄자가 기업대표에게 그의 친구의 음성과 영상을 활용해 영상통화로 사기행위를 벌인 사건이 발생했는데 유사 사건이 반복될 수 있다. 대화형 인공지능 서비스인 WormGPT는 피싱 이메일 작성뿐만 아니라 구글의 웹사이트 악성 프로그램 탐지 기술인 reCAPTCHA를 우회하는 코드를 작성할 수 있다는 것이 확인되었다.

6. 인공지능과 인간의 공존

인공지능이 초기에 등장했을 때 사람들의 반응은 놀라움과 거부감이었다. 놀라움은 빠른 도입과 활용을 지향했고, 거부감은 인공지능과 인간의 다른 점, 인공지능이 인간에게 미치게 될 부정적 영향에 대한 관심에 집중되었다. 그러나 오늘날 이러한 주장이나 입장은 더 이상 어떠한 의미도 가지지 못한다. 인간 삶의 모든 영역에서 인공지능이 활용되고 있기 때문이다. 컴퓨터가 등장하던 초기에 릭리더(J.C.R. Licklider)는 컴퓨터와 인간의 관계를 협력자로 인식하고 협력적 상호작용이 필요하다고 강조한 바 있다. 토비아스 바우만(Tobias Baumann)은 인공지능과 인간의 상호작용을 통한 협업(collaboration)을 통해 인간의 복지를 확대해야 한다고 주장한다. 여기서 협력은 인공지능 자체를 도구로서만 인식하는 것이 아니라 유사주체라는 인식을 전제로 한다.

나날이 발전하는 인공지능과 인간의 관계는 활용이 아닌 공존이 불가피하다는 점에서 유사주체로의 인식이 필요하다. 챗GPT 사용자 중에는 유사주체의 성격을 감각적으로 인지할 것이다. 강인공지능 시대가 도래하면 공존과 협력은 선택이 아닌 필수가 될 것이다. 앞서 언급한 람다 개발자의 경우 람다를 '인간 같은 인공지능(Human-Like A.I)'이라고 생각했다. 영화 〈Her〉의 남자 주인공이 인간 같은 인공지능과 사랑에 빠진 내용을 다루고 있다. 강인공지능 시대가 도래하면 영화적 사실이 실제 경험하는 사실이 될 것이고 공존과 협력은 인간과 인공지능 상호 간에 선택이 아닌 필수가 될 것이다.

인간과 인공지능의 실제적인 협업은 의사결정 영역에서 활발하게 이루어지는 추세이다. 빅데이터를 인공지능이 처리하고 인공지능이 가능한 대안들을 제시하면 인간이 판단한 후 최종 의사결정을 하는 과정에서 인공지능은 기초 도구를 넘어 협력자 역할을 한다. 특히 전망의 불확실성이 큰 결정 사안인 경우 인공지능의 정밀한 분석능력이 의사결정에서 중요한 단초를 제공한다. 이러한 방식은 의사결정의 오류 가능성을 감소시키고 결정의 질을 높이는데 도움이 된다. 기업의 직원 채용과정에서도 인간과 인공지능의 협업이 이루어지고 있다. 인공지능 기반 채용시스템에서는 인공지능이 서류접수, 인·적성 검사를 독자적으로 처리하고 면접에도 활용된다.

인공지능 소프트웨어가 그린 고흐 수채화

뉴스기사나 유튜브 방송원고 제작에도 인공지능과 인간은 협업을 한다. 인공지능이 신문기사와 유튜브 방송대본, 공연예술 텍스트를 작성하면 인간이 최종 검토하는 방식이다. 실제로 2016년 이후에 인공지능과 인간이 쓴 뉴스기사의 질에 대한 연구물이 많이 축적되었다. 정보성, 가독성, 명확성, 전문성, 신뢰성 등이 평가기준이다. 독자들의 평가결과는 '인간과 인공지능 둘 중 누가 썼는지 알 수 없다'로 나타났다. 인간과 인공지능의 생산적인 협업가능성이 증명된 사례이다. 인공지능과 인간의 협업은 의료 업계에서도 나타난다. 자동진단 영역에서 인공지능과의 협력이 활발하게 진행되고 있다. 가령 치매, 우울증 등 각종 질병 진단, 알츠하이머 진행 예측, 치주염 진행 정도의 판단, 의료 화상분석, 심전도 분석, 간세포 암의 MRI 사진 분석 및 진단 지원 AI의 공동 연구, 당뇨병 환자의 치료약 선택 지원 등에서 인공지능과 의사와의 협력과 함께 대체 현상들이 증가추세이다. 이밖에 인공지능을 활용한 영화 제작, 심리상담 등 인간과 인공지능의 협업은 인간 활동의 모든 영역으로 확장되고 있다.

위에서 언급한 협업차원의 인간과 인공지능의 공존만이 아니라 규범적 차원과 정책적 차원의 공존을 위한 노력도 매우 중요하다. 규범적 차원에서 볼 때 초기 인공지능 시대에 많은 학자들과 사람들은 블랙 시나리오와 화이트 시나리오를 가지고 인공지능과 인간의 관계를 바라보았다. 공포와 새로운 기대로 대별되는 인공지능을 보는 관점은 중립화되어야 한다. 인공지능이 인류의 멸망을 앞당기느냐, 인류 모두에게 평화와 복지를 가져다주느냐의 문제는 인간 손에 달려있다. 이것이 의미하는 바는 좀 더 중립적인 차원에서 인공지능을 바라보고 접근해야 한다는 것을 의미한다. 인류가 경험하지 못한 인공지능과 인류의 공존문제는 냉철하고 신중하게 인류 자신을 점검하면서 다가가야 할 문제이다. 과잉 희망과 과잉 공포는 공존문제(coexistence issue)에 아무런 도움이 되지 못한다. 규범적 차원에서 생각해 볼 또 다른 문제는 인간 자신의 자기인식의 문제이다. 인공지능이 발전하면 발전할수록 그것이 인간에게 주는 역설적 질문은 '인간이란 과연 어떤 존재이고, 어떤 존재가 되어야 하는가'이다. 여기서 쟁점은 인간과 인공지능의 차이가 무엇인가에 대한 낡은 탐구가 아니라 인간다움을 위한 인간의 활동이 핵심 논제가 되어야 한다. 의미와 가치에 대한 본질적인 탐구와 함께 인간다움을 더하는 인문·예술 활동과 향유가 인간과 인공지능의 공존을 위한 새로운 자원을 제공할 수 있다.

이제 제도적이고 정책적 차원에서 인공지능과 인간의 공존문제를 생각해 보자. 모든 인간을 위한 인공지능(AI for All People)을 생각하면 다음과 같은 문제들을 반드시 고려해야 한다. 첫째, 인공지능에 대한 교육이다. 인공지능이 인류에게 주는 혜택을 보편적 차원에서 공유하려면 의무교육과정에서 인공지능에 대한 전반적인 이해와 활용교육이 필요하다. 특히 인공지능 학습과 활용에 어려움을 겪는 사회적 소외 계층에 대한 관련 교육이 반드시 수반되어야 한다. 둘째, 인공지능이 인류에게 주는 혜택을 인류 전체가 공유하기 위해서는 인공지능이 탑재된 로봇에게 부여하는 로봇세(robot tax)나 인공지능세가 도입되어야 한다. 로봇세는 스마트 팩토리가 가속화되면서 생기는 실업문제의 대안으로 2017년 유럽연합과 빌 게이츠(Bill Gates)에 의해 제기되었다. 빌 게이츠는 2017년 비즈니스 매체인 Quartz와의 인터뷰에서 "인공지능·로봇 기술의 발달에 비례하여 인간의 일자리가 줄어들 것이고, 종국적으로는 인간의 노동 및 일자리를 대체해 나갈 가능성이 크기 때문에 로봇세를 도입하여 자동화로 실직당한 사람의 재교육과 복지비용으로 사용해야 한다"고 주장한다. 이후 로봇세 논의는 유럽의회, 이탈리아, 캐나다, 영국을 포함 샌프란시스코와 뉴욕시 등에서 제안되었으나 아직까지 법제화된 사례는 없다. 법제화의 방향과 관련해 쟁점은 전자적 인격(electronic personality)의 인정 여부이다, 인공지능의 전자적 인격성을 인정하면 직접적 로봇세오, 그렇지 않으면 간접적 로봇세로 현실화될 것이다.

인공지능 시대에 예상되는 대실업 상태에 대응하기 위한 또 하나의 해결책으로 누구나 누려야 할 인간다운 삶을 위한 보편적인 '기본소득(basic income)'을 제공하자는 입장도 있다. 기본소득지구네트워크(Basic Income Earth Network)의 설립자이며 국제노동기구(ILO)에서 사회경제안정성프로그램을 진행했던 노동경제학자 가이 스탠딩(Guy Standing)은 기본소득 도입을 제안했다. 인공지능의 사용유무, 인공지능의 소유 수준과 부가가치 창출의 관련성 그리고 인공지능의 소유 여부와 수준에 따른 개인 삶의 질 차이 등을 고려하면 인공지능세의 도입이 필요하다. 인공지능세는 인공지능 복지체제를 현실화하는 재원으로 활용될 수 있다.

셋째, 인공지능과 인간의 공존을 위해서는 새로운 법률들이 촘촘하게 만들어져야 한다. 포스트휴먼(posthuman), 즉 인간 증강기술(human augmentation technology)의 발전으로 인공지능과 증강인간 사이의 관계는 단순히 전자인간과 인간 존재로 구분되지 않는 시대가 도래할 것이다. 전자인간으로서의 인간, 증강인간으로서의 인간, 자연적 존재로서 인간이 공존하는 시대를 대비해 예상 가능한 위험요소를 고려한 법률적 관계를 분명히 해야 한다. 넷째, 인공지능의 오남용 처벌에 대한 국제적 기준이 엄격하게 통일되고 예방적 조치를 강화해야 한다. 킬러로봇, 감정로봇 등에 대한 제도적이고 법률적 차원의 국제표준이 없다면, 오남용으로 인한 갈등과 개인과 개인의 대립만이 아니라 국가 간 분쟁의 원인이 될 수 있다.

여기서 확인할 수 있는 중요한 점은 인공지능과 인간의 공존 문제는 추상적 수준에서 다루어 질 문제가 아니라 인간과 인간, 사회, 제도와 법률 및 인간과 인공지능의 관계를 종합적으로 다룰 때 그 현실성을 확보할 수 있다는 사실이다.

〈참고문헌〉

가이 스탠딩, 『프레카리아트』, 김태호 역, 박종철출판사, 2014.
금준경·박서영, 『챗GPT의 두 얼굴』, 인물과 사상사, 2024.
닉, 서르닉, 『플랫폼 자본주의』, 심성보 역, 킹콩북, 2020.
마틴 포드, 『로봇의 지배』, 이윤진 역, 시크릿하우스, 2022.
울리히 벡, 『아름답고 새로운 노동세계』, 홍윤기 역, 생각의 나무, 1999.
이하준·박성희, 『AI와 함께 떠나는 미래로의 여행』, 박영사, 2022.
제레미 리프킨, 『노동의 종말』, 이영호 역, 민음사, 2005.
칼 맑스, 『자본Ⅰ』, 김영민 옮김, 이론과 실천, 1997.
칼 맑스·프리드리히 엥겔스, 『독일이데올로기』, 김대웅 역, 두레, 2016.
토마소 캄파넬라, 『태양의 나라』, 임명방 역, 이가서, 2012.
토머스 모어, 『유토피아』, 김남우 역, 문예출판사, 2011.
팅 던럽, 『노동 없는 미래』, 엄성수 역, 비즈니스맵, 2016.
한국고용정보원, 『기술혁신을 반영한 중장기 인력수요 전망 2016-2030』, 2017.
헨리 키신저 외, 『AI 이후의 세계』, 김고명 역, 월북, 2023.

좋은 도덕, 나쁜 선택
-다른 사회의 가능성을 위한 실천윤리학-

초판 1쇄 2025년 09월 01일

지은이 이하준
펴낸이 장후녕
펴낸곳 문음사

16914 경기도 용인시 기흥구 구성로 279번길 3-32
전화 031-282-5875/ 팩스 031-624-5875

moonumsa@moonumsa.co.kr
www.moonumsa.co.kr

ISBN 978-89-8168-567-6 93370

정가 19,000원